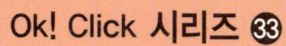

파워포인트
2016으로 발표하기

COPYRIGHT

Ok Click 파워포인트 2016으로 발표하기

2018년 4월 10일 초판 1쇄 발행
2025년 2월 25일 초판 4쇄 인쇄
2025년 3월 10일 초판 4쇄 발행

저 자	장미희
기 획	정보산업부
디자인	정보산업부
펴낸이	양진오
펴낸곳	(주)교학사
주 소	(공장)서울특별시 금천구 가산디지털1로 42 (가산동)
	(사무소)서울특별시 마포구 마포대로14길 4 (공덕동)
전 화	02-707-5314(문의), 02-707-5147(영업)
등 록	1962년 6월 26일 〈18-7〉
홈페이지	http://www.kyohak.co.kr

PREFACE

Ok! Click 시리즈는 컴퓨터의 OA 기반을 다질 수 있도록 야심차게 준비한 교재입니다.

인터넷이 일반화되고 컴퓨터가 기본이 되버린 현실에서 컴퓨터를 보다 쉽고 재미있게 배울 수 있도록 어렵지 않은 예문과 큰 글자체, 큰 화면 그림으로 여러 독자층이 누구나 부담없이 책을 펼쳐 배울 수 있도록 만들었습니다.

내용면에서는 초보자가 컴퓨터를 이해하고, 쉽게 활용할 수 있도록 쉬운 예제와 타이핑이 빠르지 않은 독자를 위해 많은 분량의 타이핑 예문은 배제하였습니다.

편집면에서는 깔끔하고 시원스러운 편집으로 눈에 부담을 줄이도록 구성하였습니다.

교재는 다음과 같이 구성되었습니다.

1 | [배울 내용 미리보기]를 통해 학습할 내용이 무엇인지 이해시키고 학습동기를 유발하도록 구성하였습니다.

2 | 교재 전체 구성은 전체 22강으로 구성하고 한 강안에 소제목을 두어 수업의 지루함을 없애고, 단계별로 수업 및 공부할 수 있도록 구성하였습니다.

3 | [참고하세요]를 이용하여 교재의 따라하기 설명이외에 보충 설명하여 고급 기능 및 유사 기능을 학습할 수 있도록 구성하였습니다.

4 | [혼자 풀어 보세요]는 한 강을 학습한 후 혼자 예제를 풀어보면서 학습 내용을 얼마나 이해했는지 알아볼 수 있도록 2문제에서 4문제로 구성하였습니다.

5 | [힌트]를 통해 좀 더 쉽게 예문을 풀 수 있도록 구성하였습니다.

6 | [혼자 풀어 보세요]의 예문에 대한 문의는 교학사 홈페이지(www.kyohak.co.kr)의 게시판에 남겨주시면 답변해 드립니다.

이 교재를 사용하는 독자분들이 컴퓨터를 쉽게 접하고 배워 컴퓨터와 친구가 되고 컴퓨터가 생활의 일부가 되어 더 높은 컴퓨터 기술을 습득할수 있는 발판이 되었으면 합니다.

편집진 일동

PREVIEW

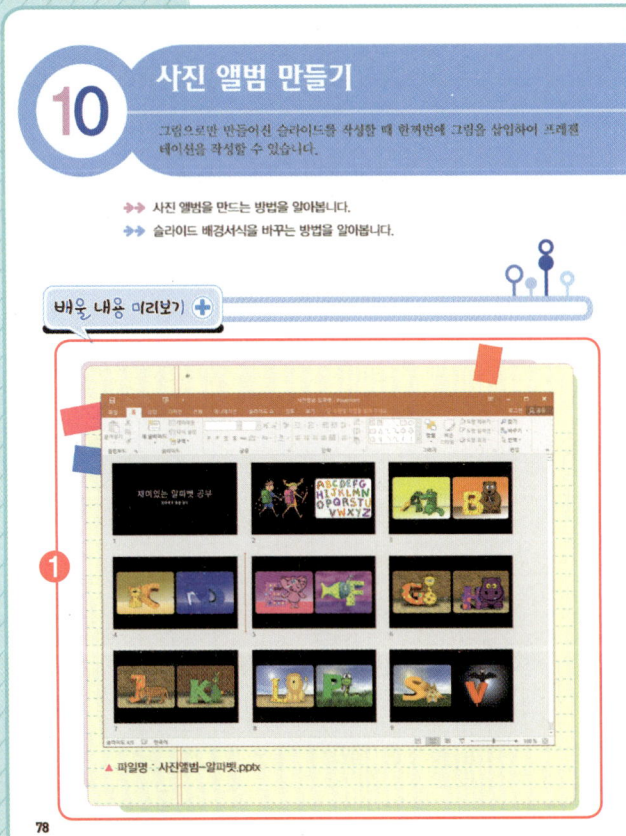
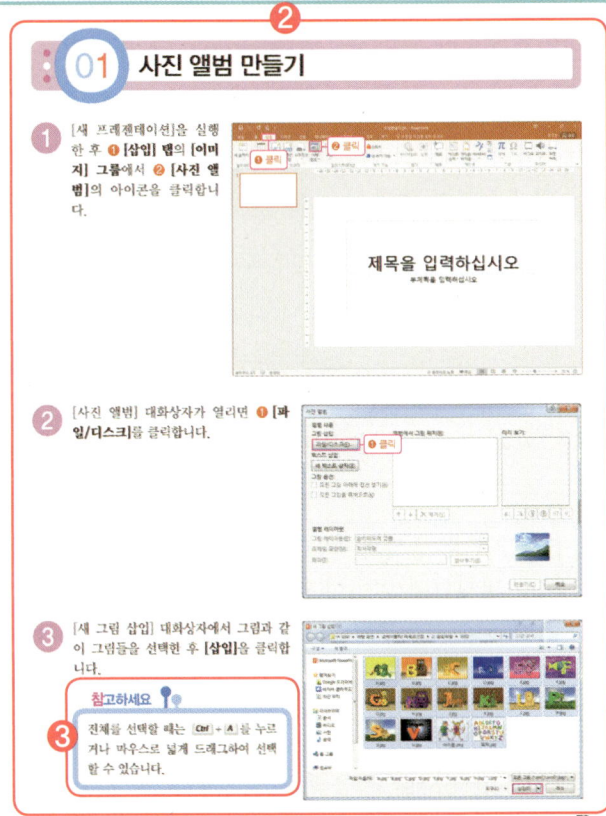

 ❶ 배울 내용 미리보기

[배울 내용 미리보기]를 통해 학습할 내용이 무엇인지 이해시키고 학습동기를 유발하도록 구성하였습니다.

 ❷ 본문

교재는 전체 22강으로 구성하고 한 강 안에 소제목을 두어 수업의 지루함을 없애고, 단계별로 수업 및 공부할 수 있도록 구성하였습니다.

❸ 참고하세요

[참고하세요]를 이용하여 교재의 따라하기 설명 이외의 기능은 보충 설명하여 고급 기능 및 유사 기능을 학습할 수 있도록 구성하였습니다.

PREVIEW

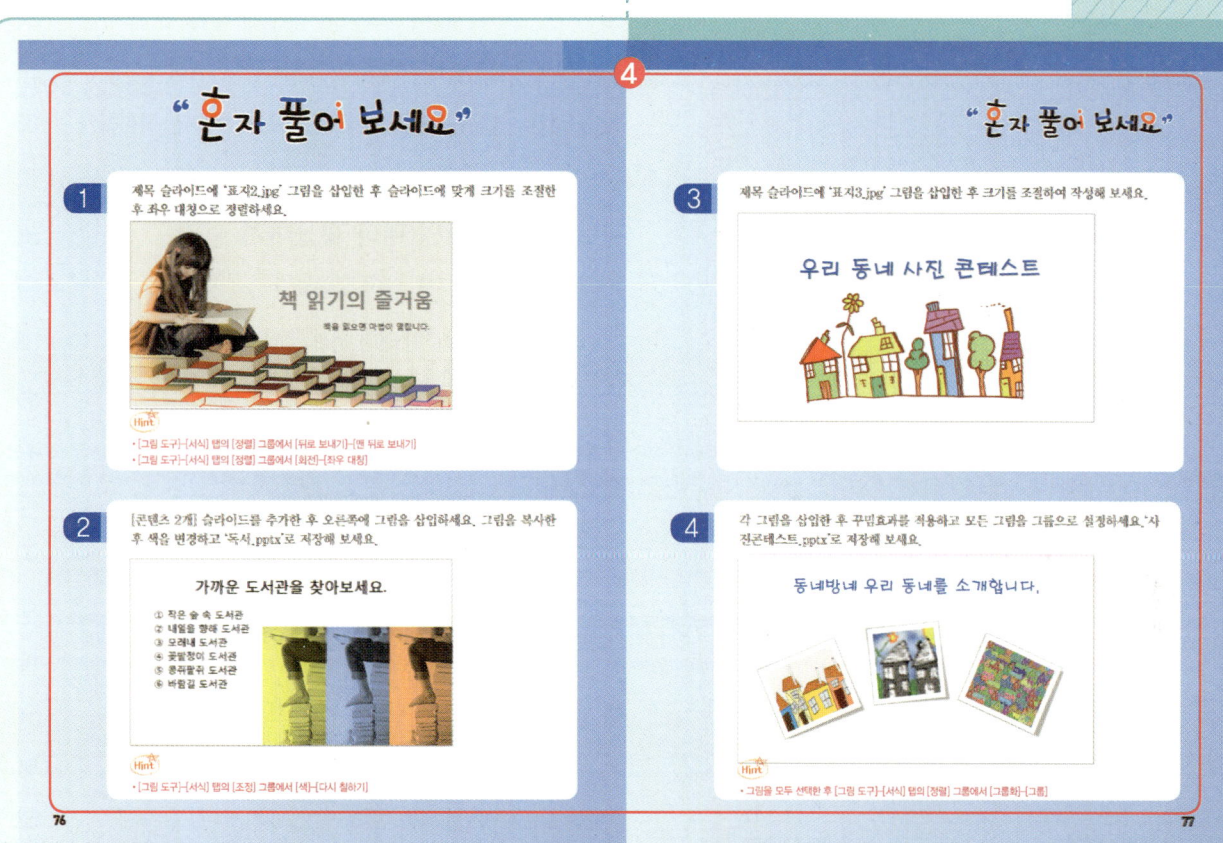

🌱 ❹ 혼자 풀어 보세요

[혼자 풀어 보세요]는 한 강을 학습한 후 혼자 예제를 풀어보면서 학습 내용을 얼마나 이해했는지 알아볼 수 있도록 2문제에서 4문제로 구성하였습니다.

🌱 예제파일

[혼자 풀어 보세요] 및 실습에 사용된 예제는 교학사 홈페이지(도서자료)에서 제공합니다.

➡ **URL : http://www.kyohak.co.kr/** [IT/기술 수험서] – [도서 자료] – [클릭 파워포인트 2016]

➡ 예제파일에 사용된 글꼴은 독자의 컴퓨터에 설치되어 있는 임의의 글꼴로
  사용하셔도 무방합니다.

CONTENTS

제 4 강 ● 서식 파일로 프레젠테이션 만들기	30
01 서식 파일로 프레젠테이션 작성하기	31
02 온라인 서식 파일로 프레젠테이션 작성하기	33
혼자풀어보세요	35

제 5 강 ● 디자인 테마 적용하기	36
01 디자인 테마 적용하기	37
02 디자인 테마 색과 글꼴 바꾸기	38
혼자풀어보세요	40

제 6 강 ● 텍스트 슬라이드 만들기	42
01 한자와 기호 입력하기	43
02 기호 입력하기	44
03 글꼴 꾸미기	46
혼자풀어보세요	49

제 7 강 ● 텍스트 단락 꾸미기	50
01 단락 정렬 조절하기	51
02 글머리 기호와 번호 매기기	52
03 단락 수준 조절과 줄 간격	55
혼자풀어보세요	56

제 8 강 ● 그림 슬라이드 만들기	58
01 내 컴퓨터 그림 삽입하기	59
02 온라인 그림 삽입하기	62
03 그림 효과 적용하기	64
04 그림 자르기	66
혼자풀어보세요	68

제 9 강 ● 그림 조정과 회전	70
01 그림 정렬 기능	71
02 그림 조정 기능	73
혼자풀어보세요	76

제 1 강 ● 파워포인트 2016 시작하기	8
01 파워포인트 2016 시작과 종료하기	9
02 화면 구성 살펴보기	11
03 리본 메뉴 활용하기	12
혼자풀어보세요	13

제 2 강 ● 슬라이드 추가와 저장하기	14
01 슬라이드 삽입과 레이아웃 변경하기	15
02 프레젠테이션 저장하기	18
혼자풀어보세요	19

제 3 강 ● 슬라이드 편집하기	20
01 슬라이드 크기 조절하기	21
02 슬라이드 이동과 복제	23
03 슬라이드 삭제와 복사	25
04 슬라이드 숨기기	27
혼자풀어보세요	28

CONTENTS

제 10 강 ● 사진 앨범 만들기   78
01 사진 앨범 만들기   79
혼자풀어보세요   83

제 11 강 ● 도형 슬라이드 만들기   84
01 도형 그리기   85
02 도형 스타일과 정렬   86
03 도형 텍스트 입력과 텍스트 맞춤   89
04 도형 복사와 정원그리기   90
혼자풀어보세요   92

제 12 강 ● 도형 편집하기   94
01 텍스트 도형 그리기   95
02 도형 결합하기   98
혼자풀어보세요   102

제 13 강 ● 워드아트 꾸미기   104
01 워드아트 삽입과 변환 효과   105
혼자풀어보세요   109

제 14 강 ● 스마트아트 삽입하기   110
01 스마트아트 삽입하기   111
혼자풀어보세요   125

제 15 강 ● 차트 삽입하기   114
01 차트 삽입하기   115
02 빠른 레이아웃과 차트 스타일   117
혼자풀어보세요   119

제 16 강 ● 오디오 삽입하기   120
01 오디오 삽입하기   121
02 오디오 제어하기   123
혼자풀어보세요   127

제 17 강 ● 동영상 삽입하기   128
01 동영상 삽입하기   129
02 동영상 서식 꾸미기   132
03 동영상 제어하기   135
혼자풀어보세요   137

제 18 강 ● 애니메이션 적용하기   138
01 애니메이션 적용하기   139
02 애니메이션 복사와 시작 옵션   141
혼자풀어보세요   145

제 19 강 ● 화면 전환효과 적용하기   146
01 화면 전환효과 적용하기   147
02 화면 전환효과 제어하기   152
혼자풀어보세요   155

제 20 강 ● 슬라이드 마스터 작성하기   156
01 모든 슬라이드에 동일한 양식 적용하기   157
02 특성 슬라이드에만 마스터 적용하기   160
03 바닥글과 슬라이드 번호 삽입하기   162
04 슬라이드 마스터 내용 입력과 수정   163
혼자풀어보세요   166

제 21 강 ● 슬라이드 노트와 슬라이드 쇼   168
01 슬라이드 노트 작성과 인쇄   169
02 슬라이드 쇼와 발표자 도구   171
03 발표자 도구   173
혼자풀어보세요   174

제 22 강 ● 슬라이드 인쇄와 배포   176
01 프레젠테이션 내보내기   177
02 프레젠테이션 인쇄   179
혼자풀어보세요   180

파워포인트 2016 시작하기

파워포인트는 MicroSoft사에서 개발한 소프트웨어로 텍스트, 그림, 도형, 차트, 멀티미디어 요소를 이용하여 발표, 강연, 제안 등을 할 수 있는 프레젠테이션 도구로 가장 많이 사용하고 있습니다.

▶▶ 파워포인트 2016의 시작과 종료 방법을 알아봅니다.
▶▶ 파워포인트 2016의 화면 구성을 알아봅니다.

배울 내용 미리보기

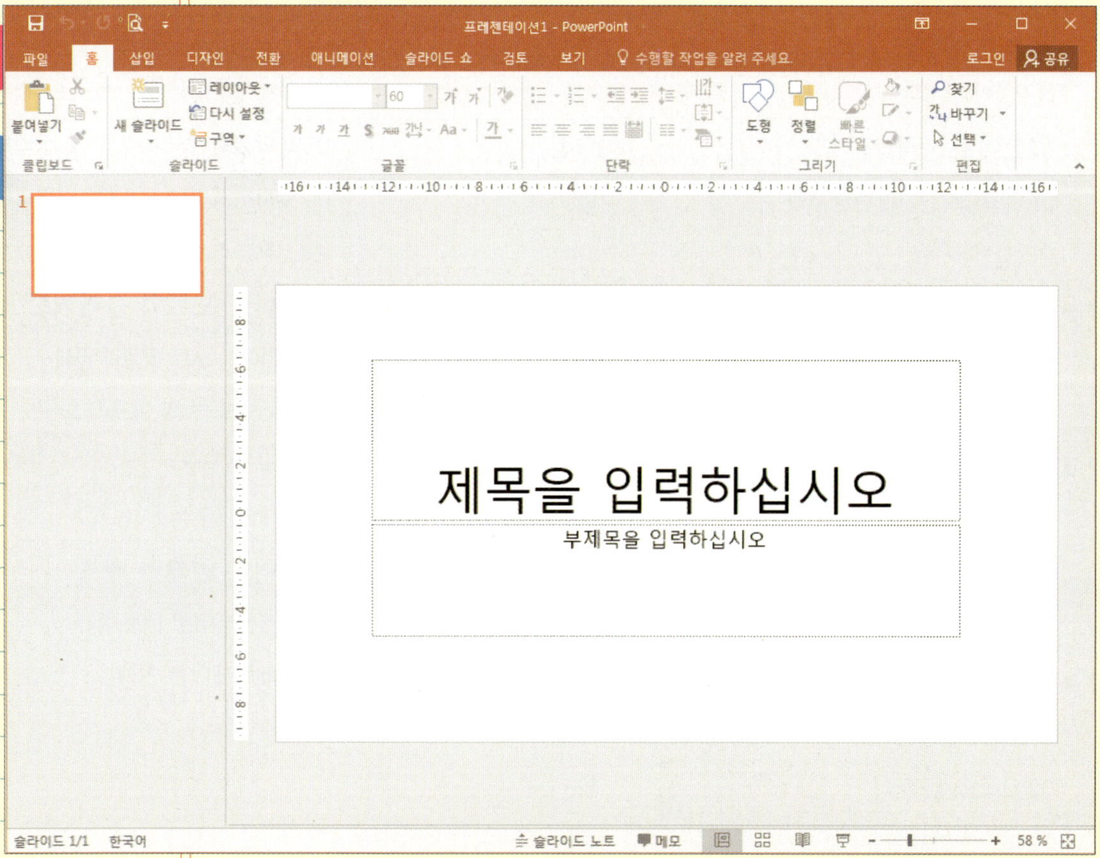

파워포인트 2016 시작과 종료하기

1 [시작]-[PowerPoint2016]을 실행합니다.

2 파워포인트를 실행하면 [최근 항목], [서식 파일], [온라인 서식 파일] 등을 선택할 수 있습니다. [주요 서식 파일 목록]에서 ❶ **[새 프레젠테이션]**을 클릭합니다.

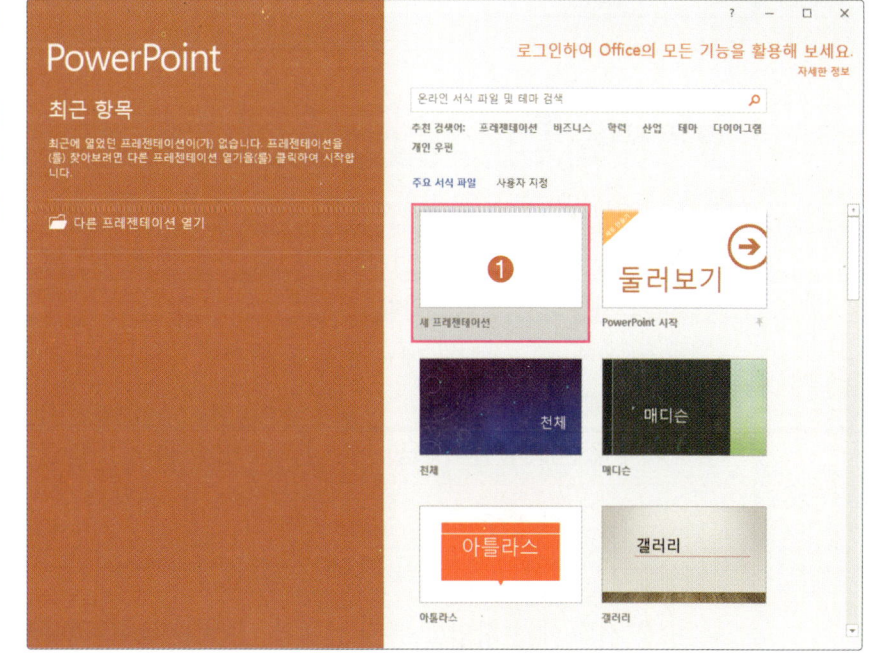

참고하세요

❶ 최근 항목 : 최근에 열어본 프레젠테이션 목록으로, 해당하는 파일을 클릭해서 빠르게 문서를 열 수 있습니다.
❷ 서식 검색 창 : 온라인 서식 파일 및 테마 검색으로 서식 파일을 다운로드할 수 있습니다.
❸ 새 프레젠테이션 : 새 문서를 열 수 있습니다.
❹ 서식 파일 : 기본으로 제공되는 서식 파일목록입니다.
❺ 빠른 메뉴 : 최근 항목의 파일 위에서 마우스 오른쪽 단추의 메뉴를 이용하여 목록을 제거하거나 고정할 수 있습니다.

③ 새 프레젠테이션 문서가 열립니다. 프레젠테이션을 종료하려면 ❶ 오른쪽 상단의 **[닫기]**를 클릭합니다.

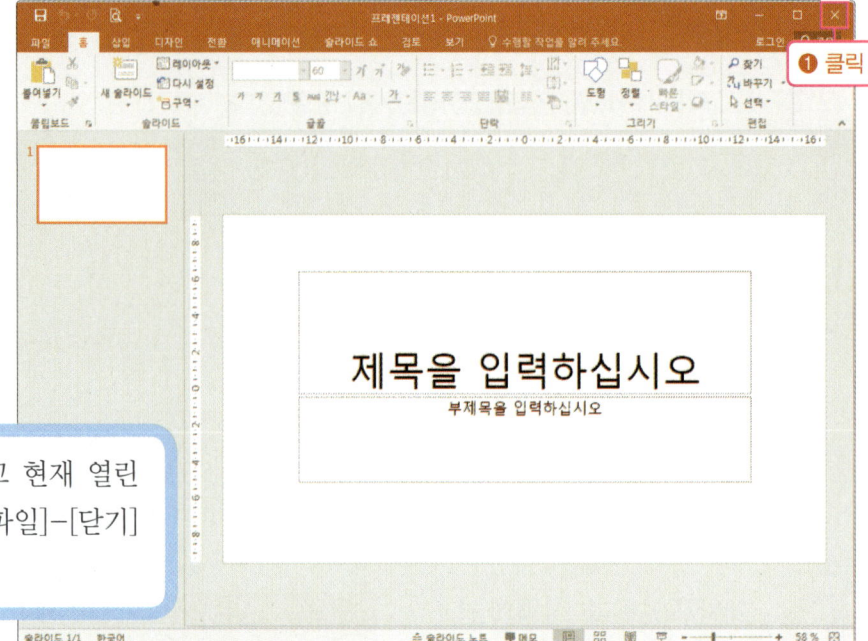

참고하세요

파워포인트를 종료하지 않고 현재 열린 프레젠테이션만 닫으려면 [파일]-[닫기]를 클릭합니다.

참고하세요

빠른 실행 도구 모음 추가와 삭제

파워포인트의 왼쪽 상단에 위치한 메뉴로 자주 사용하는 메뉴를 추가해 두었다가 사용하면 편리합니다.

- [빠른 실행 도구 모음] 메뉴의 목록 단추를 클릭하여 추가하려는 명령을 선택합니다.
- 목록에 없는 메뉴를 추가할 때는 [기타 명령]을 선택합니다.

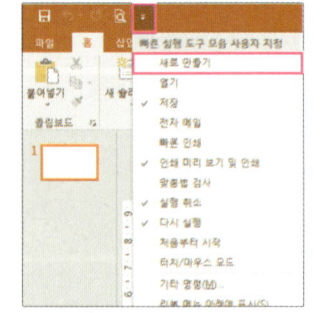

- [명령 선택]에서 삽입할 탭을 선택한 후 명령을 클릭하여 [추가]를 누릅니다. 왼쪽에 있던 명령이 오른쪽으로 추가됩니다.
- 제거할 때는 오른쪽 목록에서 명령을 선택한 후 [제거]를 누릅니다.
- 또는 빠른 실행 도구 모음에서 제거할 명령 위에서 마우스 오른쪽 단추의 [빠른 실행 도구 모음에서 제거]를 클릭합니다.

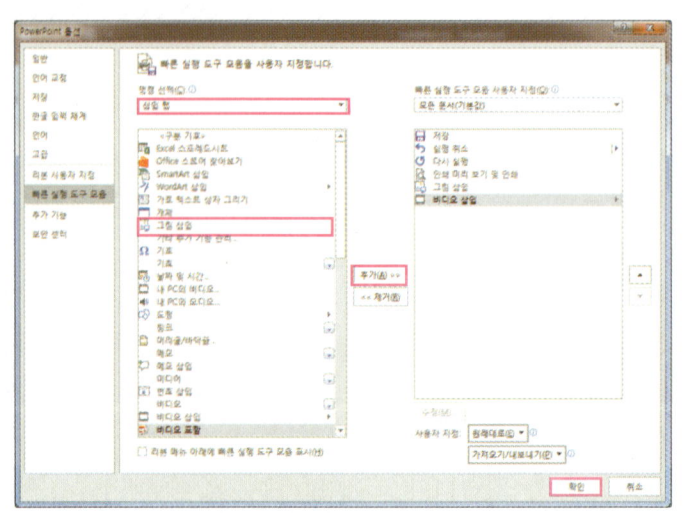

화면 구성 살펴보기

❶ [제목 표시줄] : 현재 작업 중인 프레젠테이션 문서의 저장 파일명이 표시됩니다.

❷ [빠른 실행 도구 모음] : 자주 사용하는 명령을 등록하는 도구 모음으로 원하는 명령을 추가, 삭제할 수 있습니다.

❸ [리본메뉴 표시옵션] : 리본 메뉴 자동 숨기기, 탭 표시, 탭 및 명령 표시가 있습니다.

❹ [창 크기 조절 메뉴] : 창의 최소화, 최대화, 종료 단추가 있습니다.

❺ [파일] 탭 : 새로 만들기, 열기, 저장하기, 인쇄, 옵션, 계정 추가 기능 등을 지정할 수 있습니다.

❻ [탭] : 파워포인트에서 제공하는 명령들을 제공합니다. 그림, 도형, 비디오, 오디오 등 개체를 삽입하면 개체를 편집할 수 있는 상황 탭이 생성됩니다.

❼ 텔미(Tell Me) : 수행할 작업을 단어로 검색하여 빠르게 실행할 수 있습니다.

❽ [리본 메뉴] : [메뉴] 탭을 누르면 각 해당 탭에 자주 사용되는 명령들이 그룹별로 표시됩니다.

❾ [자세히] : 메뉴의 세부 명령을 설정할 수 있습니다.

❿ [리본 메뉴 축소 단추] : 리본 메뉴를 감추는 기능입니다. 임의의 [메뉴] 탭을 더블클릭하면 다시 나타나며 또 다시 더블클릭하면 축소됩니다.

⓫ [슬라이드/개요] : 슬라이드의 미리보기와 개요보기가 가능합니다.

⓬ [슬라이드] : 파워포인트의 기본 편집 작업 창입니다.

⓭ [슬라이드 노트] : 클릭하면 슬라이드 노트 창이 열려 시나리오 등을 작성할 수 있습니다.

⓮ [메모] : 여러 사람이 공동 작업할 때 의견 또는 변경 내용 등을 확인합니다.

⓯ [화면 보기] : 슬라이드의 화면 보기를 변경합니다.
 • [기본 보기] : 슬라이드의 기본 편집 화면입니다.
 • [여러 슬라이드 보기] : 슬라이드를 축소판으로 보여주며 슬라이드의 구성과 편집할 때 편리합니다.
 • [읽기용 보기] : 슬라이드 쇼의 미리보기로 프레젠테이션을 검토할 때 사용합니다.
 • [현재 슬라이드 쇼 보기] : 현재 선택된 슬라이드부터 [슬라이드 쇼]가 진행됩니다.

⓰ [확대/축소 슬라이더] : 슬라이드의 화면을 확대/축소할 수 있으며 확대 비율이 표시됩니다.

⓱ [현재 창 크기에 맞춤] : 슬라이드가 확대/축소되었을때 현재 창 크기에 맞게 조절합니다.

03 리본 메뉴 활용하기

1 프레젠테이션의 리본 메뉴를 축소하면 슬라이드의 화면을 넓게 사용할 수 있습니다. [리본 메뉴]의 오른쪽 하단의 ❶ **[리본 메뉴 축소]**를 클릭합니다.

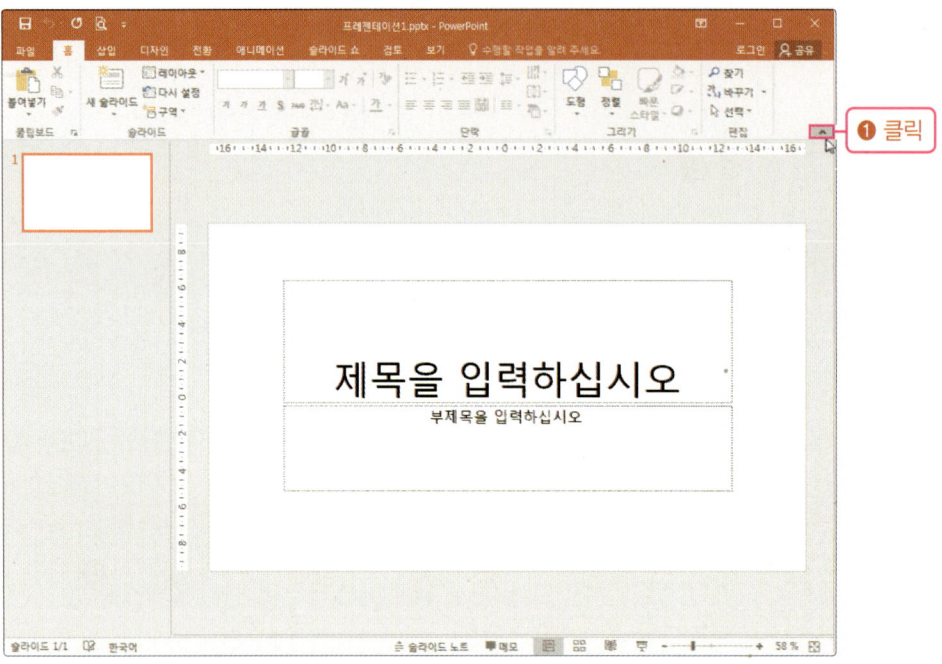

2 명령은 숨겨졌지만 [메뉴] 탭을 클릭하면 리본 메뉴는 표시됩니다. 다시 리본 메뉴를 표시하려면 오른쪽 상단의 ❶ **[리본 메뉴 표시 옵션]**을 클릭한 후 ❷ **[탭 및 명령 표시]**를 클릭합니다.

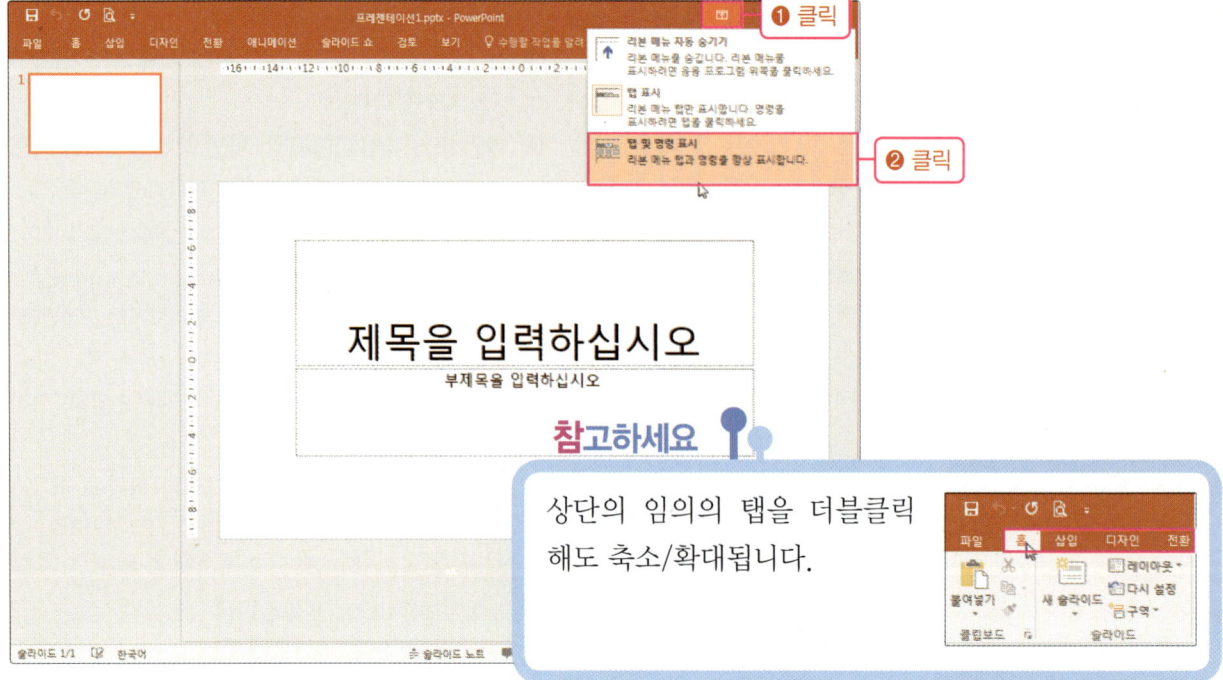

참고하세요

상단의 임의의 탭을 더블클릭해도 축소/확대됩니다.

"혼자 풀어 보세요"

1 [새 프레젠테이션]을 시작한 후 종료해 보세요.

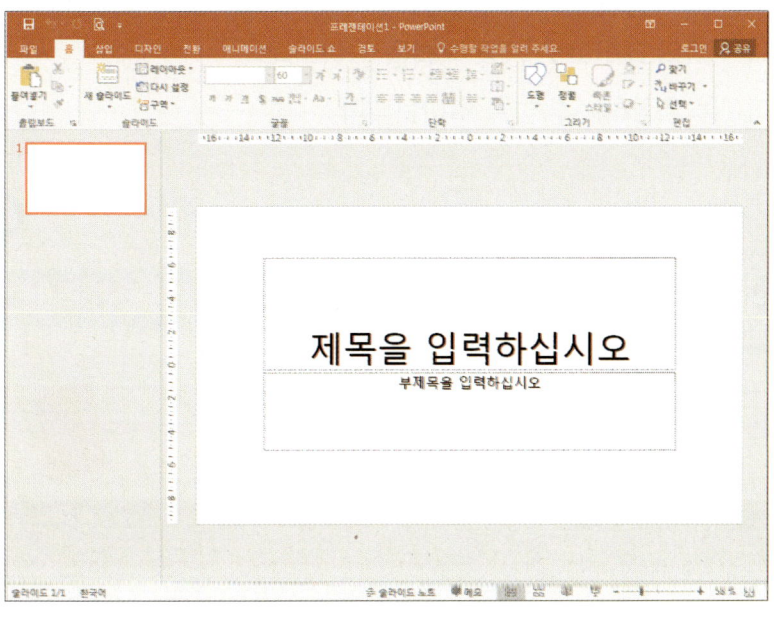

2 리본 메뉴를 축소해 보세요. 임의의 탭과 명령을 더블클릭하여 표시해 보세요.

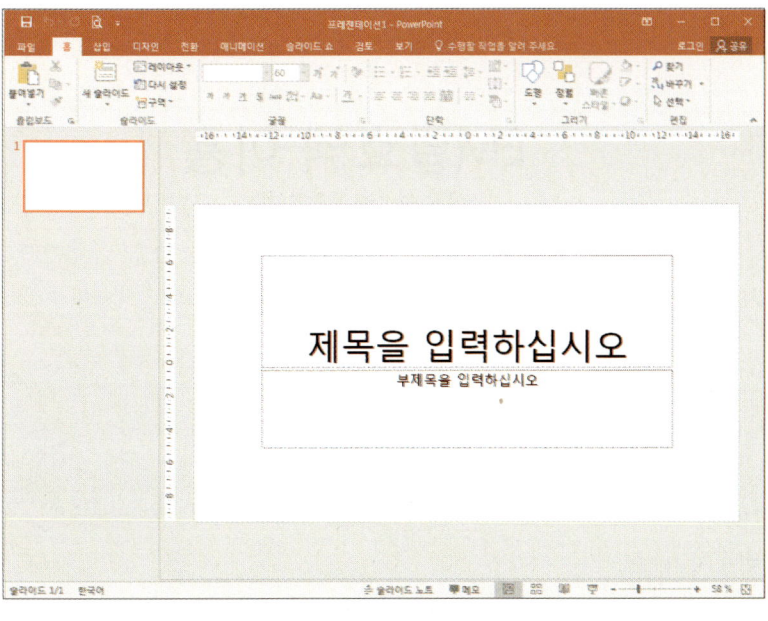

02 슬라이드 추가와 저장하기

파워포인트에서 기본 화면을 슬라이드라고 합니다. 페이지 단위와 같으며, 11개의 레이아웃을 제공합니다. 내용에 맞는 레이아웃을 추가하여 프레젠테이션을 작성합니다.

- 슬라이드의 추가와 레이아웃 변경 방법을 알아봅니다.
- 프레젠테이션을 저장하는 방법을 알아봅니다.

배울 내용 미리보기

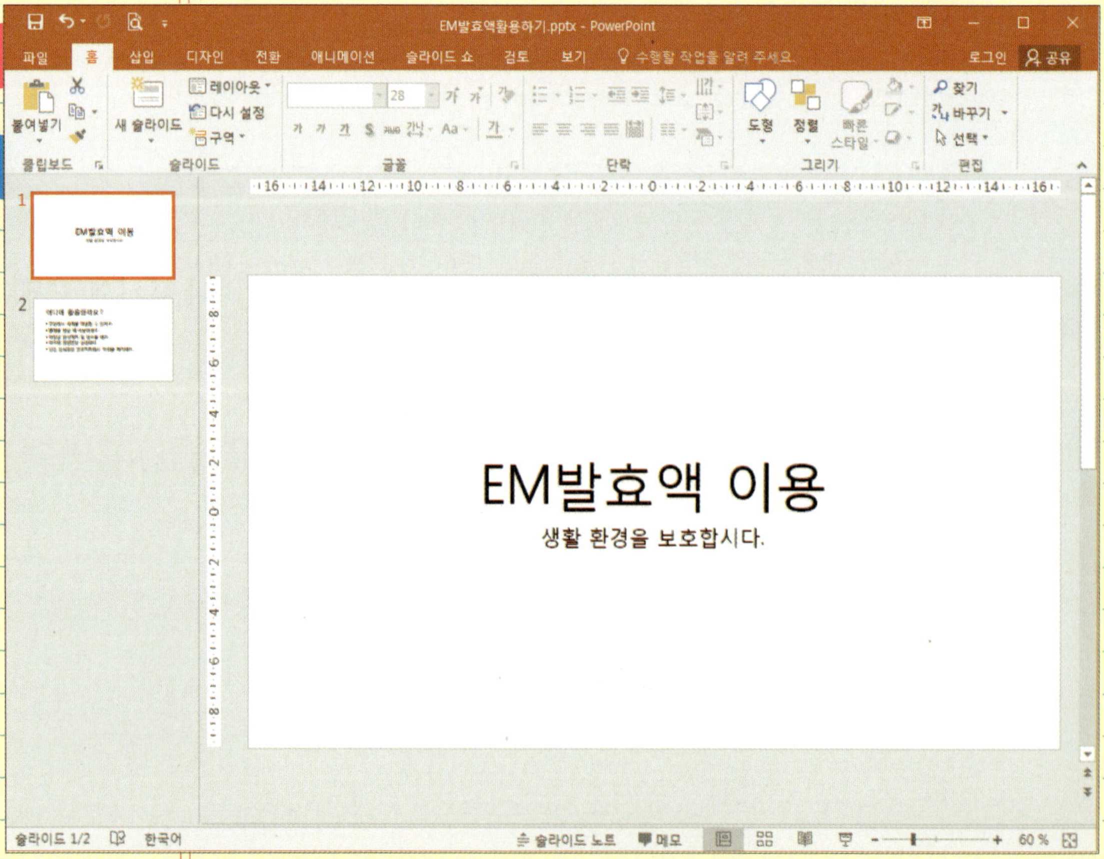

▲ 파일명 : EM발효액활용하기.pptx

슬라이드 삽입과 레이아웃 변경하기

1 [시작]-[PowerPoint2016]을 실행한 후 [새 프레젠테이션]을 클릭합니다.

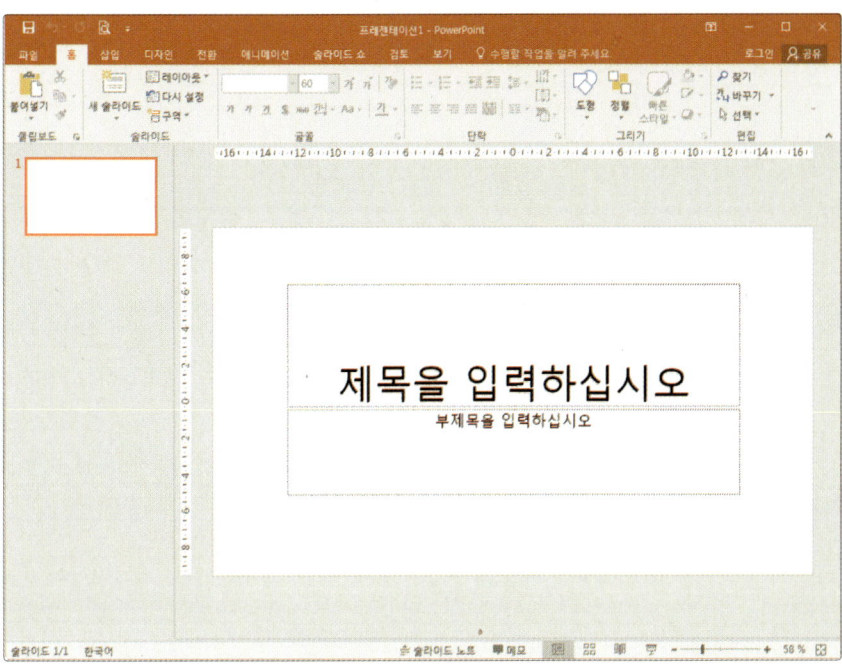

2 처음 표시되는 슬라이드는 [제목 슬라이드]라고 합니다. 내용을 입력하기 위해 [제목 슬라이드]의 ❶ **[제목] 개체 틀**을 클릭하고 "**EM발효액 이용**"이라고 입력합니다.

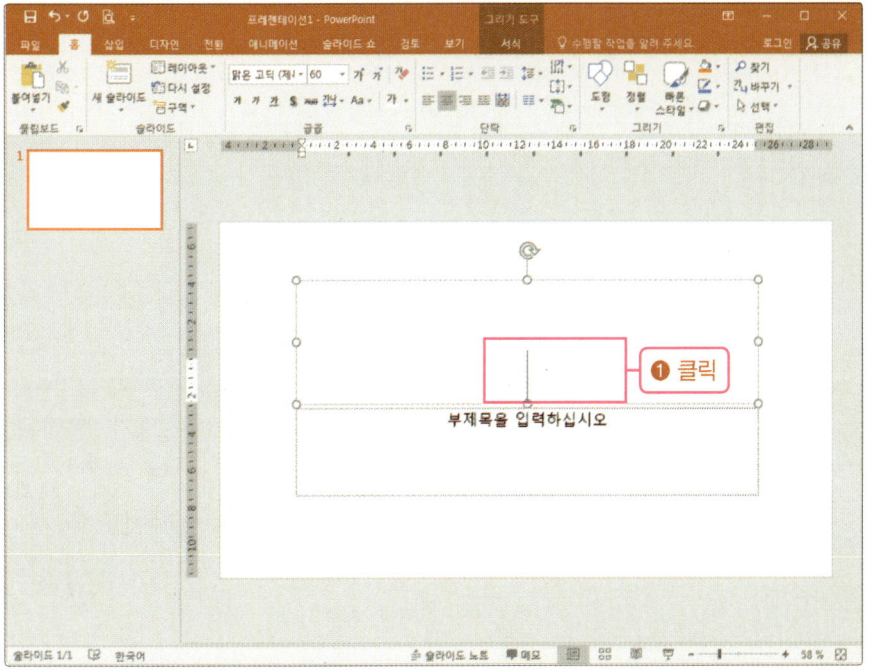

③ ❶ [부 제목] 개체 틀을 클릭한 후 **"생활 환경을 보호합시다."** 를 입력합니다.

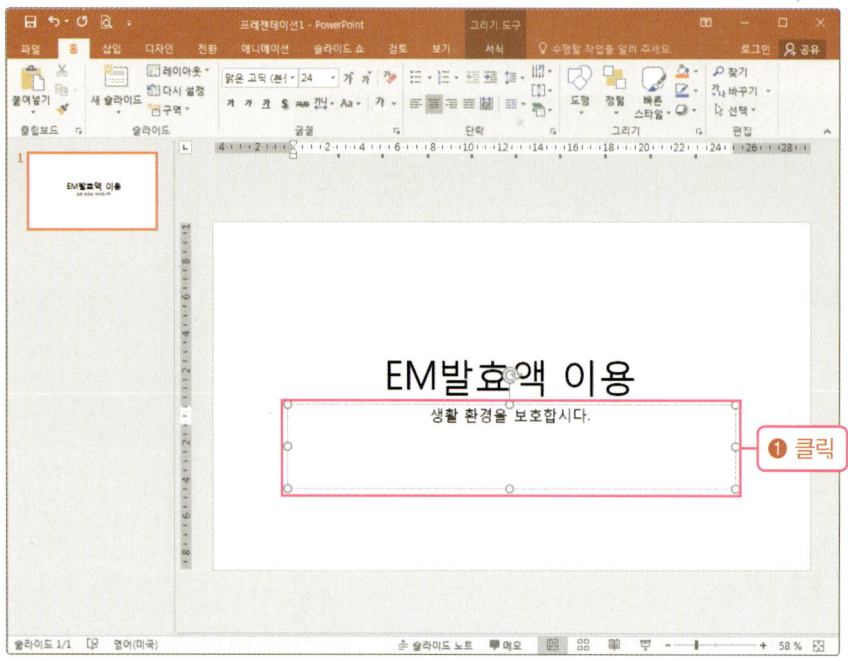

④ 슬라이드를 삽입하기 위해 ❶ [홈] 탭의 [슬라이드] 그룹에서 ❷ [새 슬라이드]를 클릭한 후 ❸ [제목 및 내용] 레이아웃을 선택합니다.

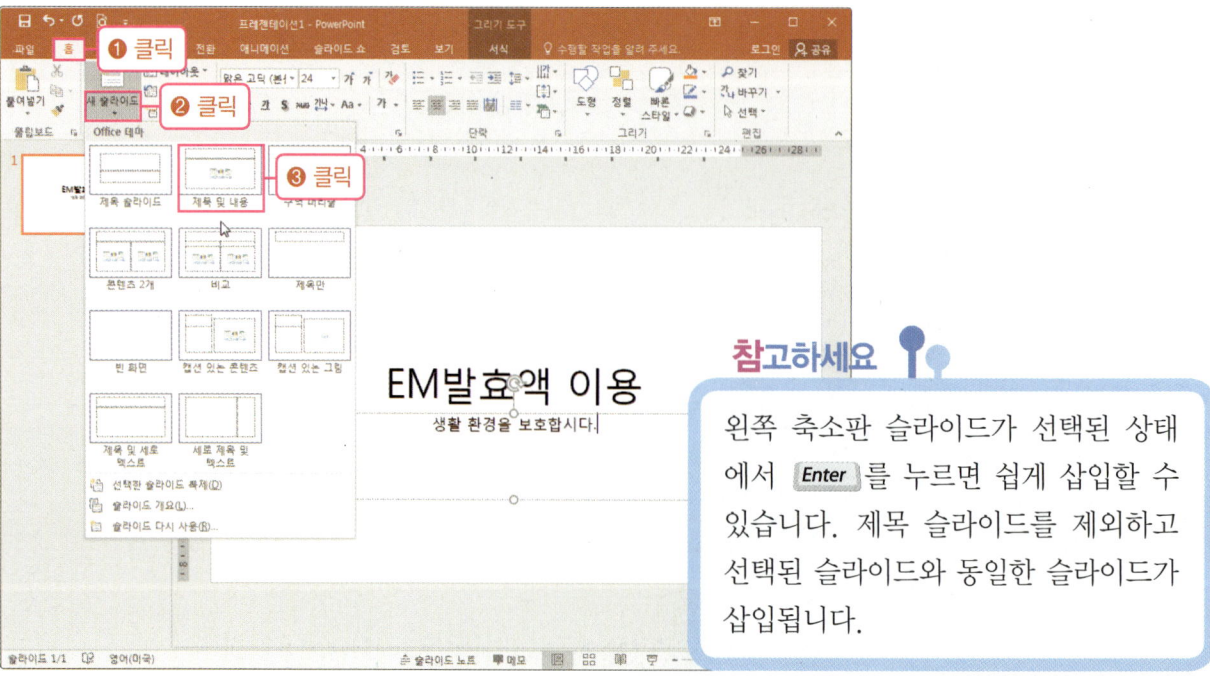

참고하세요

왼쪽 축소판 슬라이드가 선택된 상태에서 Enter 를 누르면 쉽게 삽입할 수 있습니다. 제목 슬라이드를 제외하고 선택된 슬라이드와 동일한 슬라이드가 삽입됩니다.

5 [제목 및 내용] 슬라이드가 삽입됩니다. [제목] 개체 틀과 [텍스트] 개체 틀을 클릭하여 그림과 같이 내용을 입력합니다. 다음 줄로 이동할 때는 Enter 를 누릅니다.

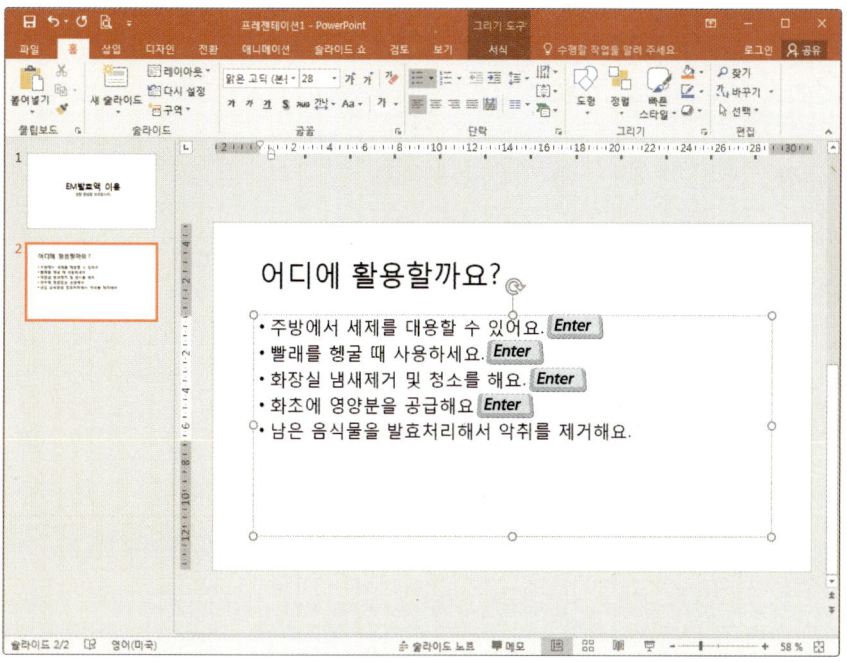

6 현재 슬라이드를 다른 레이아웃으로 변경하려면 ❶ [홈] 탭의 [슬라이드] 그룹에서 ❷ [레이아웃]을 클릭한 후 ❸ [제목 및 세로 텍스트] 레이아웃을 선택합니다. 슬라이드가 변경됩니다.

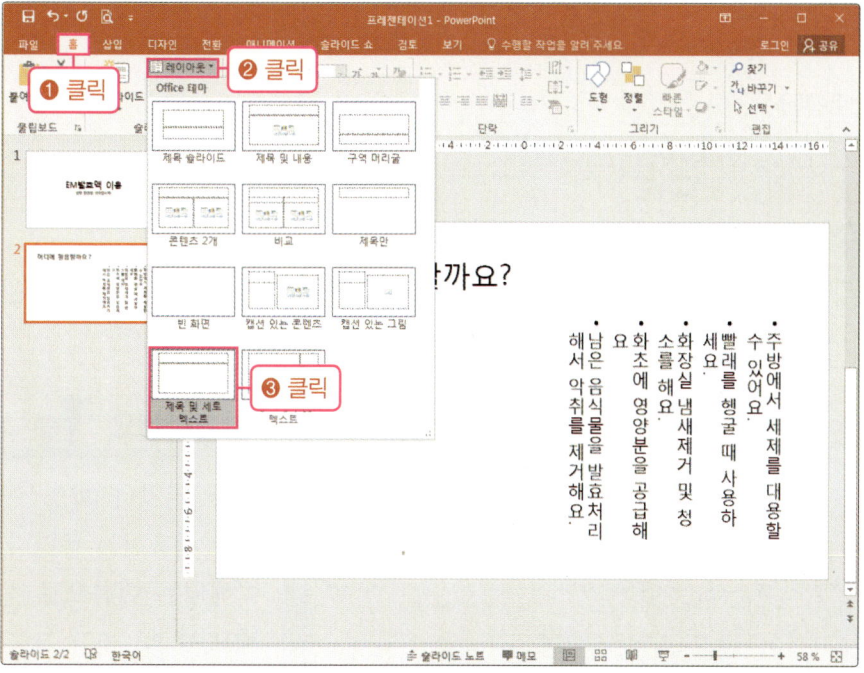

프레젠테이션 저장하기

1 작성한 프레젠테이션을 저장하기 위해 [파일] 탭을 클릭한 후 ❶ **[다른 이름으로 저장]**의 ❷ **[이 PC]**를 더블클릭합니다.

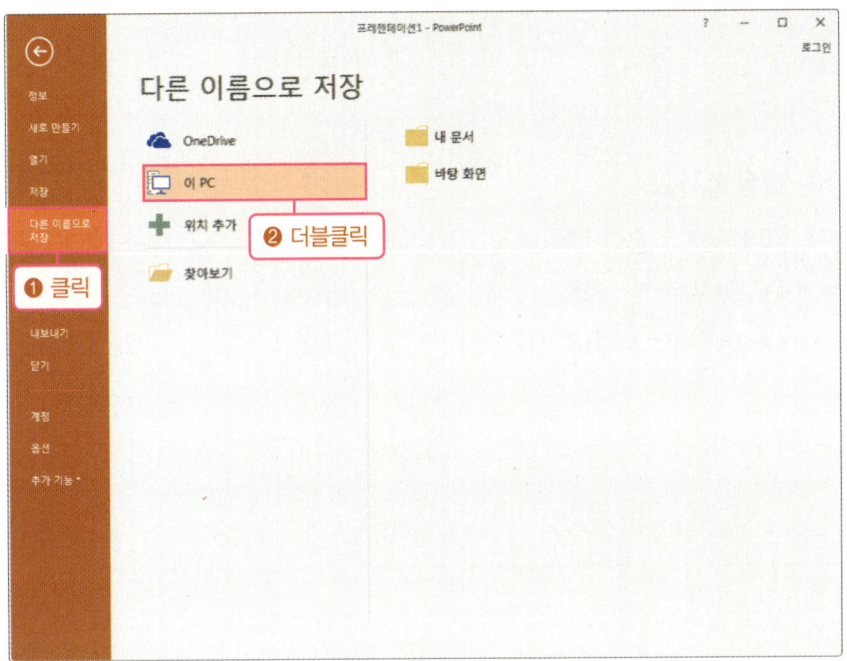

2 [다른 이름으로 저장] 대화상자가 열리면 저장 위치는 ❶ **[라이브러리-문서]**를 클릭합니다. 파일 이름은 ❷ "EM발효액 이용"을 입력하고, 파일 형식은 [PowerPoint 프레젠테이션(*.pptx)]로 확인한 후 ❸ **[저장]**을 클릭합니다.

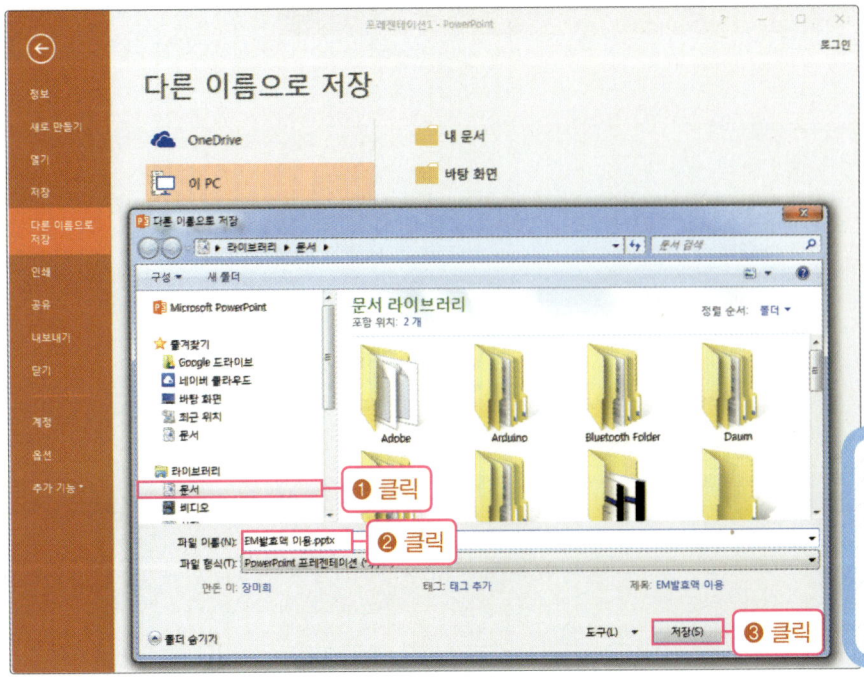

참고하세요

저장 위치나 파일 이름은 자주 사용하는 폴더나 쉽게 이해되는 이름으로 선택하세요.

"혼자 풀어 보세요"

1 [새 프레젠테이션]을 열고 다음과 같이 작성해 보세요.

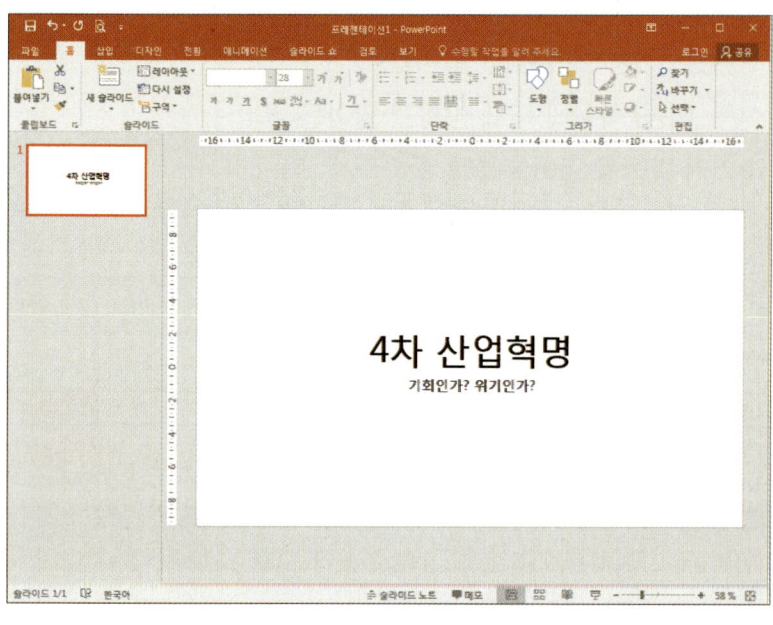

2 슬라이드를 추가한 후 다음과 같이 입력하세요. 바탕화면에 '4차산업혁명.pptx'로 저장해 보세요.

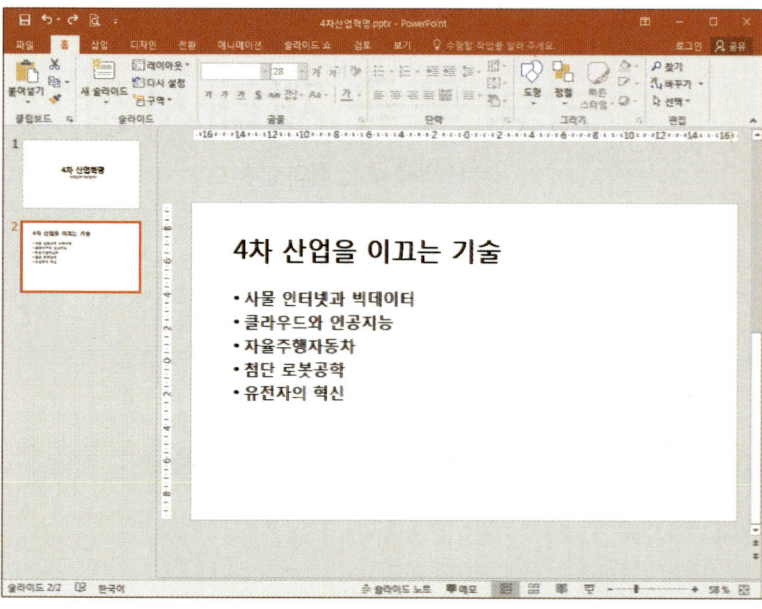

슬라이드 편집하기

슬라이드의 크기를 사용 환경에 맞추어 변경할 수 있으며, 여러 슬라이드를 추가, 삭제, 이동, 복사, 복제 등 슬라이드 편집으로 다양한 슬라이드 편집을 할 수 있습니다.

▶▶ 슬라이드 크기를 조절하는 방법을 알아봅니다.
▶▶ 슬라이드 삭제, 이동, 복사와 복제 방법을 알아봅니다.
▶▶ 슬라이드 숨기기 방법을 알아봅니다.

배울 내용 미리보기

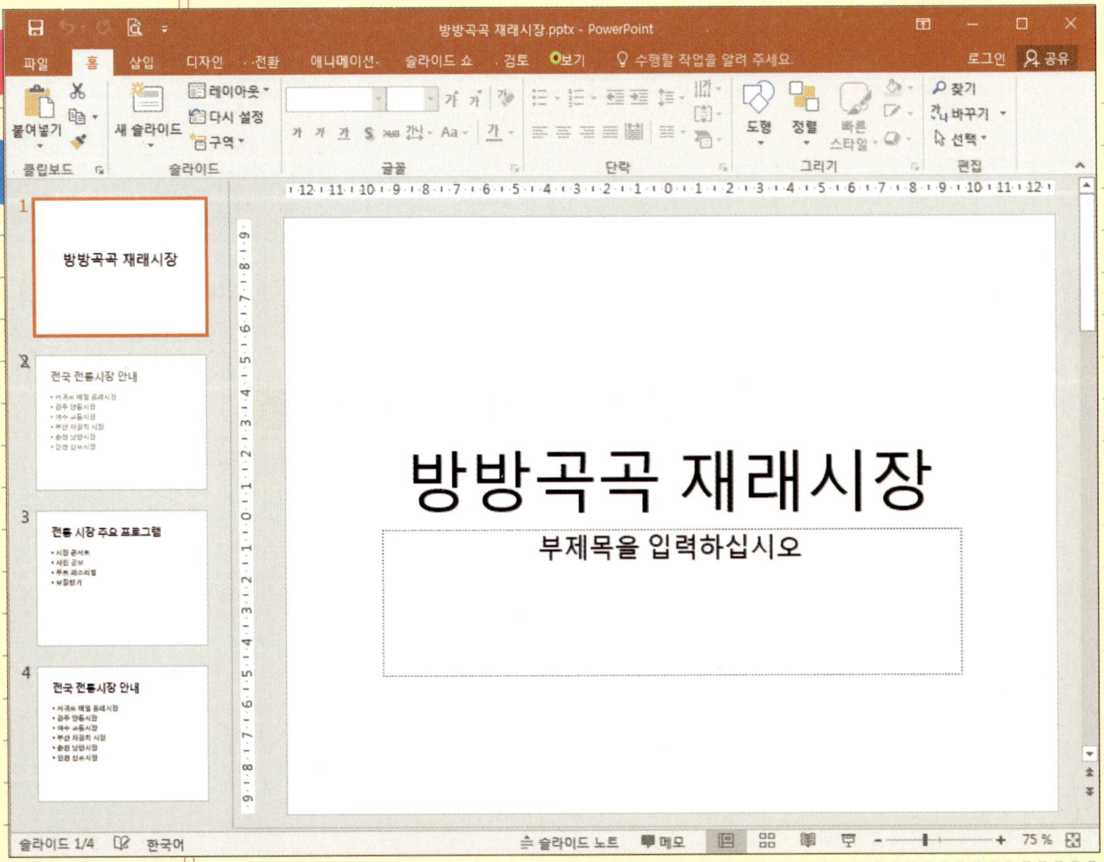

▲ 파일명 : 방방곡곡 재래시장.pptx

01 슬라이드 크기 조절하기

1 [새 프레젠테이션]을 열고, ❶ [디자인] 탭의 [사용자 지정] 그룹에서 ❷ [슬라이드 크기]를 클릭한 후 ❸ [표준(4:3)]을 선택합니다.

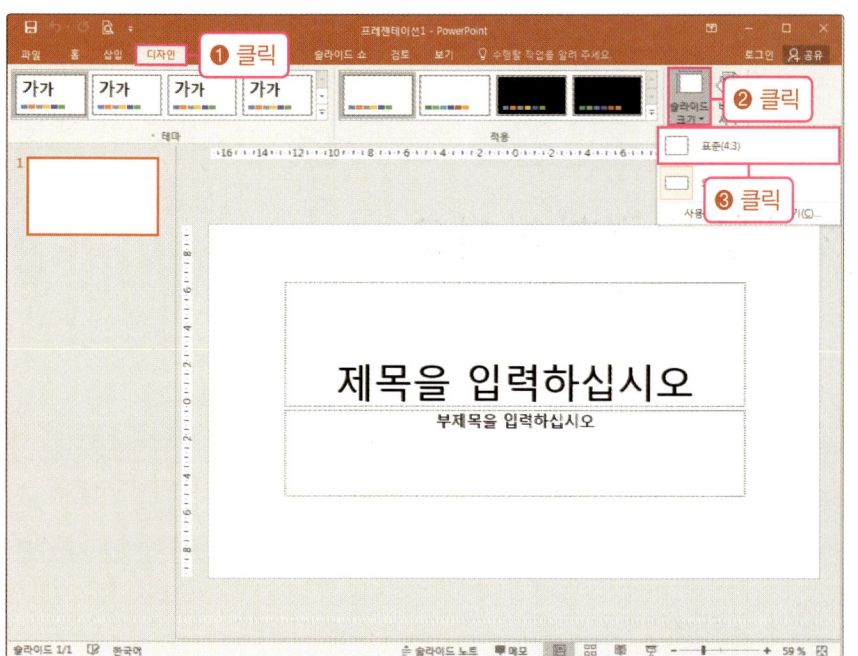

참고하세요

기본 화면 크기가 디스플레이 기기가 변화하는 환경에 맞춰 파워포인트 2013 버전부터는 16:9의 와이드스크린 기본 사이즈로 지원합니다.

2 슬라이드 크기 조정을 물어보는 창이 열리면 ❶ [맞춤 확인]을 클릭합니다.

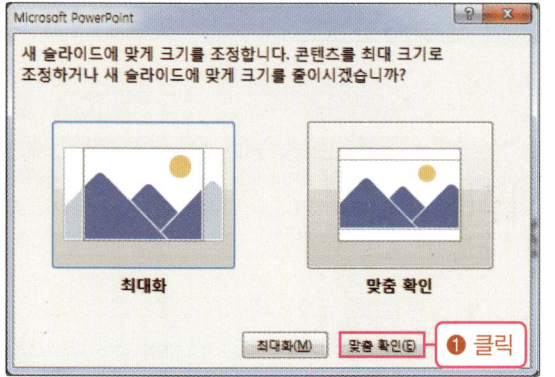

참고하세요

운영체제의 버전에 따라 처음에는 [맞춤 확인] 대화상자가 열리지 않을 수도 있습니다. 여러 번 반복해서 슬라이드 크기를 바꿀 때 나타나기도 합니다.

참고하세요

- 최대화 : 슬라이드 크기가 변경되고, 슬라이드에 있는 개체는 원래 크기를 유지하기 때문에 개체가 슬라이드에 맞지 않을 수 있습니다.
- 맞춤 확인 : 슬라이드 크기가 변경되면서 슬라이드에 있는 개체의 크기도 변경됩니다.

③ 와이드 슬라이드가 [4:3] 비율 슬라이드 크기로 변경되었습니다.

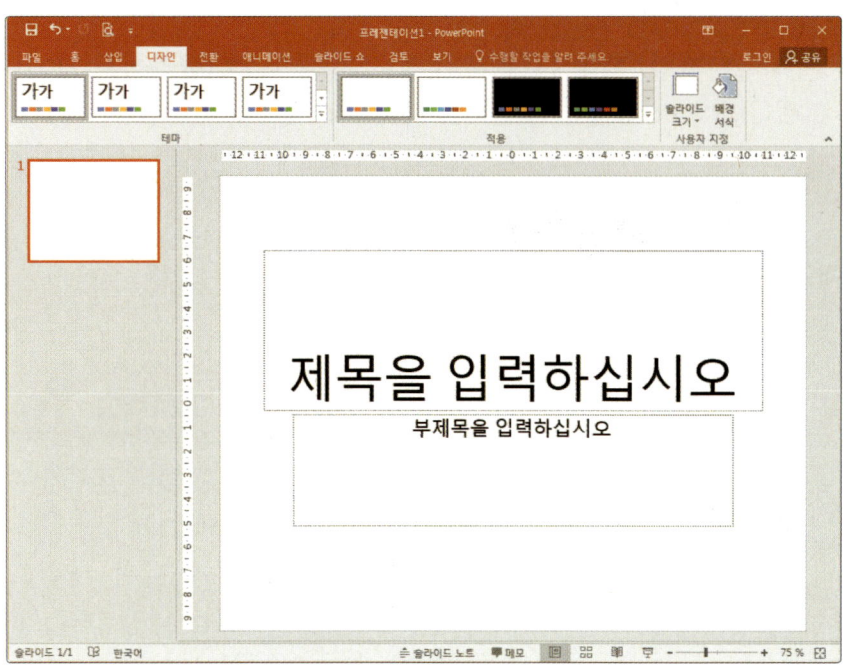

④ 제목 슬라이드에 그림과 같이 입력합니다.

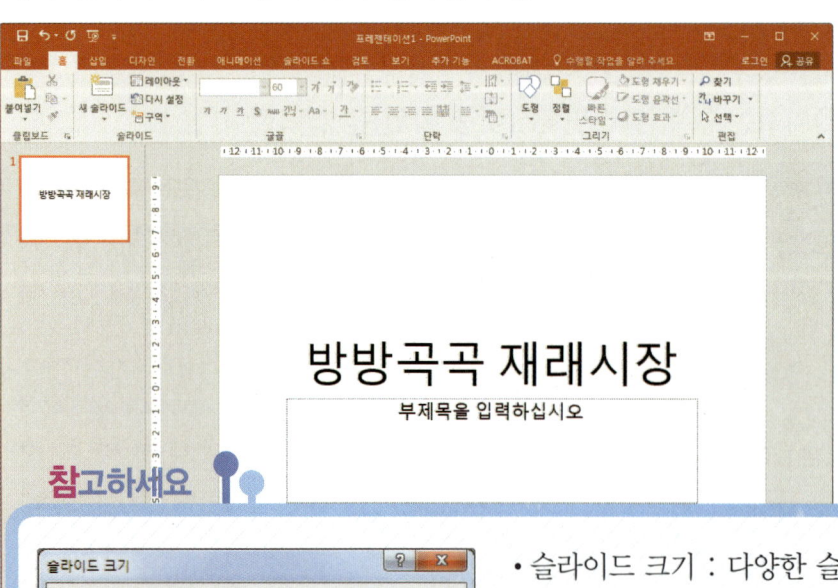

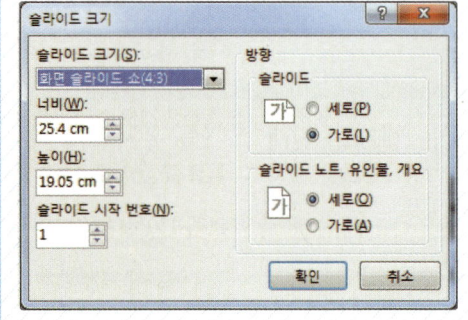

- 슬라이드 크기 : 다양한 슬라이드 크기를 지정할 수 있습니다.
- 슬라이드 시작 번호 : 슬라이드 시작 번호를 변경할 수 있습니다.
- 방향 : 슬라이드 또는 슬라이드 노트, 유인물, 개요를 [가로] 또는 [세로]로 변경할 수 있습니다.

슬라이드 이동과 복제

1 [제목 및 내용] 슬라이드를 추가한 후 그림과 같이 입력합니다.

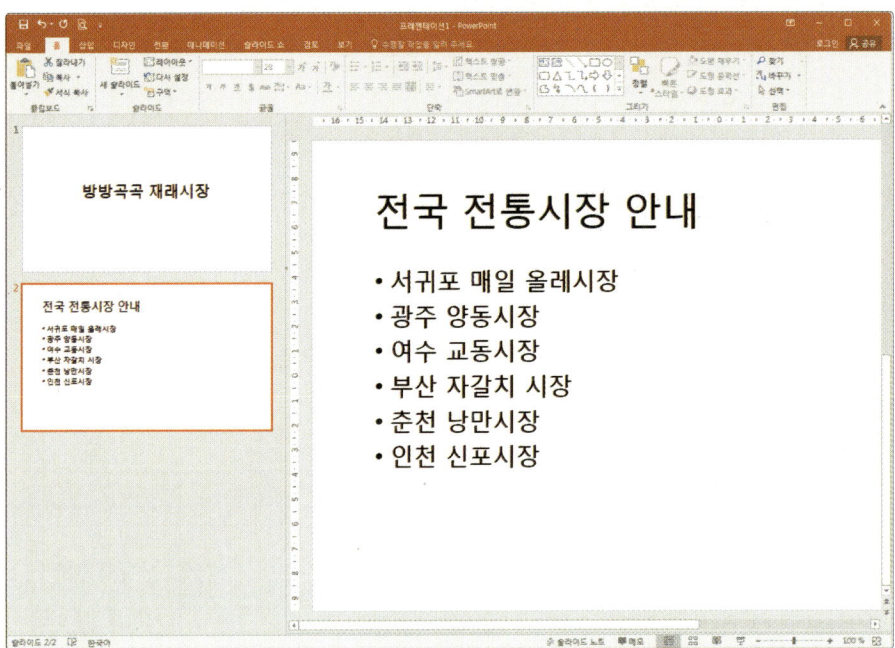

2 세 번째 슬라이드도 [제목 및 내용] 레이아웃을 삽입한 후 그림과 같이 내용을 입력합니다.

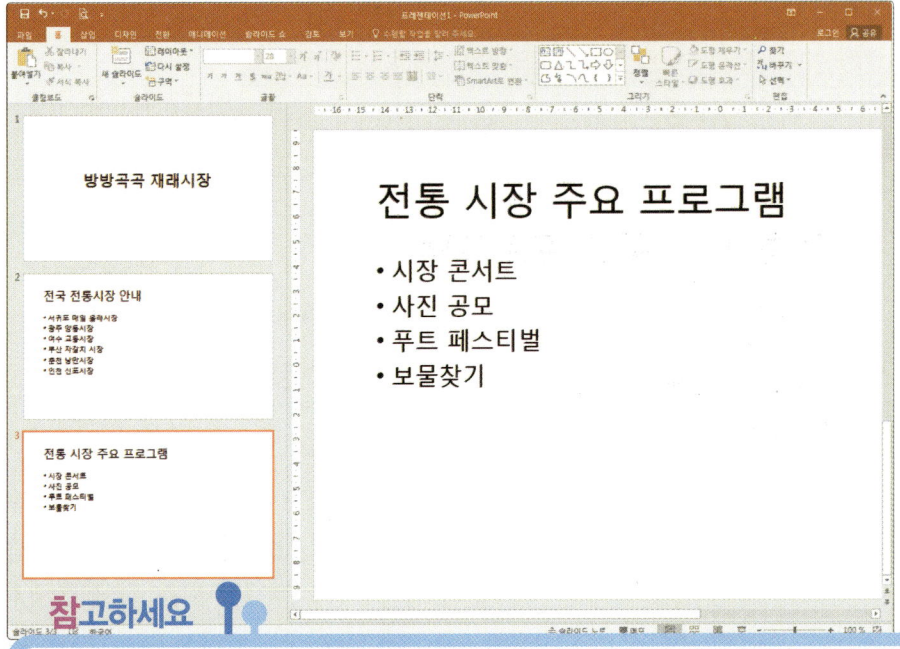

> 현재 선택된 슬라이드와 동일한 슬라이드를 삽입하려면 Enter 또는 Ctrl + M 을 누릅니다.

③ 세 번째 슬라이드를 두 번째 슬라이드 위로 이동하려고 합니다. ❶ 슬라이드 축소판 창에서 세 번째 슬라이드를 선택한 후 **두 번째 슬라이드 위로 드래그 앤 드롭**합니다.

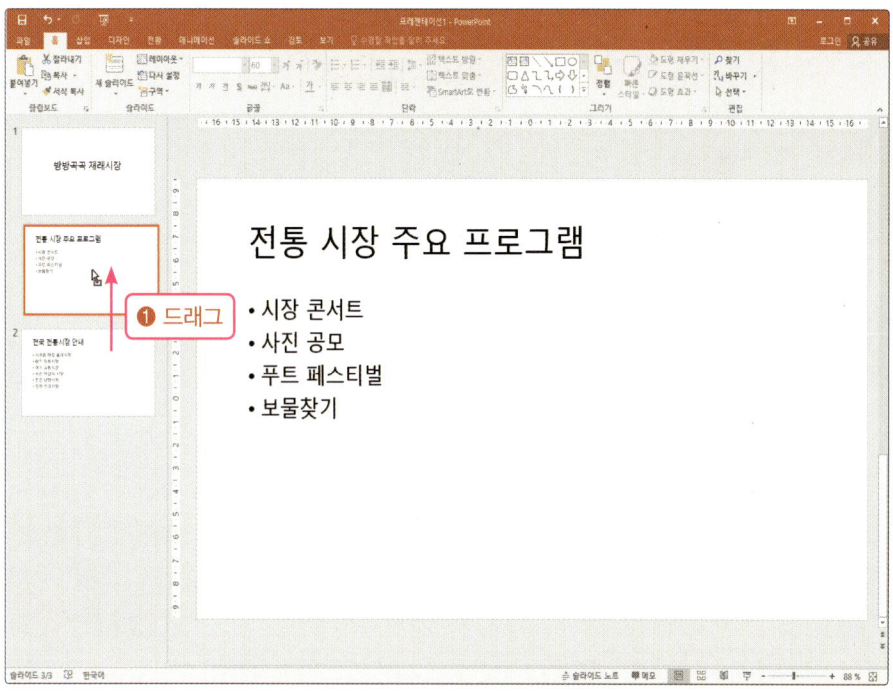

④ 두 번째 슬라이드를 복제하기 위해 ❶ **2번 슬라이드를 선택한 후** 마우스 오른쪽 단추의 ❷ **[슬라이드 복제]**를 클릭합니다.

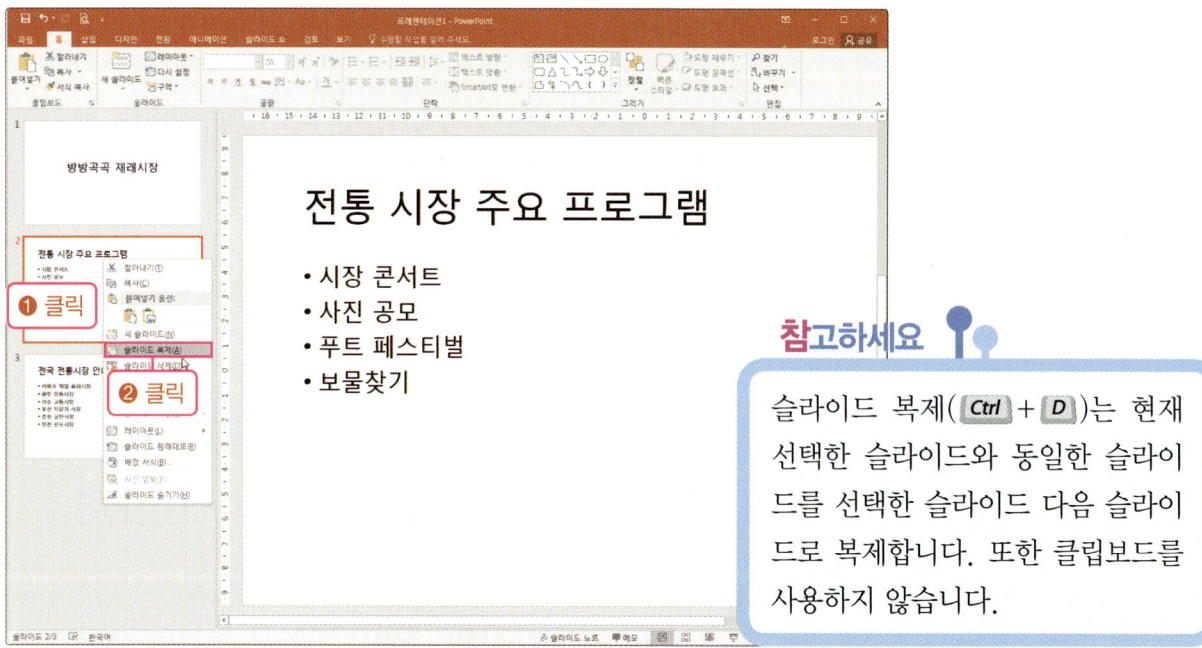

참고하세요

슬라이드 복제(Ctrl + D)는 현재 선택한 슬라이드와 동일한 슬라이드를 선택한 슬라이드 다음 슬라이드로 복제합니다. 또한 클립보드를 사용하지 않습니다.

03 슬라이드 삭제와 복사

1 3번 슬라이드를 삭제하기 위해 ❶ **3번 슬라이드를 선택한 후** 마우스 오른쪽 단추를 눌러 ❷ **[슬라이드 삭제]**를 클릭합니다.

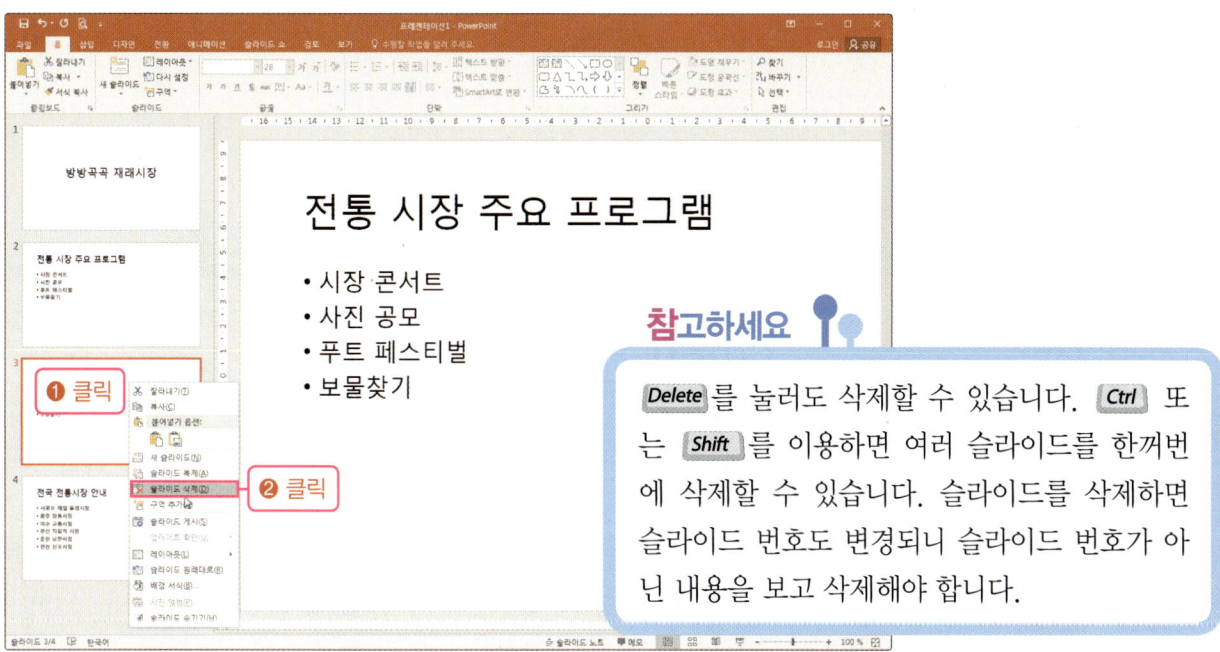

참고하세요

Delete 를 눌러도 삭제할 수 있습니다. Ctrl 또는 Shift 를 이용하면 여러 슬라이드를 한꺼번에 삭제할 수 있습니다. 슬라이드를 삭제하면 슬라이드 번호도 변경되니 슬라이드 번호가 아닌 내용을 보고 삭제해야 합니다.

2 3번 슬라이드와 동일한 슬라이드를 2번 슬라이드 위에 하나 더 만들기 위해 ❶ 3번 슬라이드를 선택한 후 마우스 오른쪽 단추를 누른 후 **[슬라이드 복사]**를 클릭합니다.

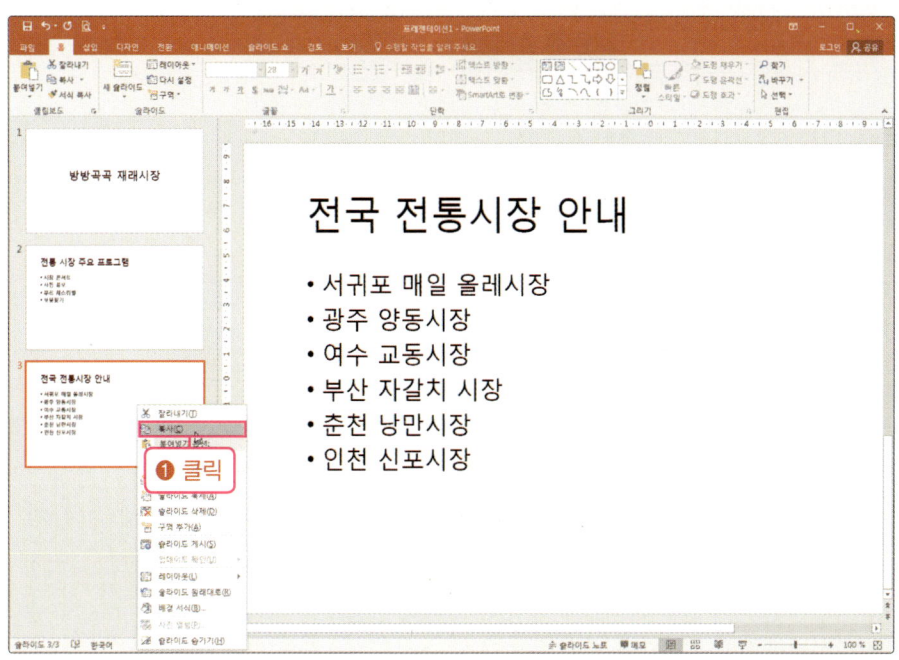

3 ❶ **1번 슬라이드와 2번 슬라이드 사이를 클릭**한 후 마우스 오른쪽 단추를 누른 후 [붙여넣기 옵션]의 ❷ **첫 번째 옵션**을 클릭합니다.

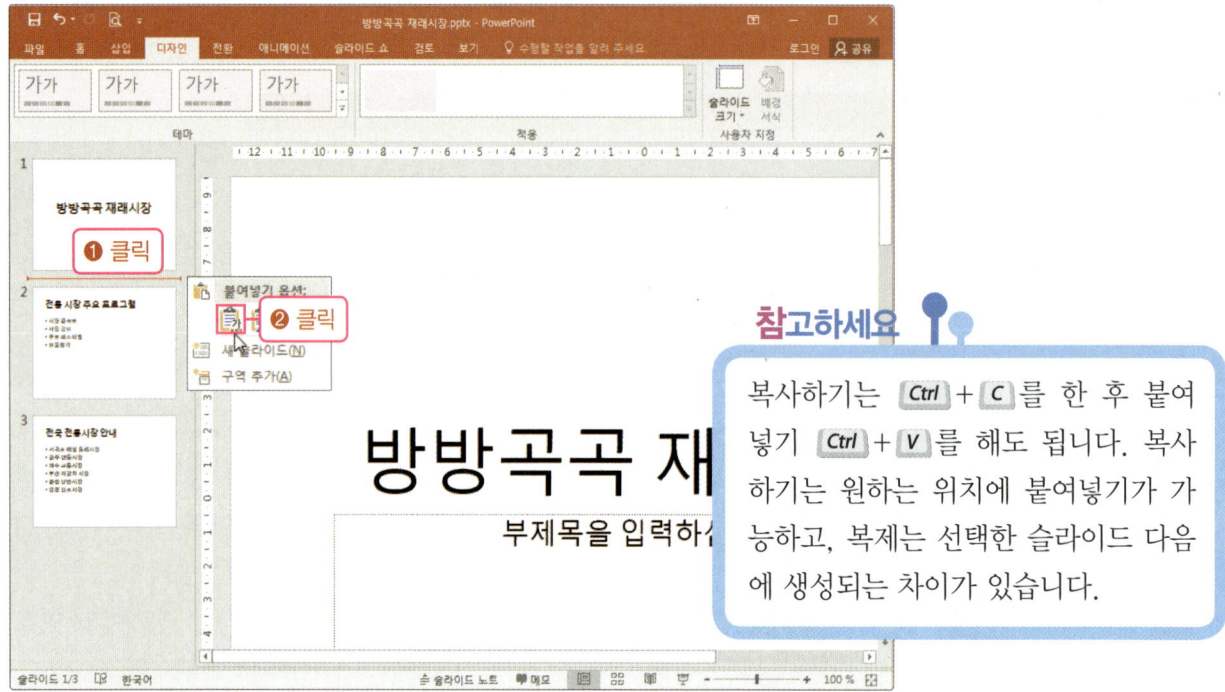

참고하세요

복사하기는 Ctrl + C 를 한 후 붙여넣기 Ctrl + V 를 해도 됩니다. 복사하기는 원하는 위치에 붙여넣기가 가능하고, 복제는 선택한 슬라이드 다음에 생성되는 차이가 있습니다.

4 동일한 슬라이드가 생성되었습니다.

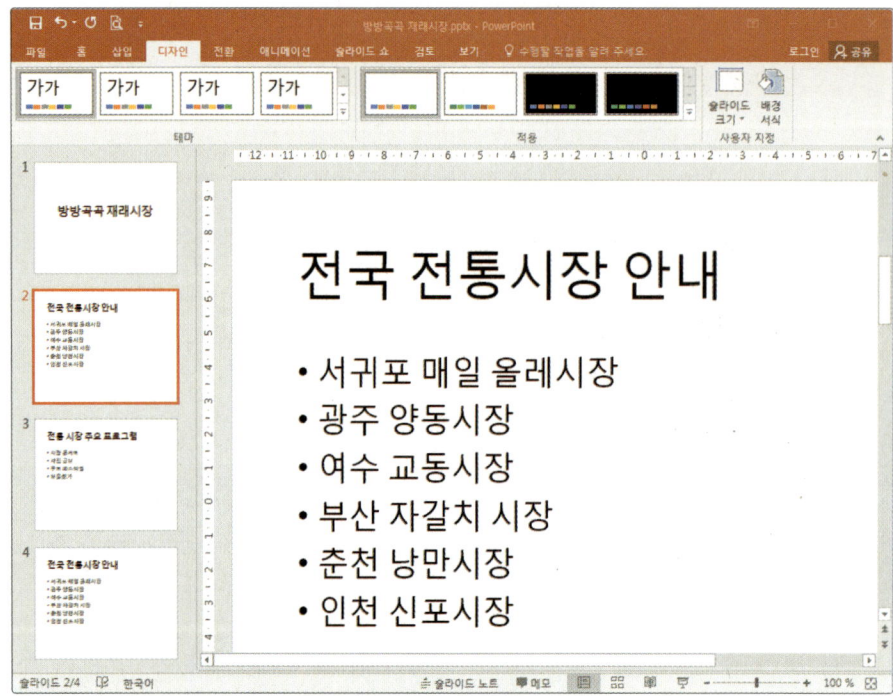

04 슬라이드 숨기기

① 슬라이드를 필요에 따라 숨길 수 있습니다. 2번 슬라이드를 선택한 후 마우스 오른쪽 단추를 누른 후 ❶ [슬라이드 숨기기]를 클릭합니다.

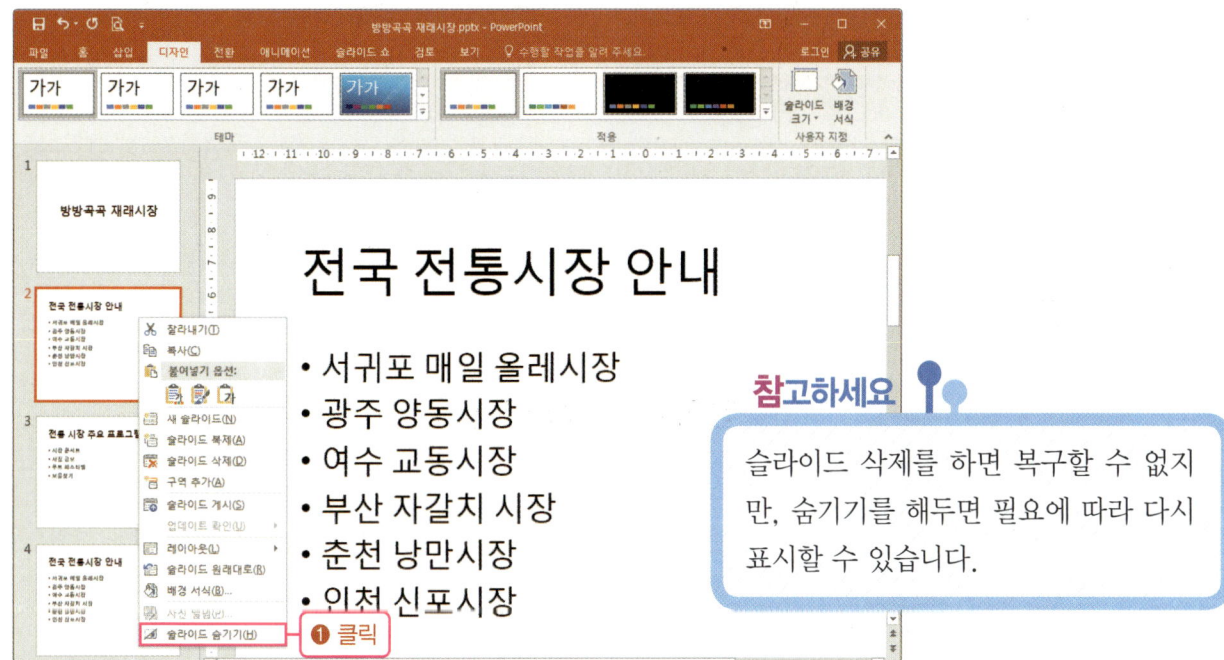

참고하세요

슬라이드 삭제를 하면 복구할 수 없지만, 숨기기를 해두면 필요에 따라 다시 표시할 수 있습니다.

② 숨겨진 슬라이드는 슬라이드 번호에 ❶ 이 표시됩니다. 숨기기한 슬라이드를 다시 표시하기 위해 2번 슬라이드를 선택한 후 마우스 오른쪽 단추를 누른 후 ❷ [슬라이드 숨기기]를 클릭합니다.

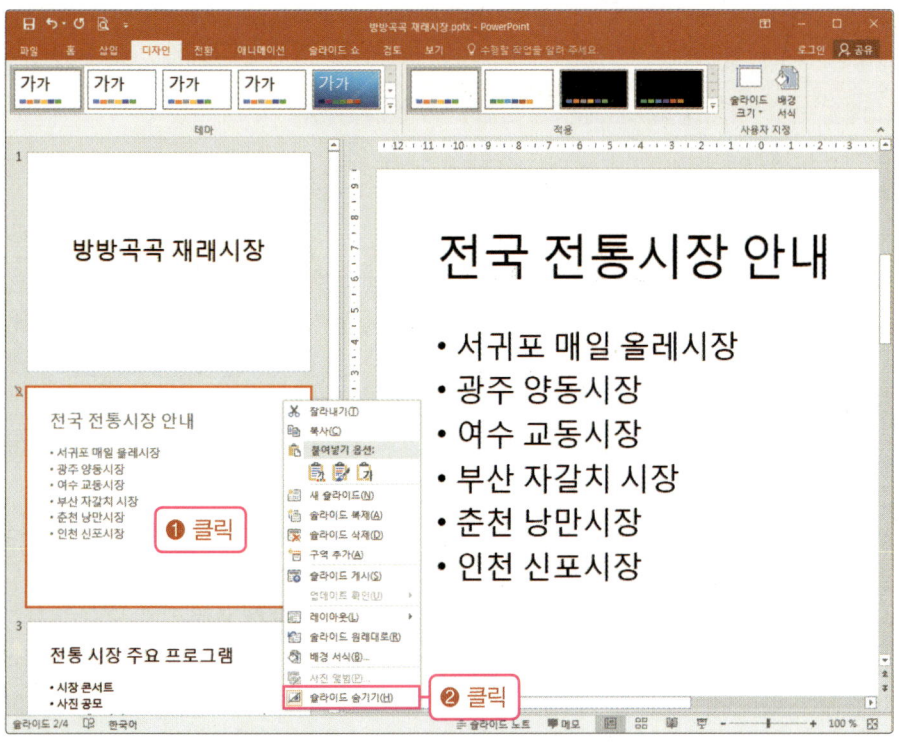

"혼자 풀어 보세요"

1 [새 프레젠테이션]을 열고, 슬라이드 크기를 [표준(4:3)]으로 변경한 후 내용을 입력하세요.

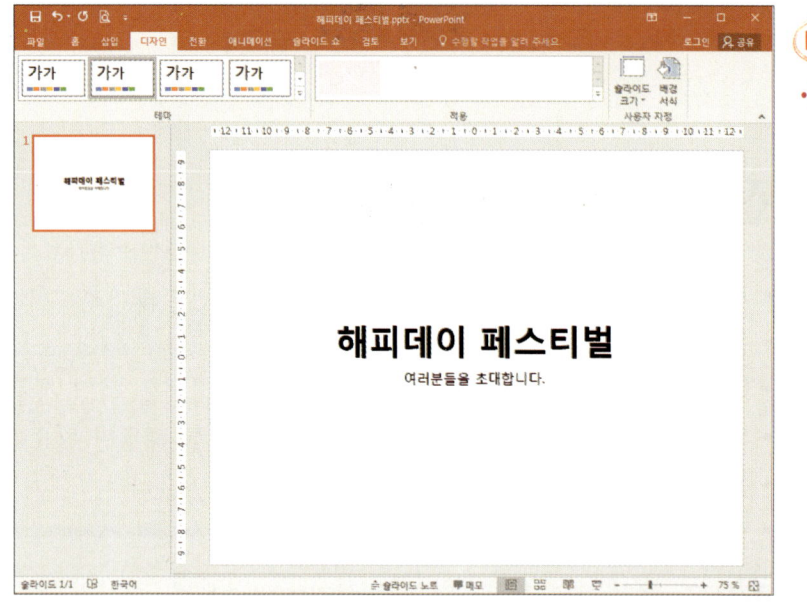

- [디자인] – [테마] – [심플 테마]

2 1번 문제에 이어 [제목 및 내용] 슬라이드를 추가한 후 다음 슬라이드를 작성하세요.

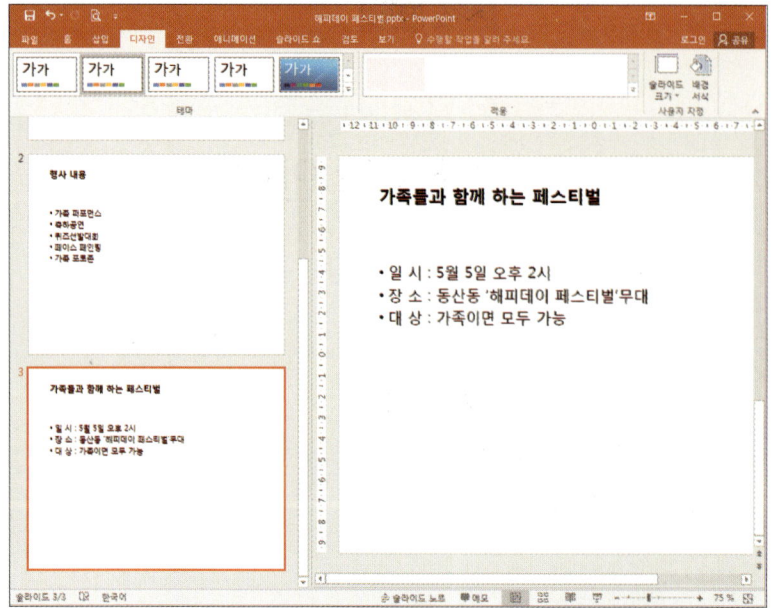

"혼자 풀어 보세요"

3 2번 문제에 이어 3번 슬라이드를 2번 슬라이드 위로 이동하세요.

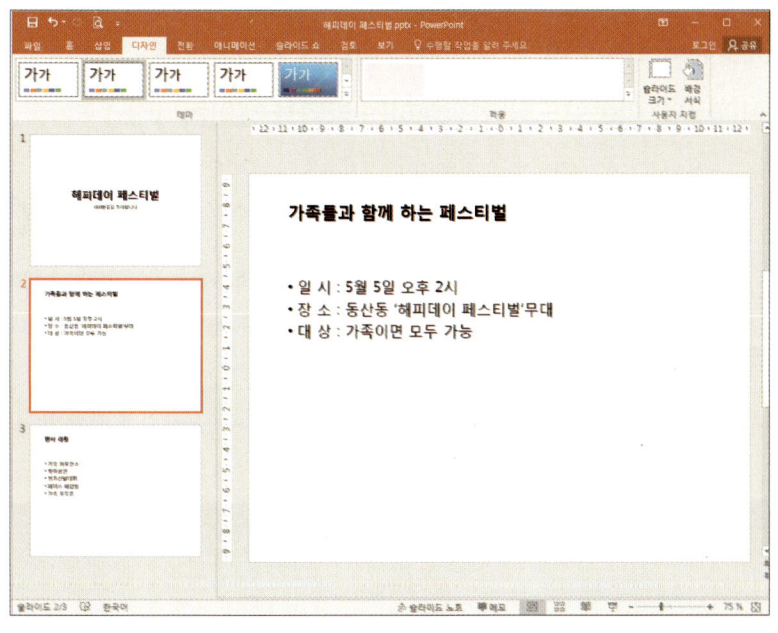

4 3번 문제에 이어 3번 슬라이드를 복제한 후 내용을 수정하세요. '해피데이 페스티벌.pptx'로 저장해 보세요.

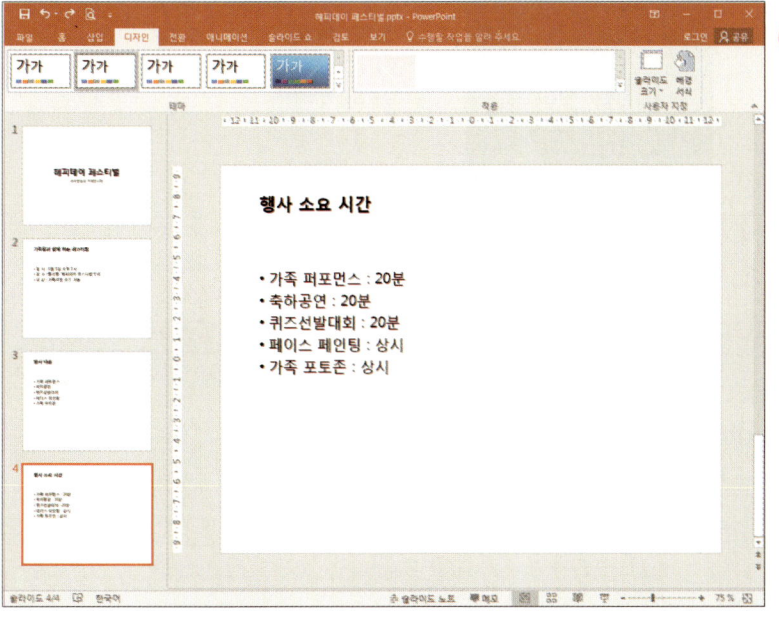

Hint
- 슬라이드 복제는 마우스 오른쪽 단추의 [슬라이드 복제] 또는 Ctrl + D

서식 파일로 프레젠테이션 만들기

파워포인트 2016에서는 배경과 글꼴, 효과, 스토리가 미리 설정되어 있는 서식 파일과 온라인 서식 파일로 프레젠테이션을 작성할 수 있습니다. 슬라이드에 직접 입력하거나 슬라이드를 수정할 수 있습니다.

➤➤ 기본으로 제공되는 서식 파일로 작성하는 방법을 알아봅니다.
➤➤ 온라인 서식 파일을 다운로드받아 작성하는 방법을 알아봅니다.

배울 내용 미리보기

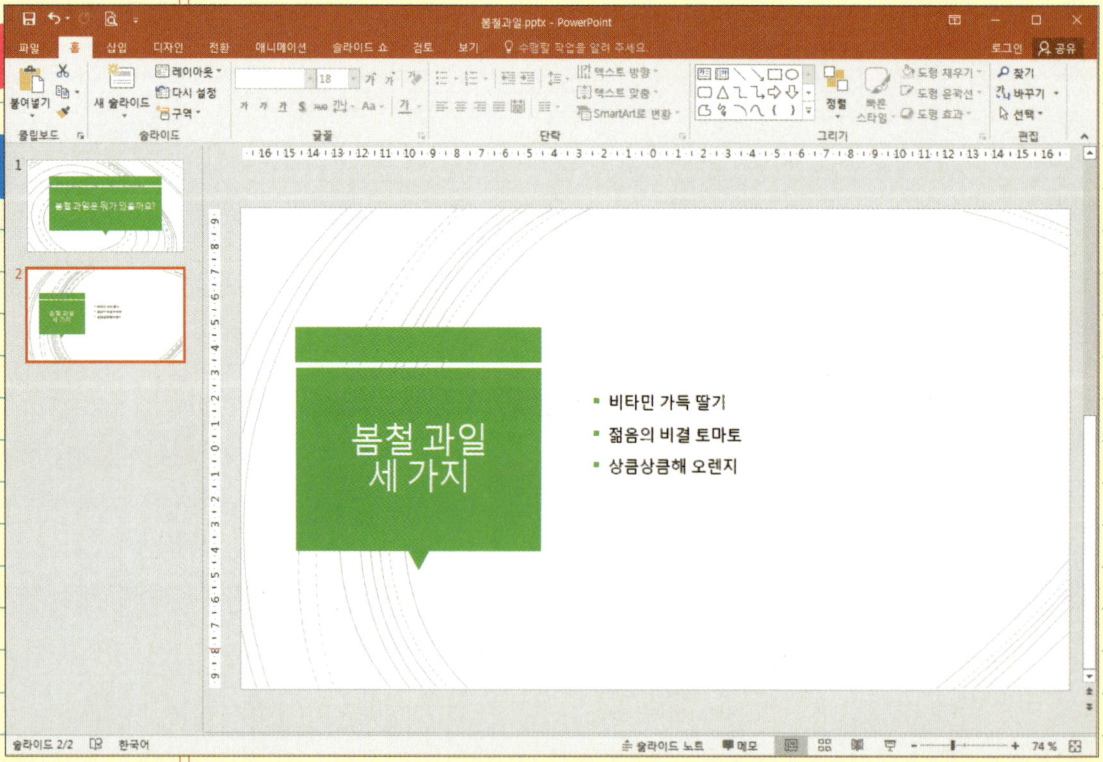

▲ 파일명 : 봄철과일.pptx

서식 파일로 프레젠테이션 작성하기

1 기본 서식 파일을 이용하여 프레젠테이션을 할 수 있는 [테마]와 [서식 파일]의 목록 중에서 ❶ **[아틀라스]**를 클릭합니다.

2 [아틀라스] 테마가 열리면 나열된 색상표에서 ❶ **[연두]** 색상을 선택한 후 ❷ **[만들기]**를 클릭합니다.

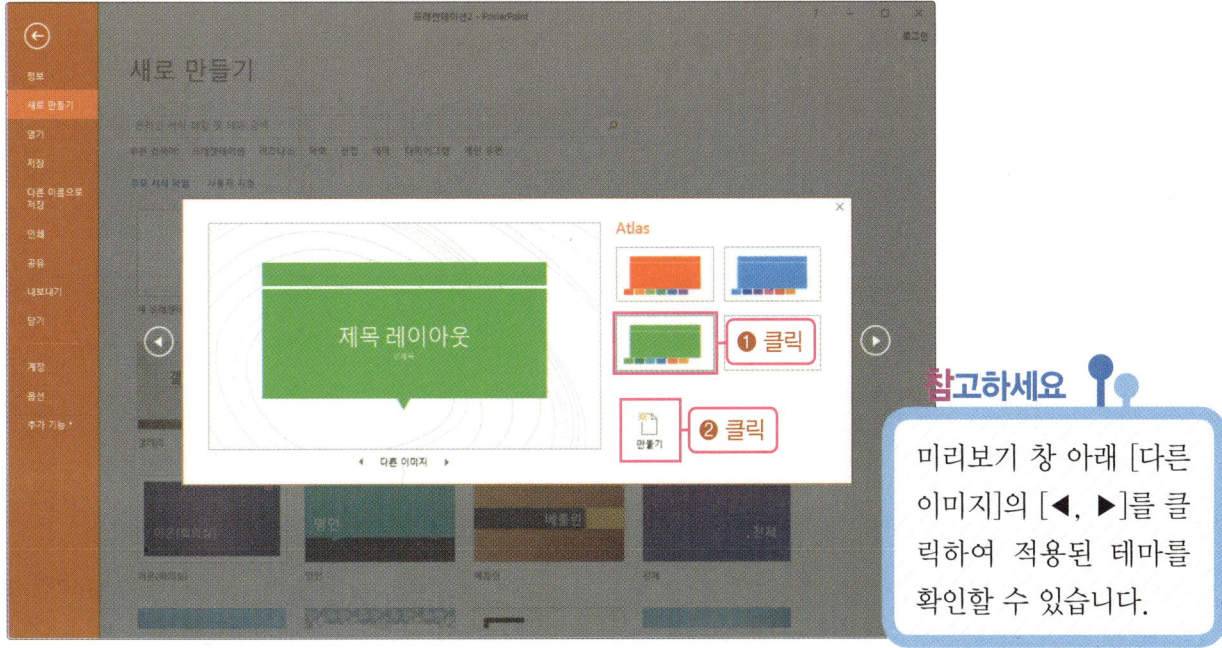

참고하세요

미리보기 창 아래 [다른 이미지]의 [◀, ▶]를 클릭하여 적용된 테마를 확인할 수 있습니다.

③ 슬라이드가 열리면 그림과 같이 입력합니다.

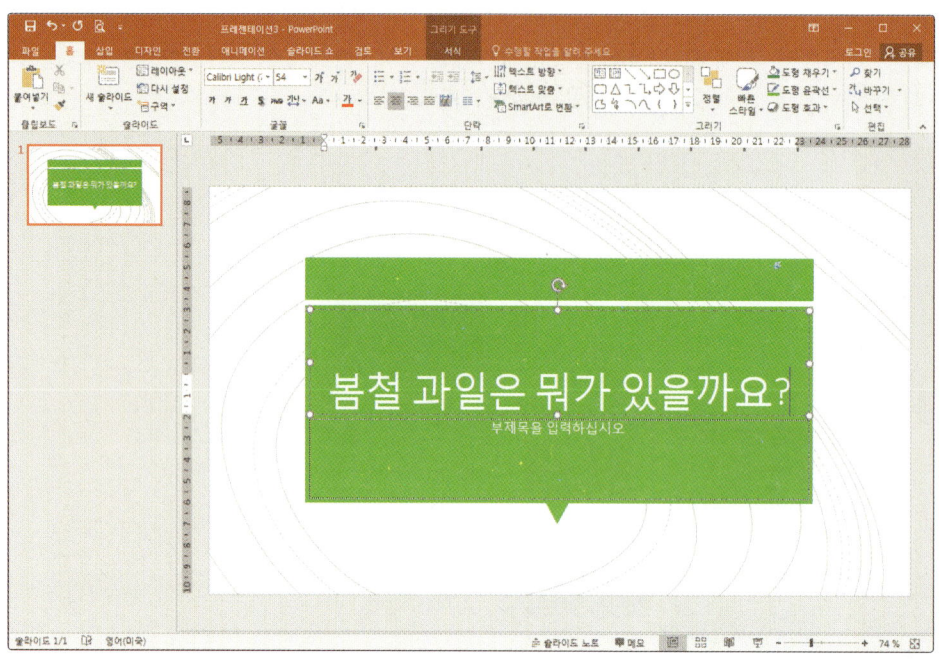

④ [홈] 탭의 [슬라이드] 그룹에서 [새 슬라이드]를 클릭한 후 [제목 및 내용] 슬라이드를 추가한 후 내용을 그림과 같이 입력합니다.

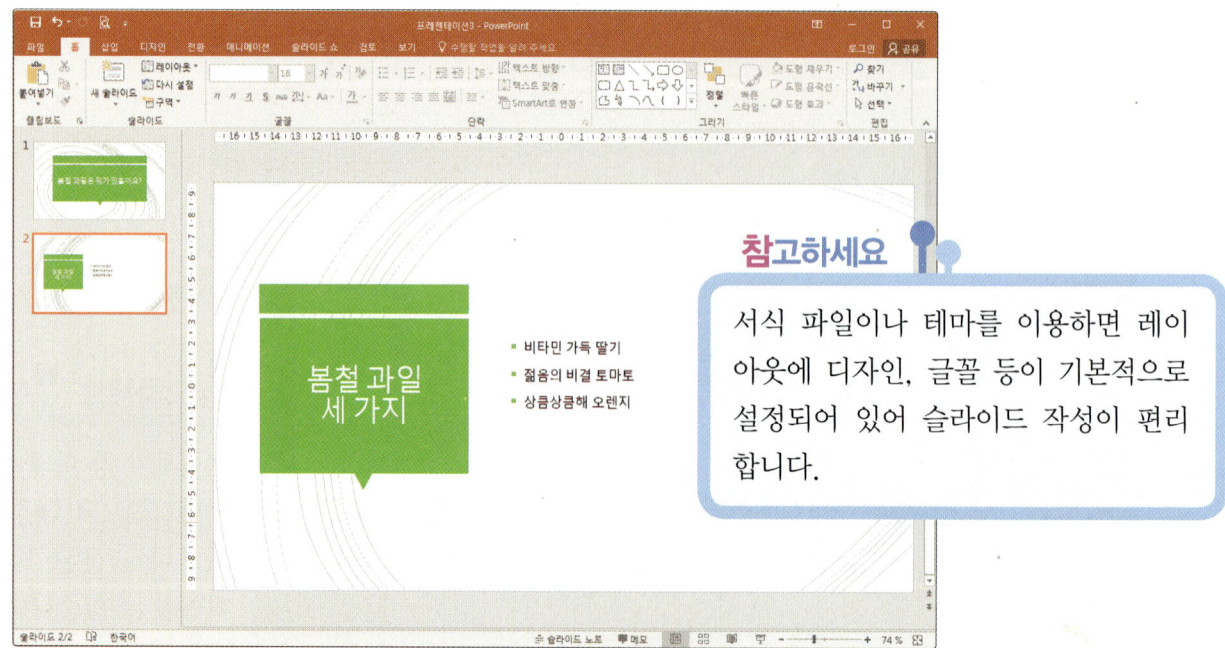

참고하세요

서식 파일이나 테마를 이용하면 레이아웃에 디자인, 글꼴 등이 기본적으로 설정되어 있어 슬라이드 작성이 편리합니다.

02 온라인 서식 파일로 프레젠테이션 작성하기

1 [파일] 탭을 클릭한 후 ❶ [**새로 만들기**]를 클릭합니다. ❷ [**온라인 서식 파일 및 테마 검색**]란에 ❸ "**여행**"을 입력한 후 Enter 를 누릅니다.

참고하세요
온라인 서식 파일을 이용할 때에는 인터넷에 연결되어야 사용이 가능합니다.

2 [여행]으로 검색된 목록 중에서 ❶ [**바다 그림 프레젠테이션**]을 클릭합니다.

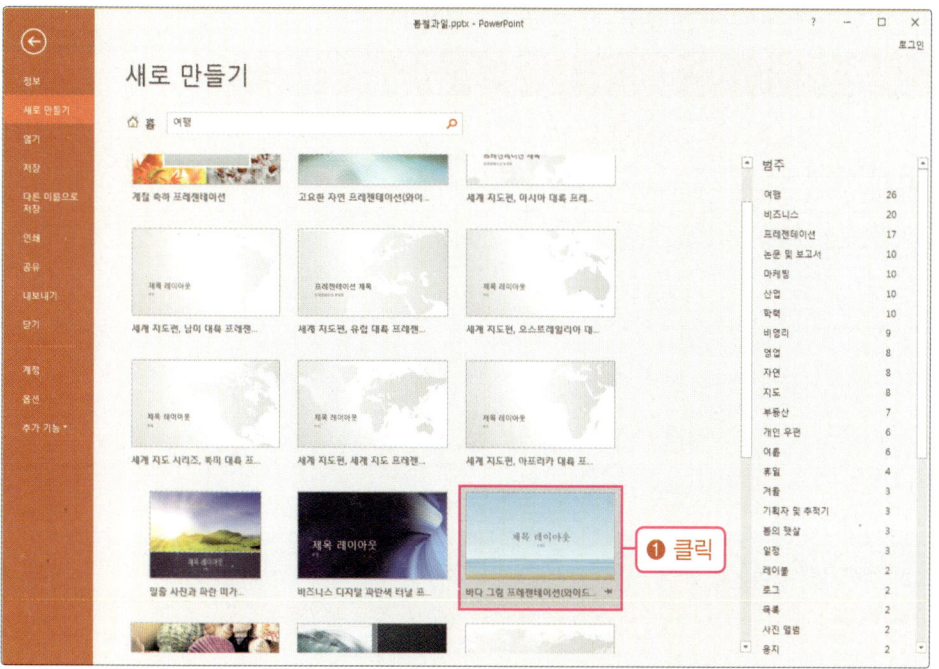

③ [바다 그림 프레젠테이션]의 미리보기 창이 열리면 ❶[만들기]를 클릭합니다.

④ 온라인 서식 파일을 다운로드받으면 [글꼴], [배경], [효과], [화면 전환] 등 모든 서식이 미리 적용되어 있어 수정하여 프레젠테이션을 작성할 수 있습니다.

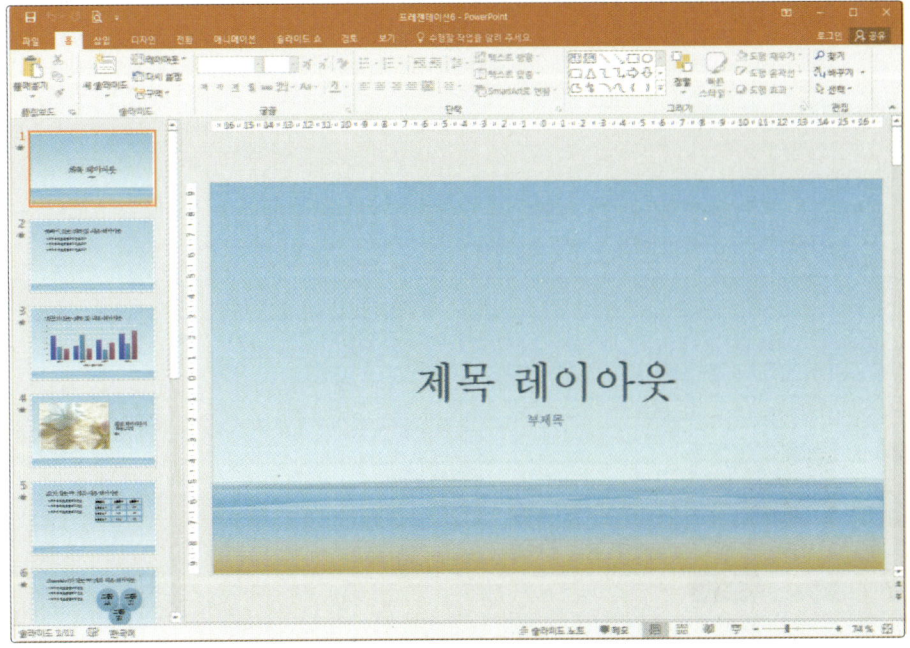

"혼자 풀어 보세요"

1 [갤러리] 테마를 열어 보세요. 슬라이드를 추가한 후 다음과 같이 작성해 보세요.
'모림갤러리.pptx'로 저장해 보세요.

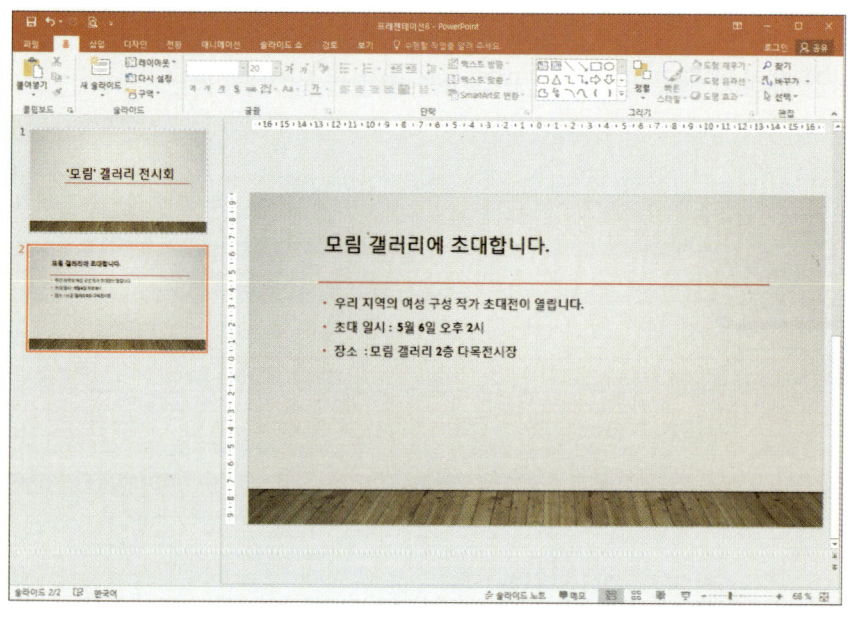

2 [봄]을 검색하여 [벚꽃 자연 프레젠테이션(와이드)] 온라인 서식파일을 다운로드 하세요. '봄.pptx'로 저장해 보세요.

05 디자인 테마 적용하기

디자인 테마 기능을 이용하여 프레젠테이션을 작성할 수 있습니다. 슬라이드 배경과 글꼴, 효과 등이 미리 설정되어 있으며, 한 번 클릭으로 제목과 부제목의 글꼴 등을 한꺼번에 바꿀 수도 있습니다.

▶▶ 디자인 테마를 적용하는 방법을 알아봅니다.
▶▶ 디자인 테마의 글꼴과 효과를 편집하는 방법을 알아봅니다.

배울 내용 미리보기 ➕

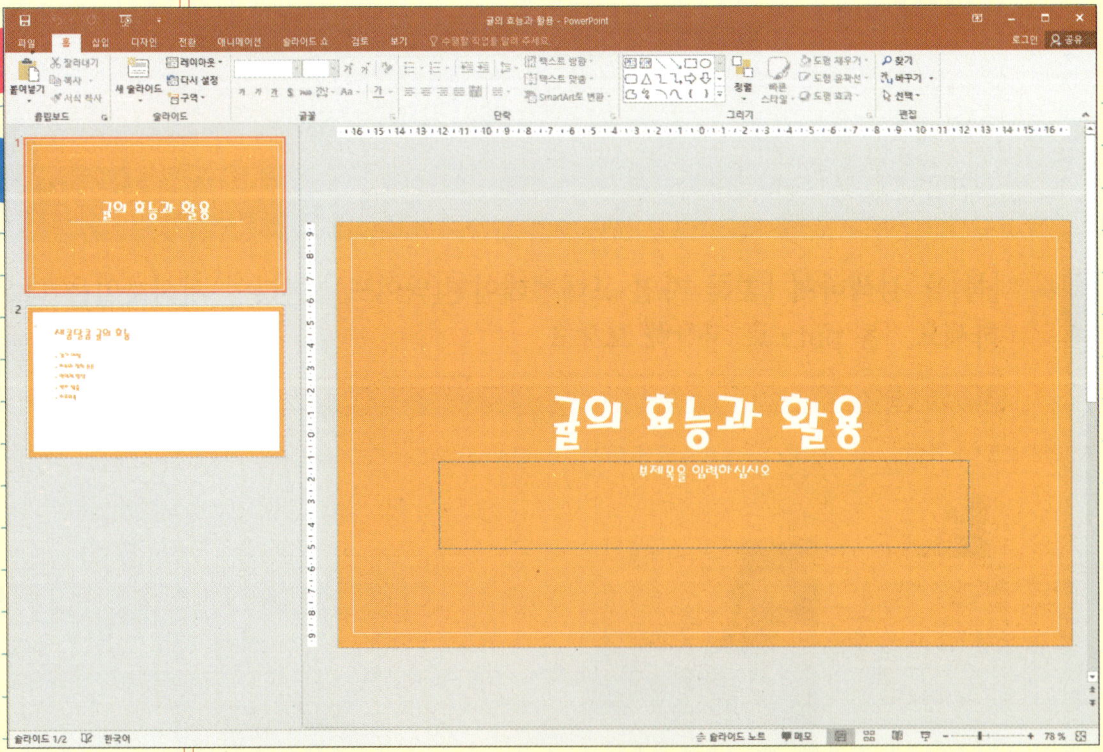

▲ 파일명 : 귤의 효능과 활용.pptx

디자인 테마 적용하기

1 [새 프레젠테이션]을 실행합니다. 모든 슬라이드에 디자인 서식을 적용하기 위해 ❶ **[디자인] 탭**의 **[테마] 그룹**에서 ❷ **자세히(▼) 단추**를 클릭합니다.

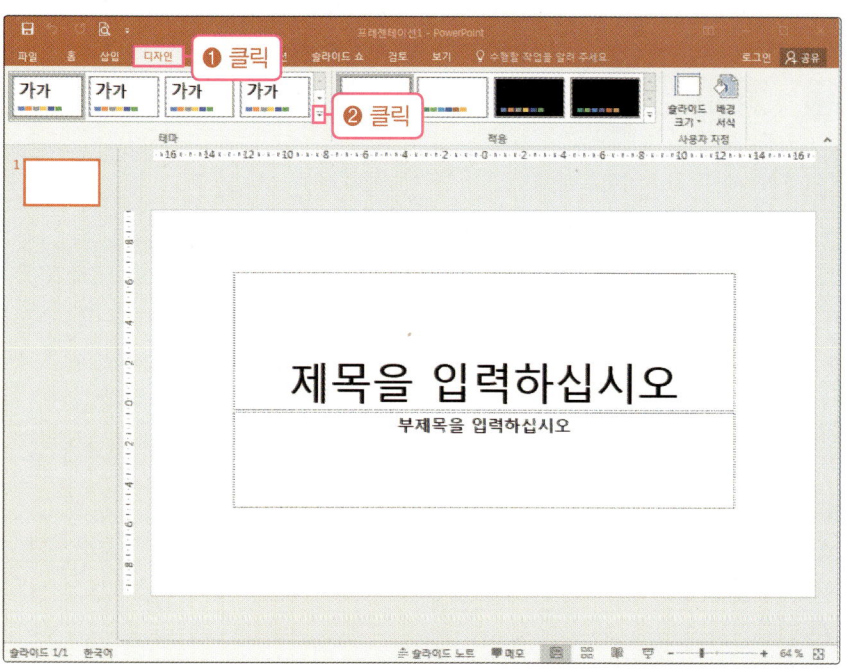

2 디자인 테마 위에 마우스를 올려 놓으면 테마의 이름이 표시됩니다. [테마] 목록에서 ❶ **[기본]** 테마를 선택합니다.

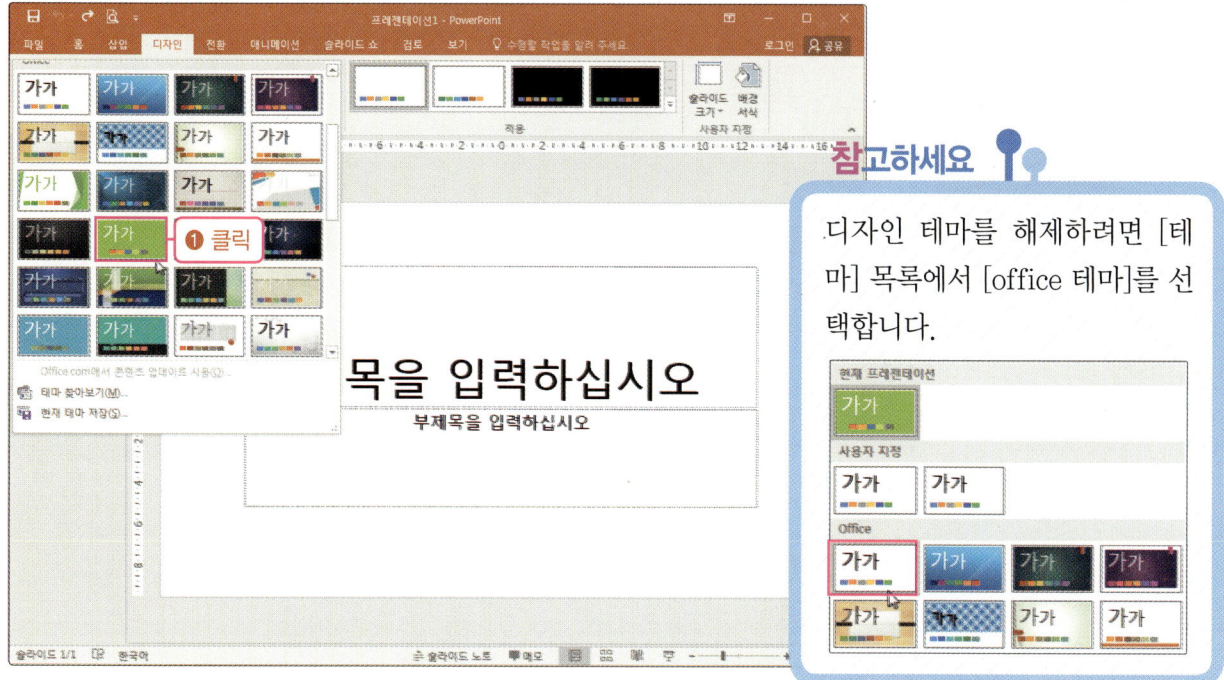

> **참고하세요**
> 디자인 테마를 해제하려면 [테마] 목록에서 [office 테마]를 선택합니다.

02 디자인 테마 색과 글꼴 바꾸기

1. 디자인 테마의 색을 바꿀 수 있습니다. [디자인] 탭의 [적용] 그룹에서 자세히(▼) 단추를 클릭합니다. ❶ **[색]**에서 ❷ **[귤색]**을 선택합니다.

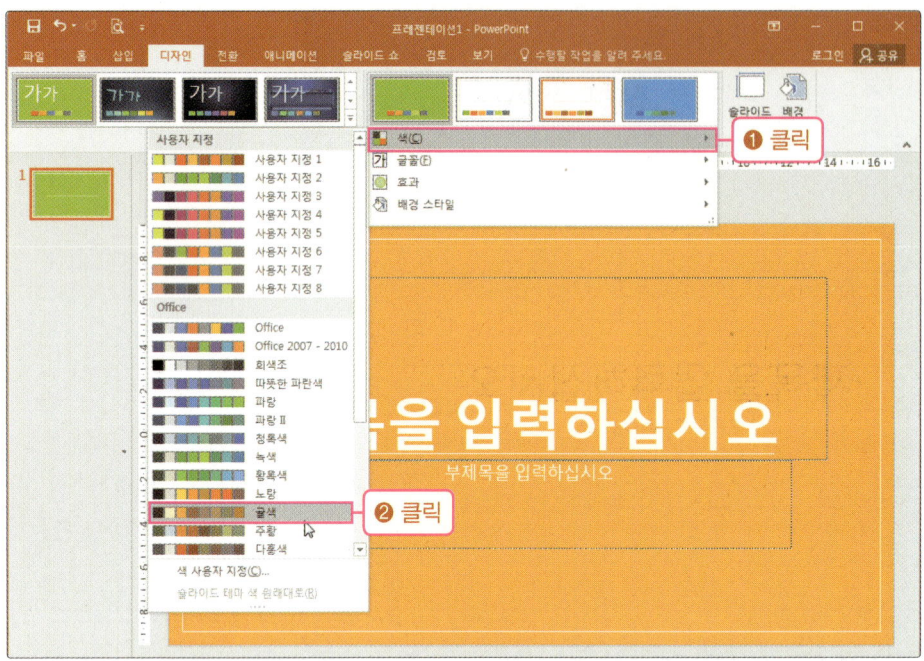

2. [귤색]이 적용된 제목 슬라이드에 "귤의 효능과 활용"을 입력합니다. [제목 및 내용] 슬라이드를 추가하여 다음 내용을 입력합니다.

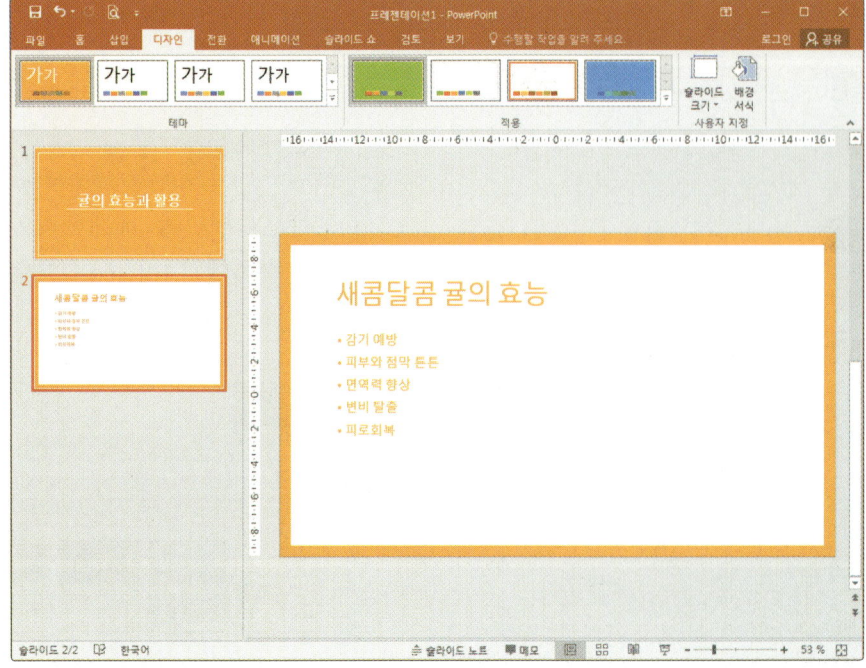

③ 디자인 테마가 적용된 슬라이드는 글꼴이 설정되어 있습니다. 원하는 글꼴을 한꺼번에 바꿀 수 있습니다. [디자인] 탭의 [적용] 그룹에서 자세히(▼) 단추를 클릭합니다. ❶ [글꼴]에서 ❷ [휴먼매직체]를 선택합니다.

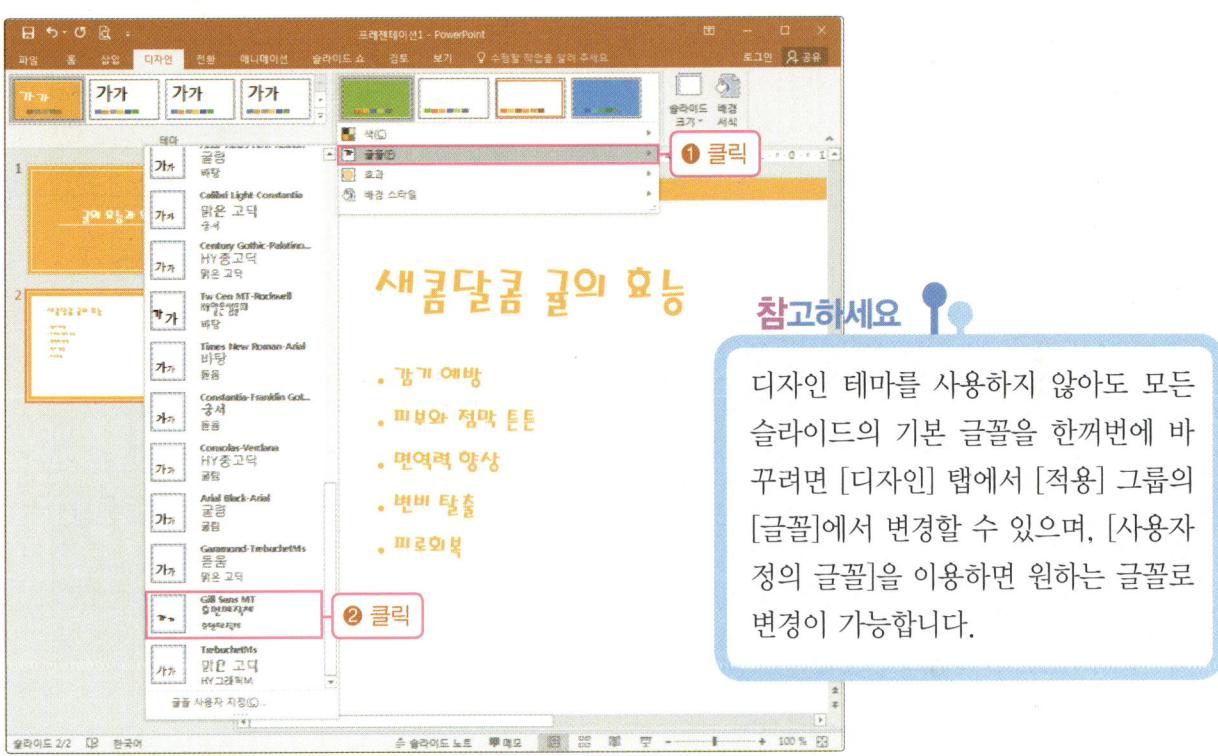

참고하세요

디자인 테마를 사용하지 않아도 모든 슬라이드의 기본 글꼴을 한꺼번에 바꾸려면 [디자인] 탭에서 [적용] 그룹의 [글꼴]에서 변경할 수 있으며, [사용자 정의 글꼴]을 이용하면 원하는 글꼴로 변경이 가능합니다.

참고하세요

- 특정 슬라이드에서 테마의 배경 이미지를 제거하려면 [디자인] 탭의 [사용자 지정] 그룹에서 [배경 서식]의 [채우기 - 배경 그래픽 숨기기]를 클릭합니다.
- [배경 서식]의 [채우기]에서 배경 색 등을 변경할 수 있습니다.

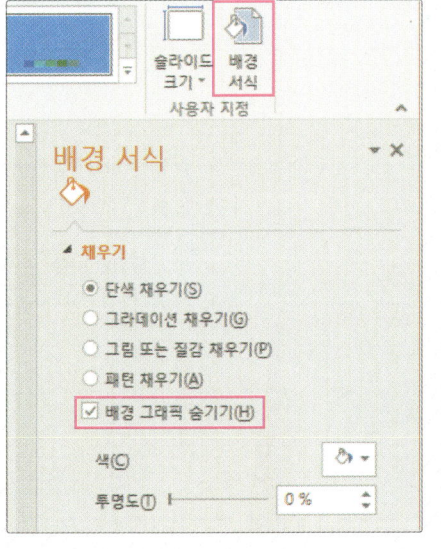

"혼자 풀어 보세요"

1 [새 프레젠테이션]을 시작한 후 디자인 테마 [패싯]을 적용해 보세요.

설렘 가득 봄꽃 여행
떠나자! 봄을 즐기자!

2 1번 문제에 이어 슬라이드를 추가하고 내용을 입력하세요. 디자인 테마의 색을 [빨강]으로 적용하세요.

봄꽃 여행지, 어디가 좋을까?
- 전주 완산공원 꽃동산
- 하동 십리벚꽃길
- 소백산 철쭉
- 양평 산수유 마을
- 제주 산방산 유채꽃

"혼자 풀어 보세요"

3 2번 문제에 이어 디자인 테마의 글꼴을 [HY얕은샘물M]으로 변경하세요.

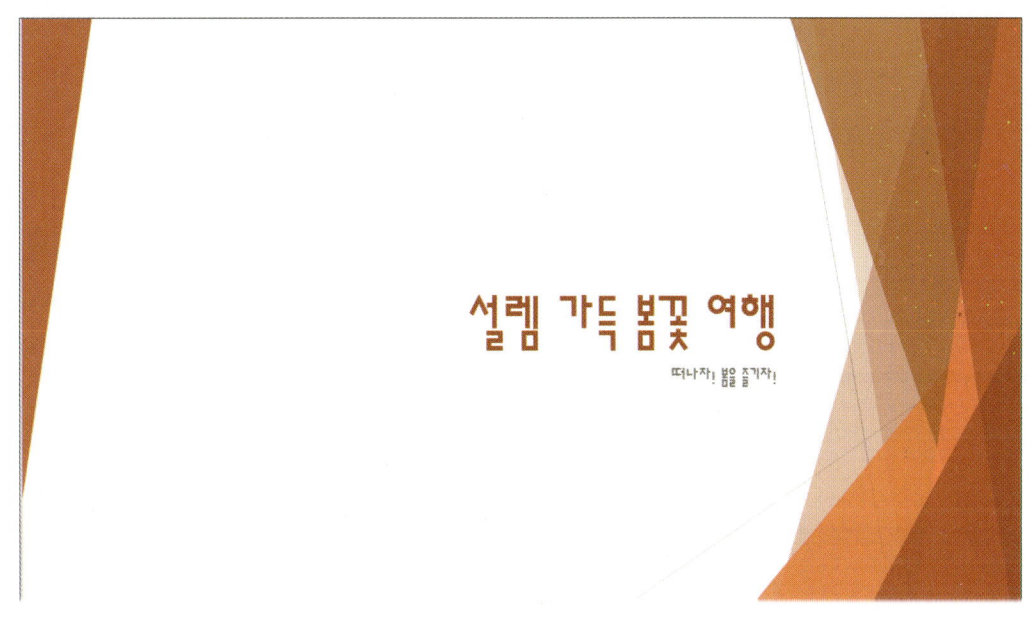

4 3번 문제에 이어 두 번째 슬라이드의 테마의 그림을 숨기기하세요. '봄꽃여행.pptx'로 저장해 보세요.

• [디자인] 탭–[사용자 지정] 그룹–[배경 서식]–[배경 그래픽 숨기기] 체크

06 텍스트 슬라이드 만들기

프레젠테이션의 기본인 텍스트 슬라이드는 한자, 기호, 텍스트 등을 입력할 수 있습니다. 중요한 부분이나 주목도를 이끌어 내기 위해 글꼴 등을 꾸밀 수 있습니다.

▶▶ 한자와 특수 문자를 입력하는 방법을 알아봅니다.
▶▶ 글꼴을 편집하는 방법을 알아봅니다.

배울 내용 미리보기 ➕

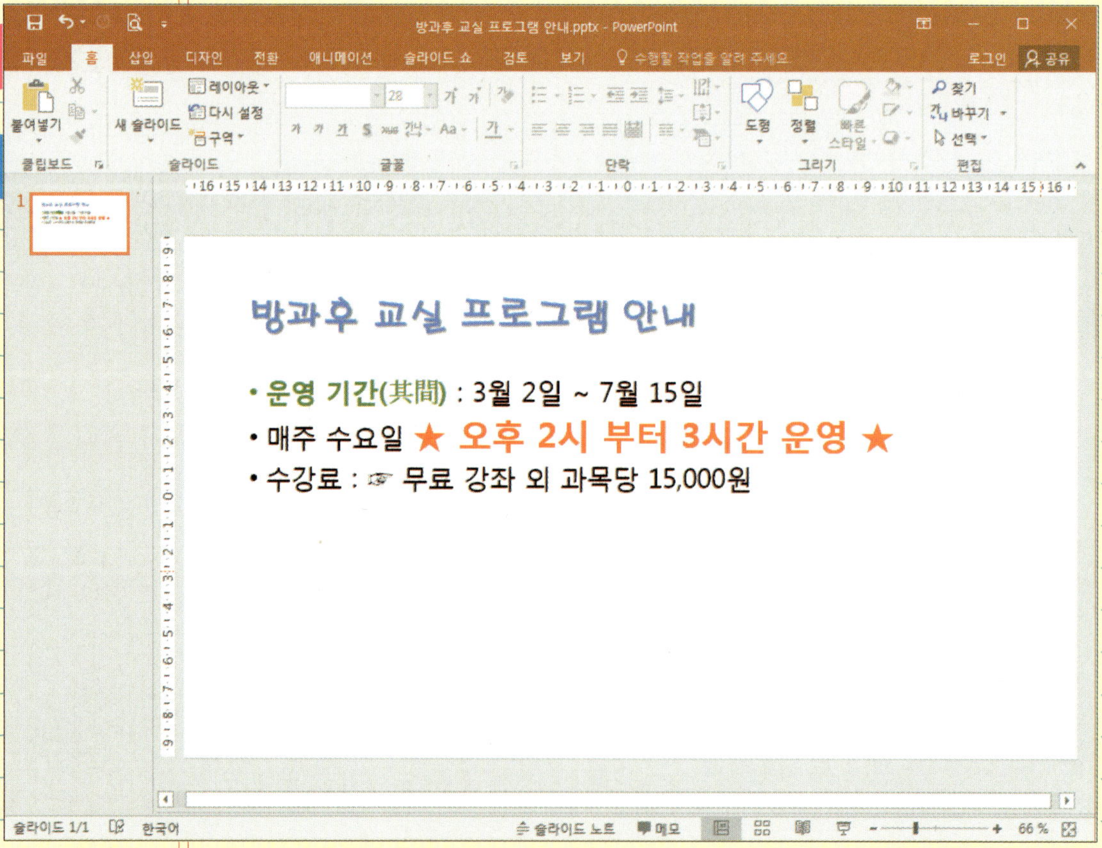

▲ 파일명 : 방과후 교실 프로그램 안내.pptx

한자와 기호 입력하기

1 [새 프레젠테이션]을 실행한 후 [제목 슬라이드]를 [제목 및 내용] 슬라이드로 변경하기 위해 ❶ **[홈] 탭**의 **[슬라이드] 그룹**에서 ❷ **[레이아웃]**의 ❸ **[제목 및 내용]** 슬라이드를 선택합니다.

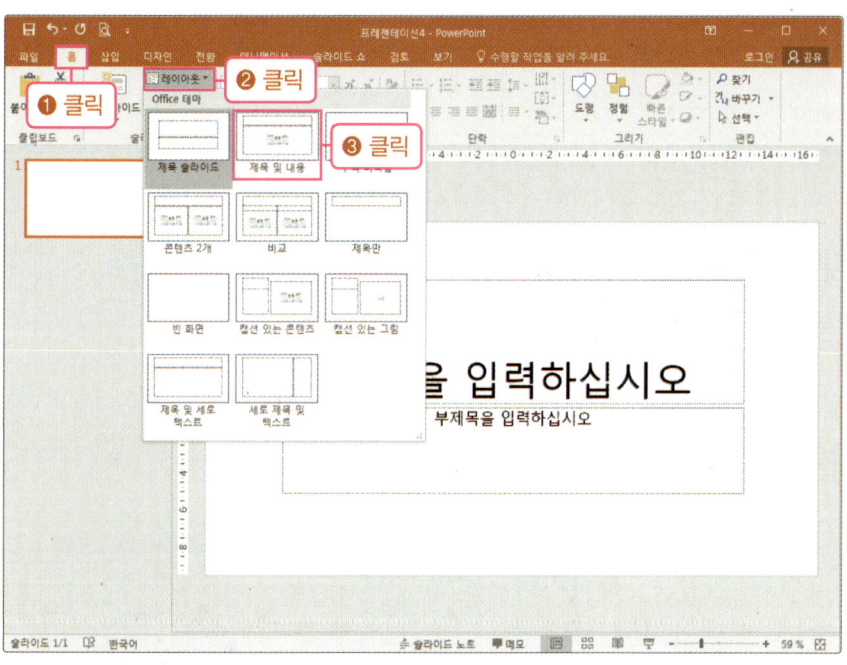

2 다음과 같이 내용을 입력합니다. [기간]을 한자로 변환하기 위해 ❶ **[기간] 단어 뒤**를 클릭한 후 ❷ **[검토] 탭**의 **[언어] 그룹**에서 ❸ **[한글/한자 변환]**을 클릭합니다. ❹ **해당 한자를 선택**한 후 ❺ **[입력 형태]**를 선택하고 ❻ **[변환]**을 클릭합니다.

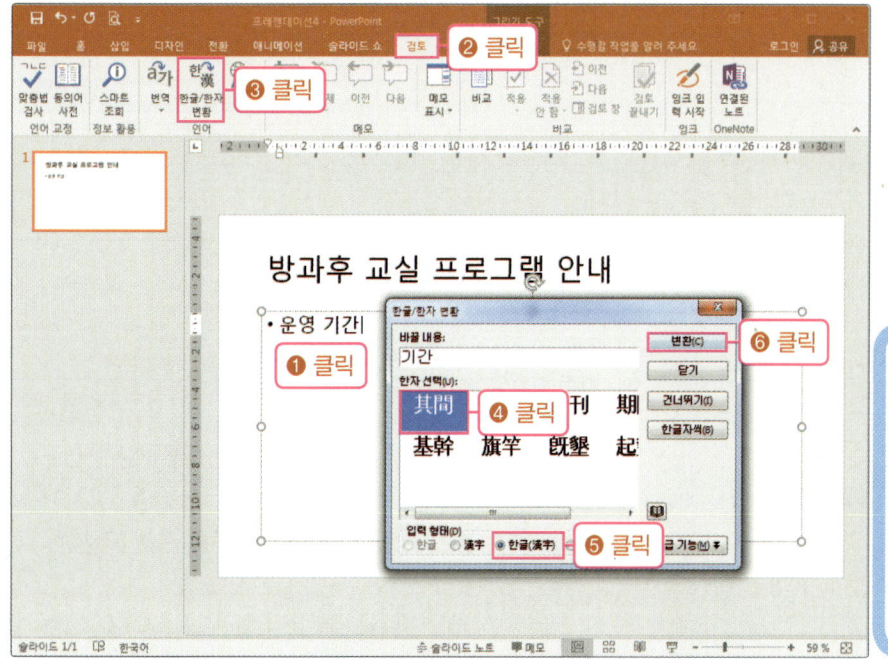

참고하세요

한자를 다시 한글로 변환하려면 한자를 영역 지정한 후 [검토] 탭의 [언어] 그룹에서 [한글/한자 변환]을 클릭하여 해당 한글을 선택합니다.

02 기호 입력하기

1 다음 내용을 입력한 후 기호를 삽입하기 위해 ❶ **[삽입] 탭**의 [기호] 그룹에서 ❷ [기호]를 클릭합니다.

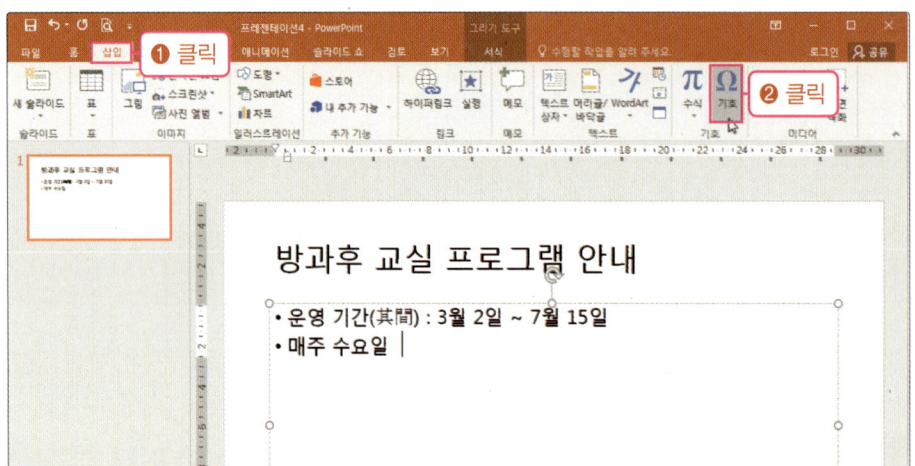

2 [기호] 대화상자가 열리면 [글꼴]은 ❶ **(현재 글꼴)**이 선택된 상태에서 [하위 집합]은 ❷ **[기타 기호]**를 선택하고, ❸ [★]을 선택합니다. ❹ [삽입]과 [닫기]를 차례대로 클릭합니다.

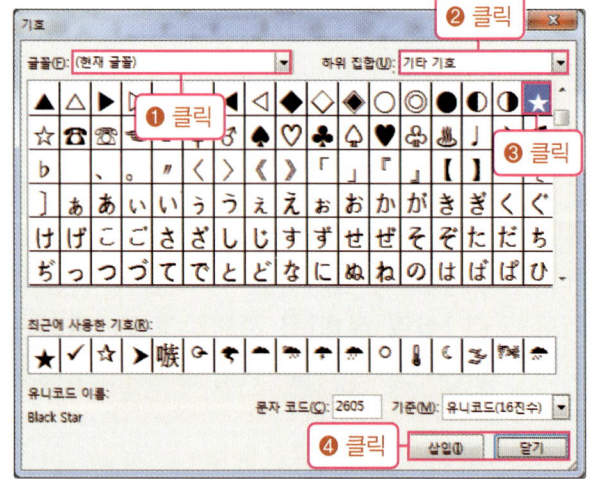

3 다음 내용을 입력합니다.

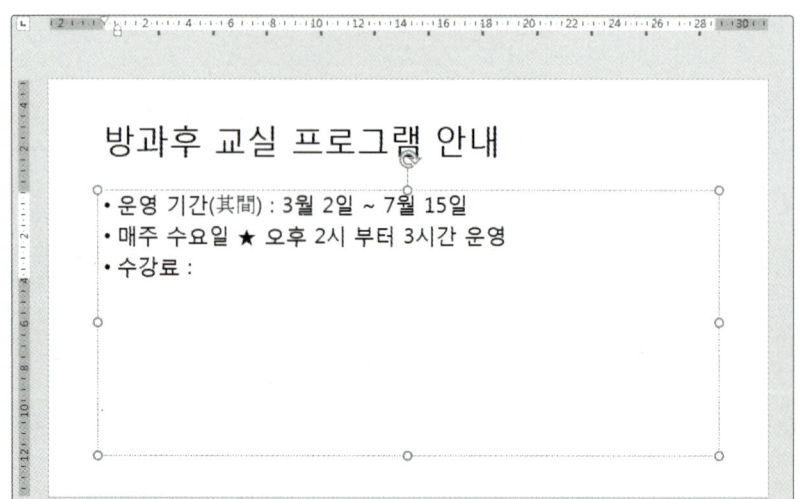

④ 한글 자음과 한자 키로 기호를 입력하는 방법도 있습니다. ❶ 한글 자음 "ㅁ"을 입력한 후 [한자]를 누르면 기호 목록이 열립니다. ❷ **하단의 확장단추**를 누릅니다.

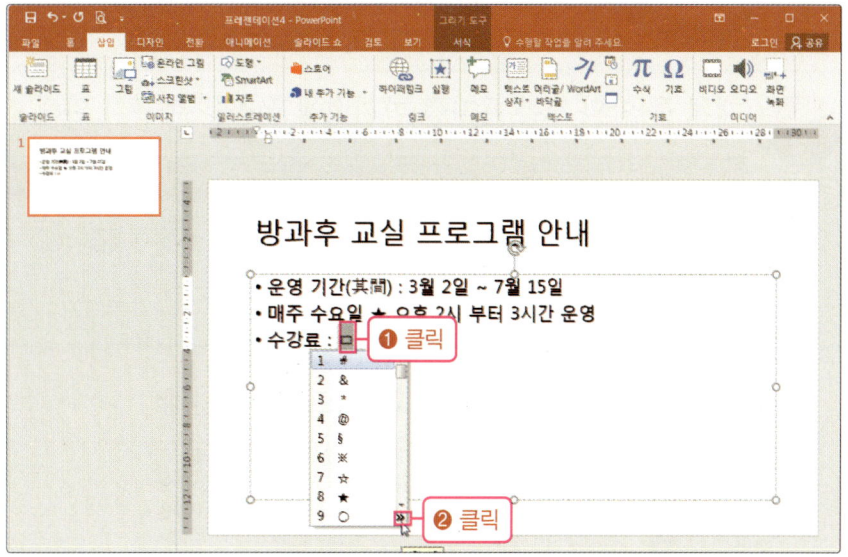

⑤ [☞]를 선택합니다.

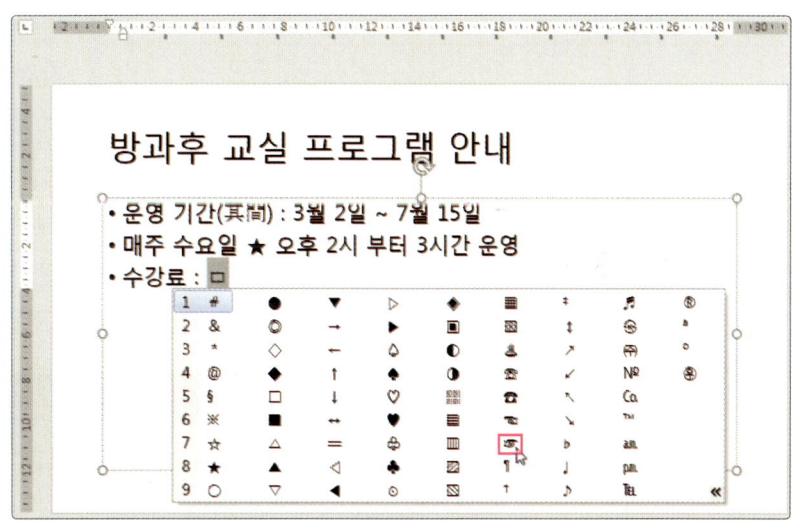

⑥ 나머지 내용을 입력합니다.

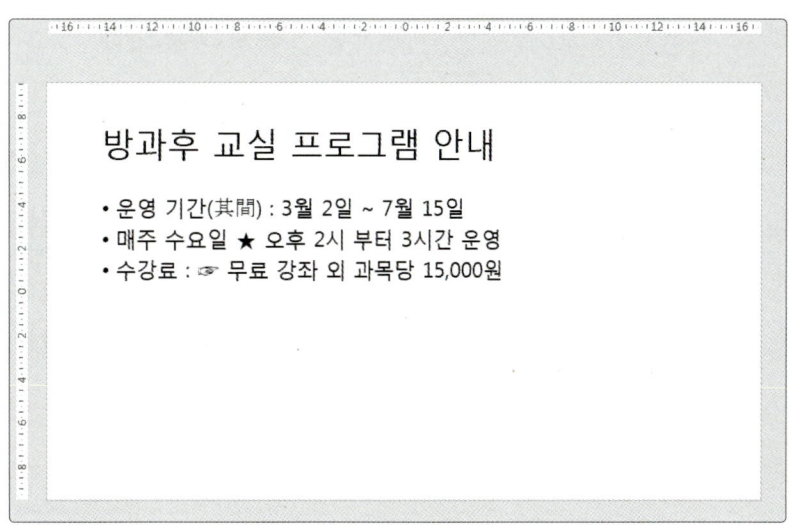

03 글꼴 꾸미기

1 개체 틀 안의 모든 문자를 한꺼번에 글꼴을 바꾸기 위해 ❶ **[제목]** 틀을 클릭합니다.

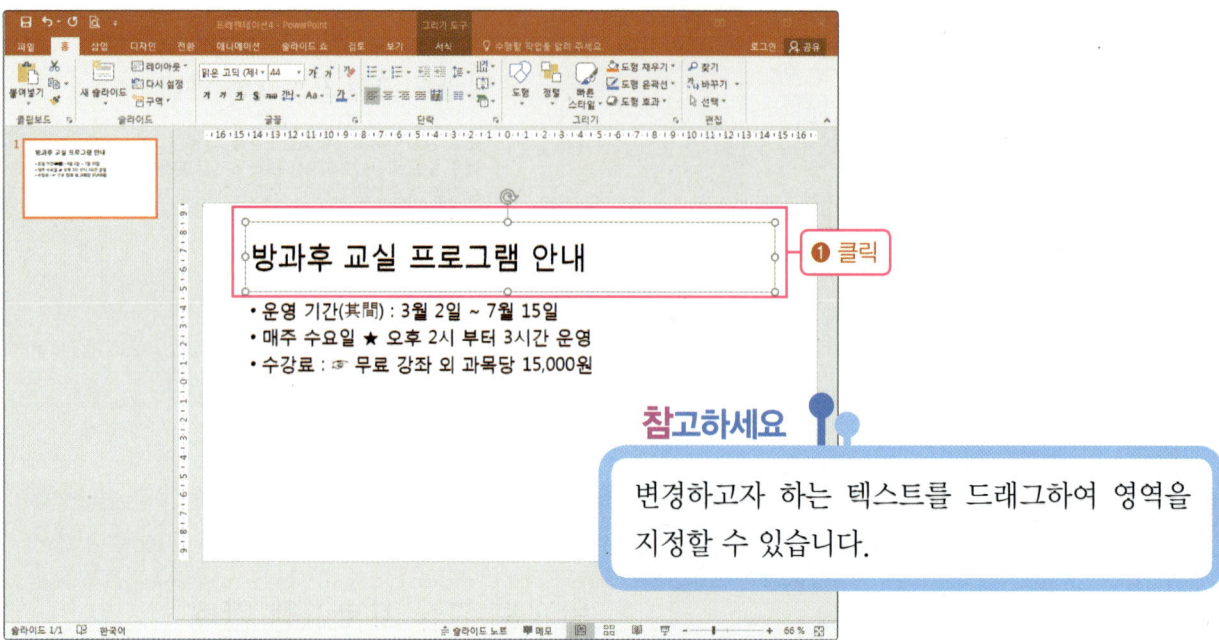

2 ❶ **[홈]** 탭의 [글꼴] 그룹에서 ❷ 글꼴 목록 단추를 클릭한 후 ❸ **[HY엽서M]**을 선택합니다.

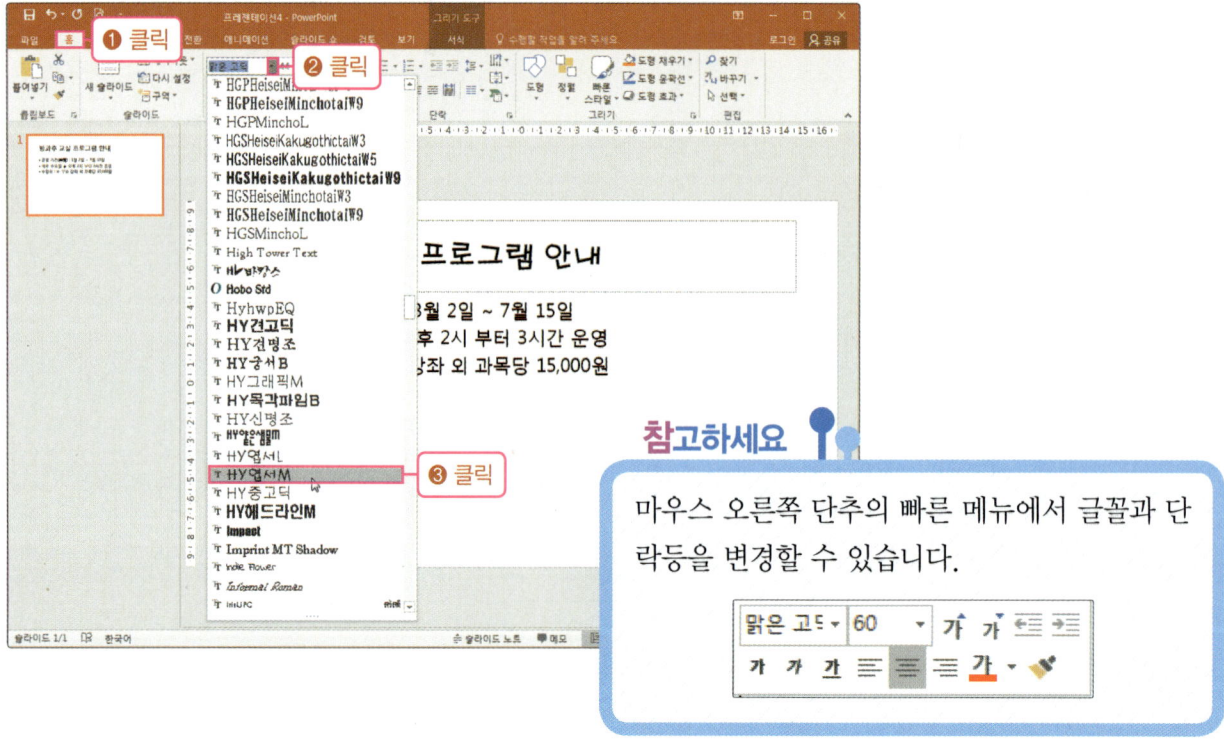

③ 글꼴 크기를 변경하기 위해 ❶ [글꼴 크기] 목록 단추를 클릭한 후 ❷ [40pt]를 선택합니다.

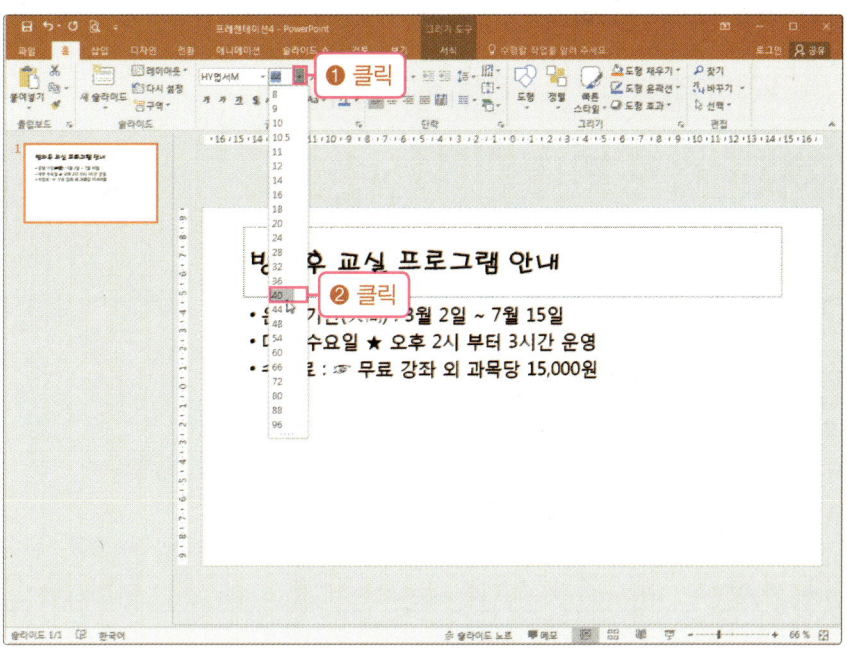

④ 텍스트에 그림자를 적용하기 ❶ S 를 클릭합니다. 글꼴 색을 변경하기 위해 ❷ 글꼴 색 목록 단추를 클릭한 후 ❸ [표준 색]의 [연한 파랑]을 선택합니다.

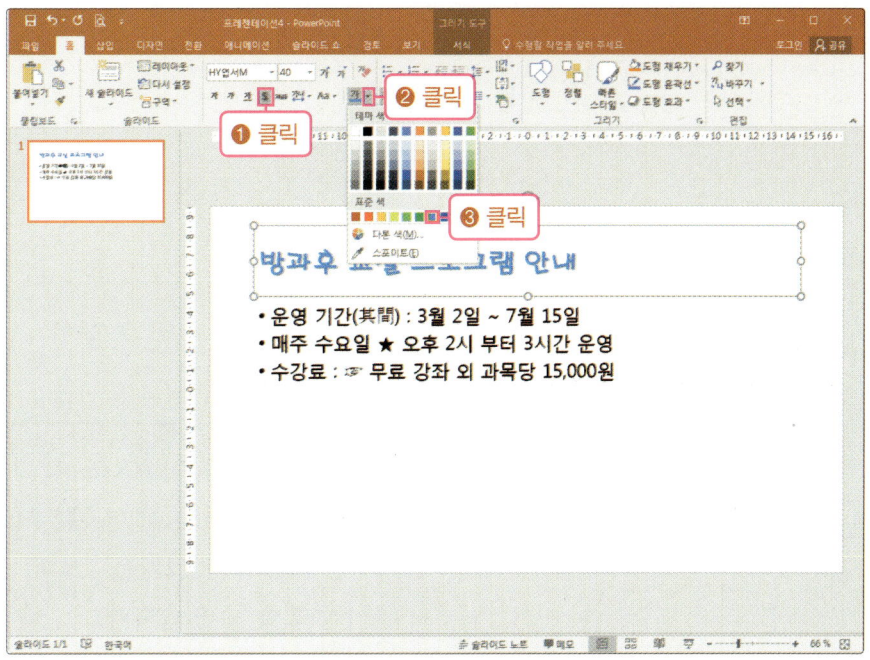

5 ❶ **[운영 기간(其間)]** 텍스트만 드래그하여 영역을 지정한 후 [홈] 탭의 [글꼴] 그룹에서 ❷ **[진하게]**를 클릭하고, ❸ 글꼴 색은 **[연한 녹색]**을 클릭합니다.

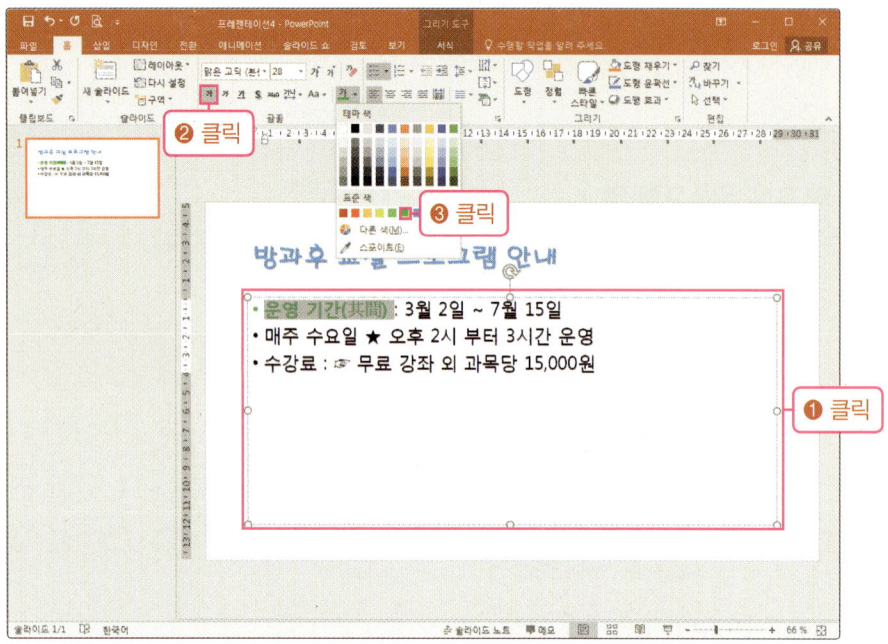

6 ❶ **그림과 같이 영역을 지정**한 후 ❷ **[글꼴 크기 크게]** 단추를 클릭하여 크기를 조절하고 [홈] 탭의 [글꼴] 그룹에서 ❸ **[기울임꼴]**과 **[밑줄]**을 클릭합니다. ❹ 글꼴 색은 **[빨강]**을 클릭합니다.

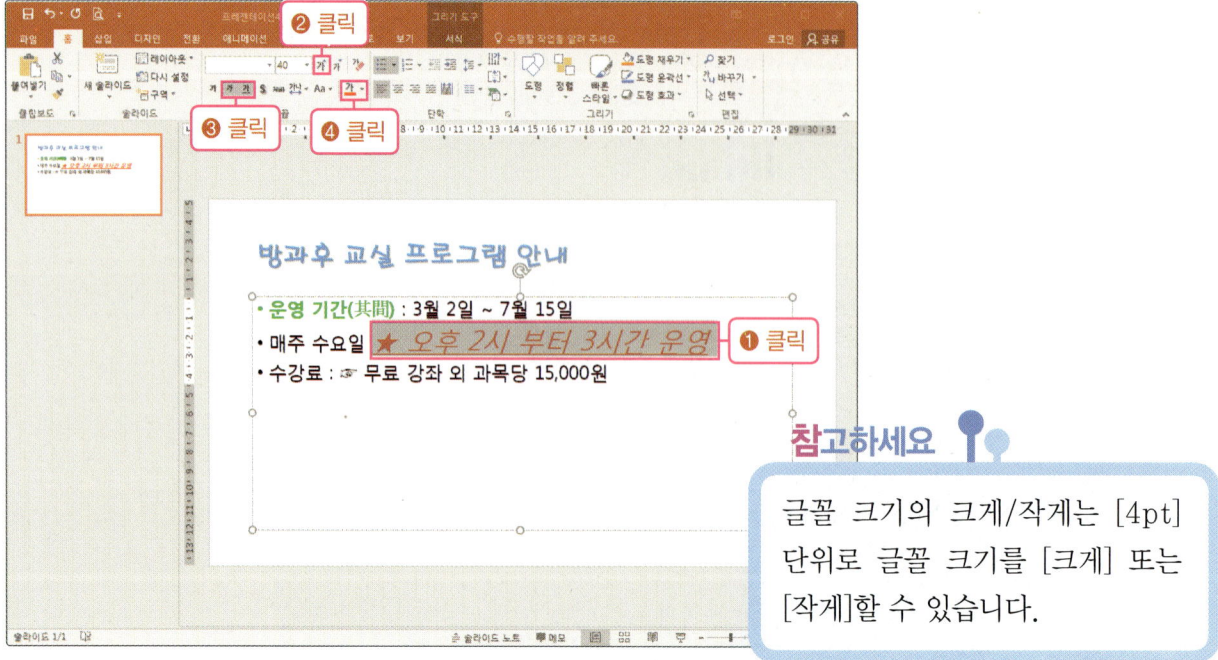

참고하세요

글꼴 크기의 크게/작게는 [4pt] 단위로 글꼴 크기를 [크게] 또는 [작게]할 수 있습니다.

"혼자 풀어 보세요"

1 새 프레젠테이션을 열고, [줄기] 디자인 테마를 적용하세요. 다음과 같이 내용을 작성 보세요.

2 1번 문제에 이어 두 번째 슬라이드를 작성하고 '차의 종류.pptx'로 저장해 보세요.

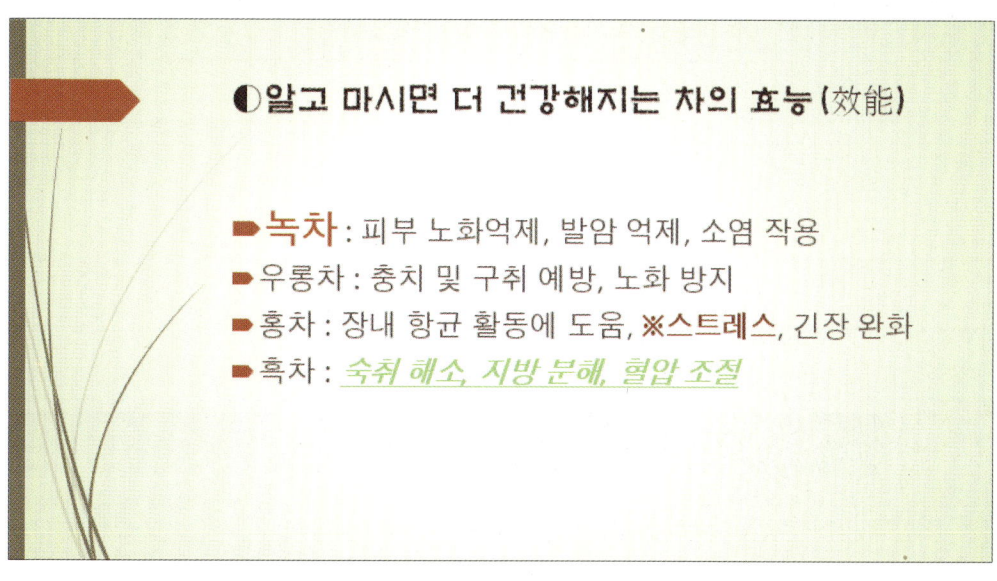

텍스트 단락 꾸미기

텍스트의 글머리기호와 번호매기기로 단락을 구분하고, 줄 간격을 조절하여 가독성을 높일 수 있습니다.

▶▶ 단락 정렬 조절 방법을 알아봅니다.
▶▶ 글머리 기호와 번호 매기기 삽입하는 방법을 알아봅니다.
▶▶ 단락 조절과 줄 간격 조절 방법을 알아봅니다.

배울 내용 미리보기

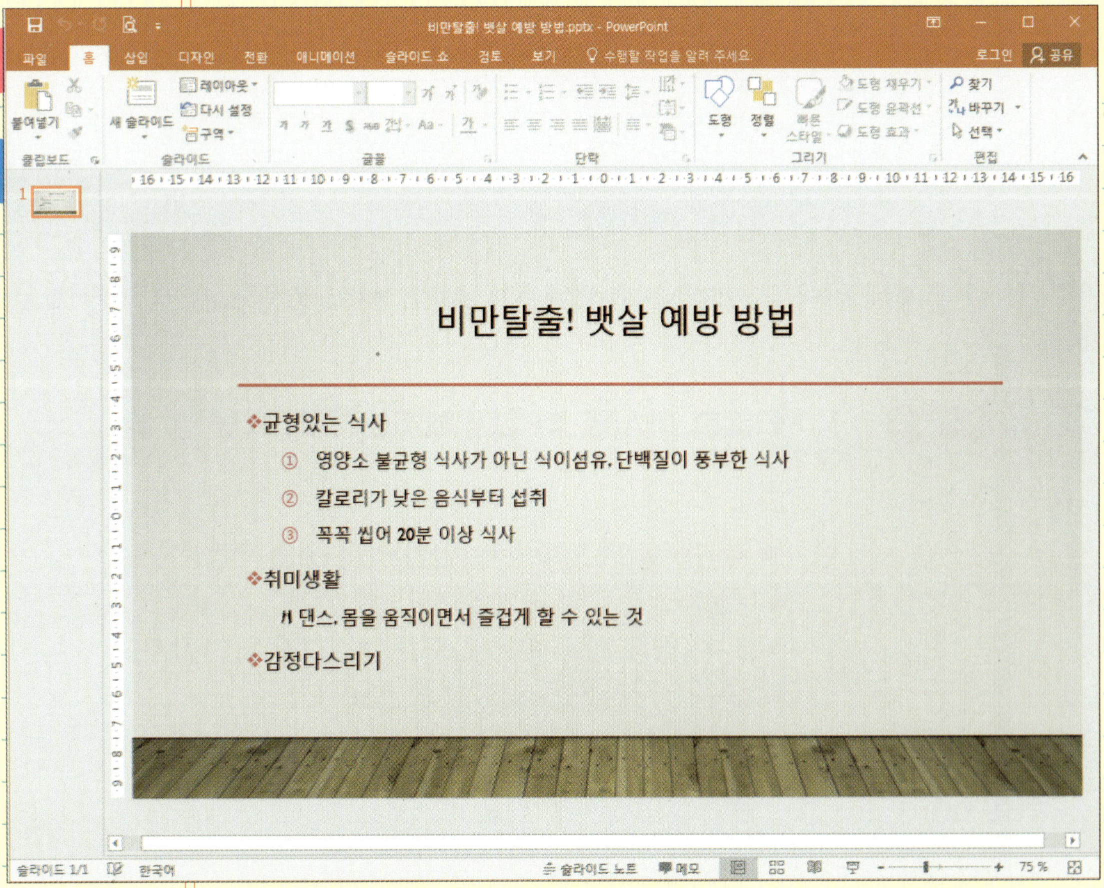

▲ 파일명 : 비만탈출! 뱃살 예방 방법.pptx

01 단락 정렬 조절하기

1 [새 프레젠테이션]을 실행한 후 [제목 슬라이드]를 [제목 및 내용] 슬라이드로 변경합니다. 디자인 테마의 [갤러리]를 적용한 뒤 다음과 같이 작성하세요.

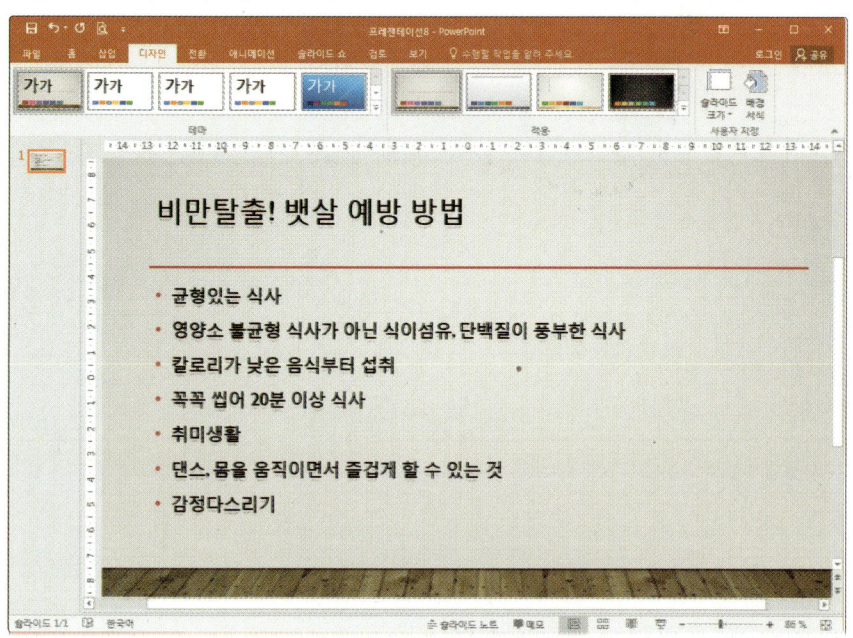

2 제목을 가운데 정렬하기 위해 ❶ [제목] 틀을 선택한 후 ❷ [홈] 탭의 [단락] 그룹에서 ❸ [가운데 맞춤]을 클릭합니다.

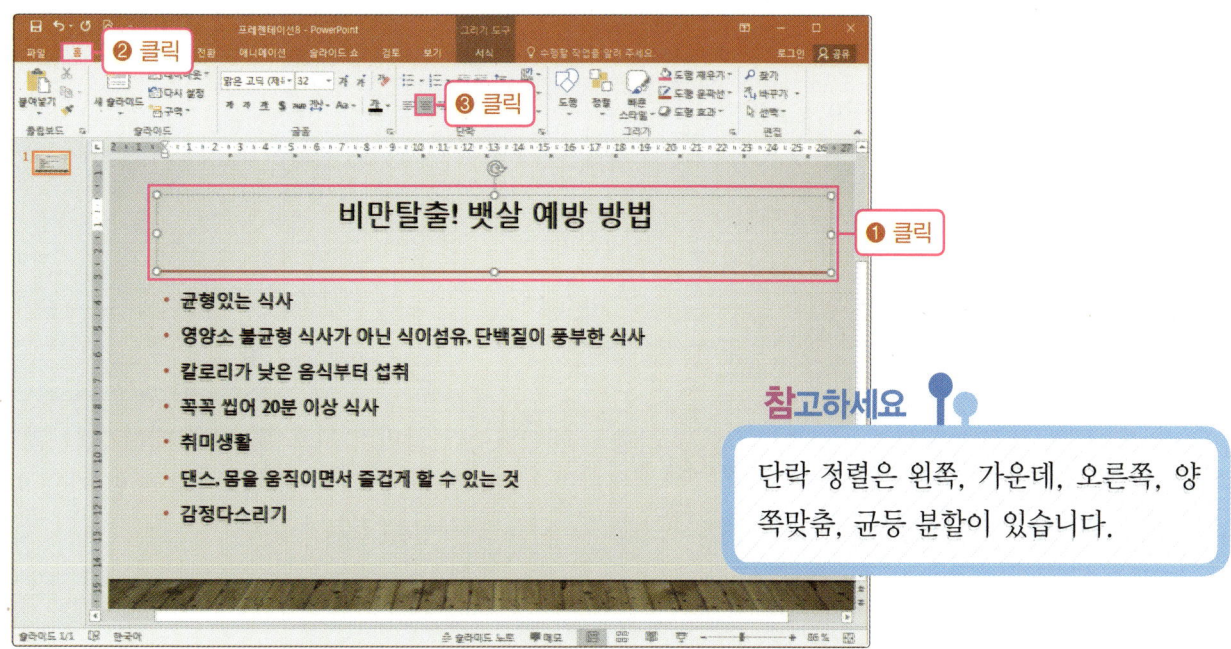

참고하세요
단락 정렬은 왼쪽, 가운데, 오른쪽, 양쪽맞춤, 균등 분할이 있습니다.

02 글머리 기호와 번호 매기기

1 ❶ [텍스트 개체] 틀 전체를 선택한 후 [홈] 탭의 [단락] 그룹에서 ❷ [글머리 기호] 목록 단추를 클릭한 후 ❸ [별표 글머리 기호]를 선택합니다.

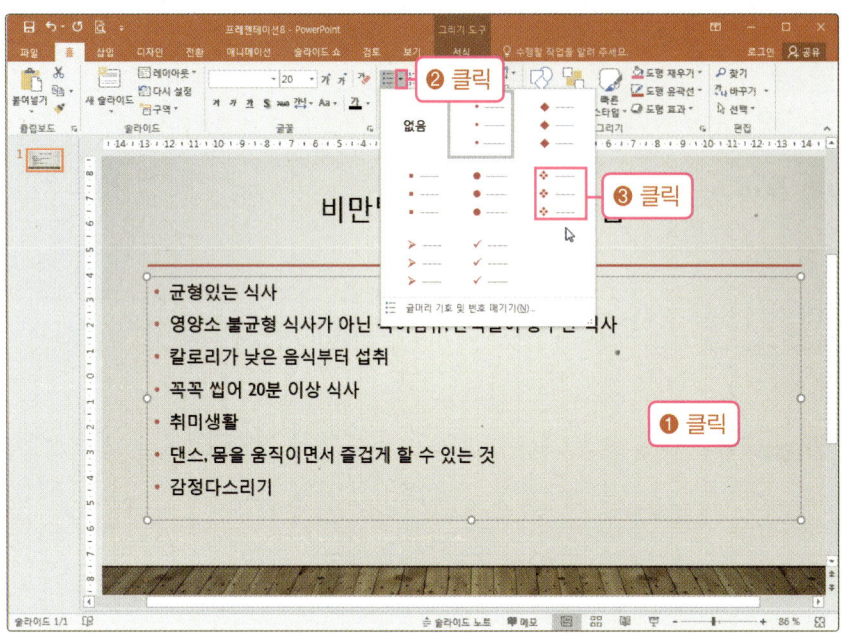

2 ❶ 두 번째 줄에서 네 번째 줄을 영역 지정한 후 [홈] 탭의 [단락] 그룹에서 ❷ [번호 매기기] 목록 단추를 클릭한 후 ❸ [원 숫자]를 선택합니다.

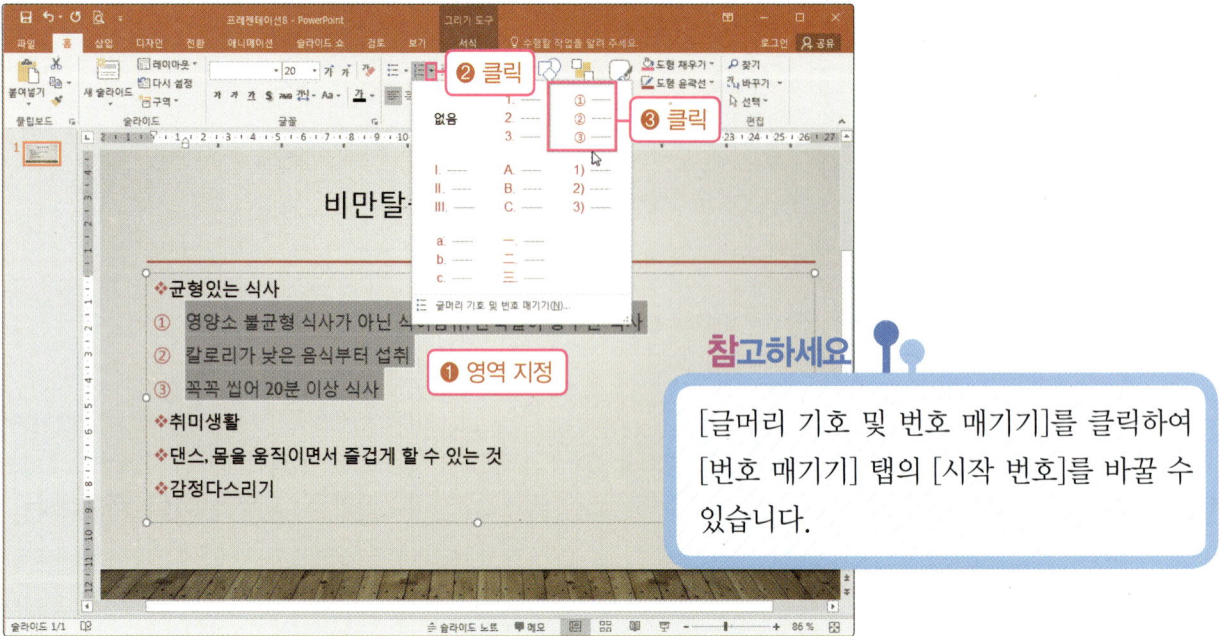

참고하세요
[글머리 기호 및 번호 매기기]를 클릭하여 [번호 매기기] 탭의 [시작 번호]를 바꿀 수 있습니다.

③ 여섯 번째줄을 그림으로 글머리를 삽입하기 위해 ❶ **영역을 지정**하고 [홈] 탭의 [단락] 그룹에서 ❷ **[글머리 기호] 목록 단추**를 클릭한 후 ❸ **[글머리 기호 및 번호 매기기]**를 선택합니다.

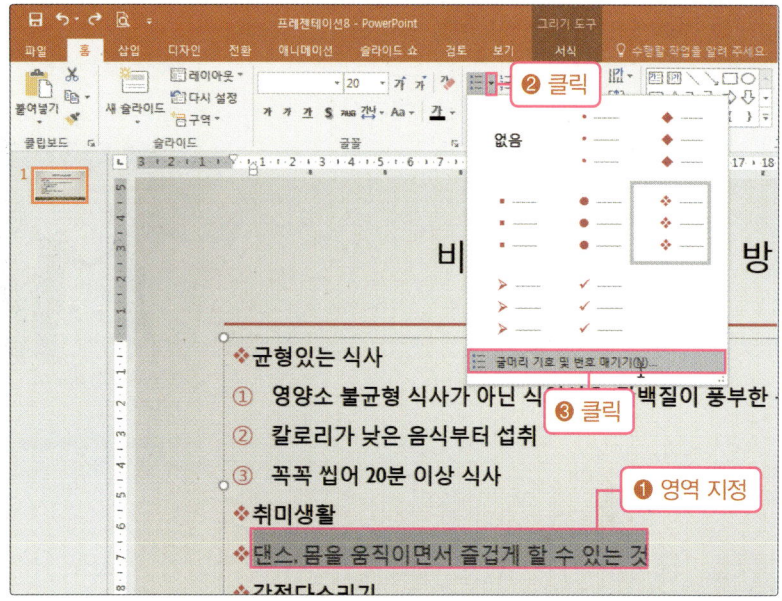

④ [글머리 기호 및 번호 매기기] 대화상자가 열리면 **[그림]**을 클릭합니다.

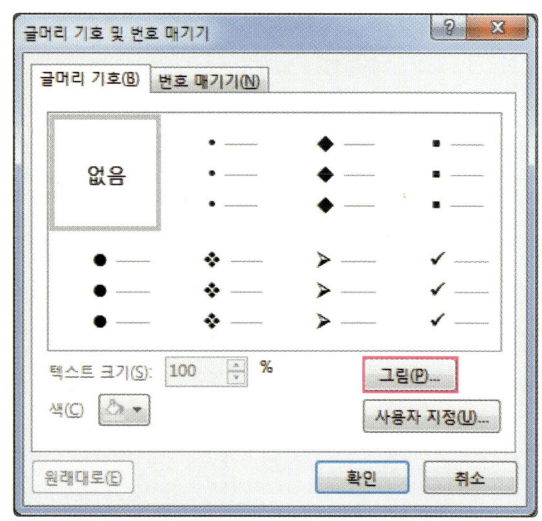

⑤ [그림 삽입] 대화상자의 [Bing 이미지 검색] 입력 란에 **"댄스"**를 입력하고 Enter 를 누릅니다.

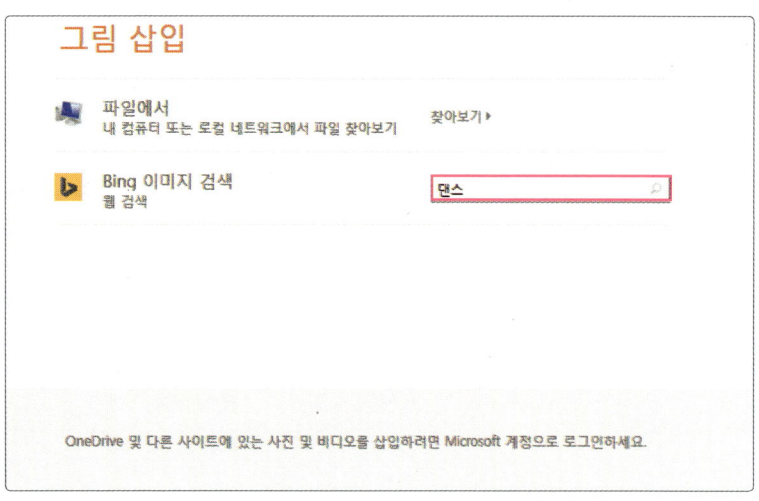

6 ❶ 이미지를 선택한 후 ❷ [삽입]을 클릭합니다.

7 글머리 기호, 번호 매기기, 그림 글머리가 완성되었습니다.

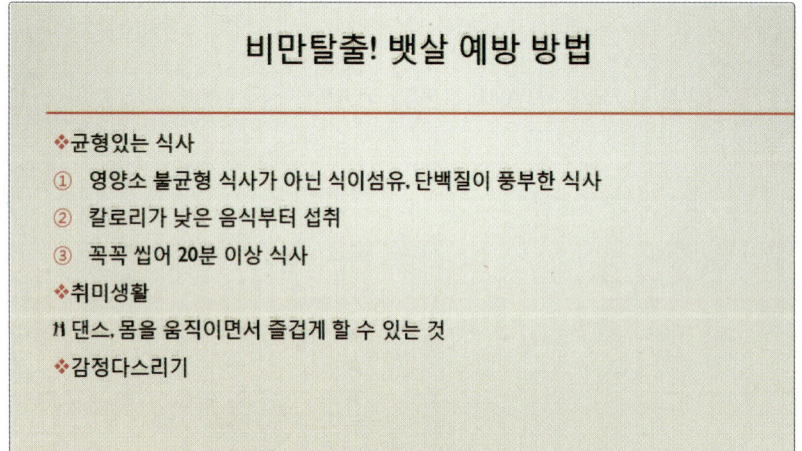

참고하세요

[글머리 기호 및 번호 매기기] 대화상자에서 [글머리 기호]의 [색]과 [크기]를 변경할 수 있으며, [사용자 지정]을 클릭하여 [글꼴] 영역을 [Webdings, Windings2, Windings3에서 다양한 글머리 기호를 선택할 수 있습니다.

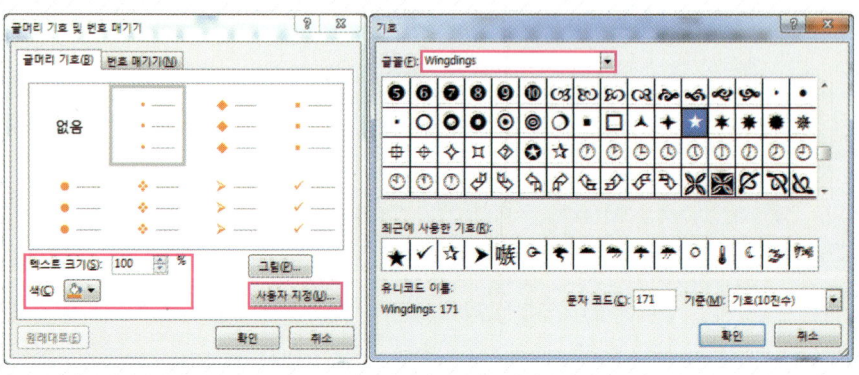

03 단락 수준 조절과 줄 간격

1 단락 수준을 조절하기 위해 그림과 같이 ① **영역을 드래그하여 범위를 지정**한 후 ② Ctrl 을 누르고 여섯 번째 줄을 드래그하여 **영역 지정**합니다. ③ **[홈] 탭의 [단락] 그룹에서 [목록 수준 늘림]**을 클릭합니다. 단락이 조절되어 오른쪽으로 들여쓰기가 됩니다.

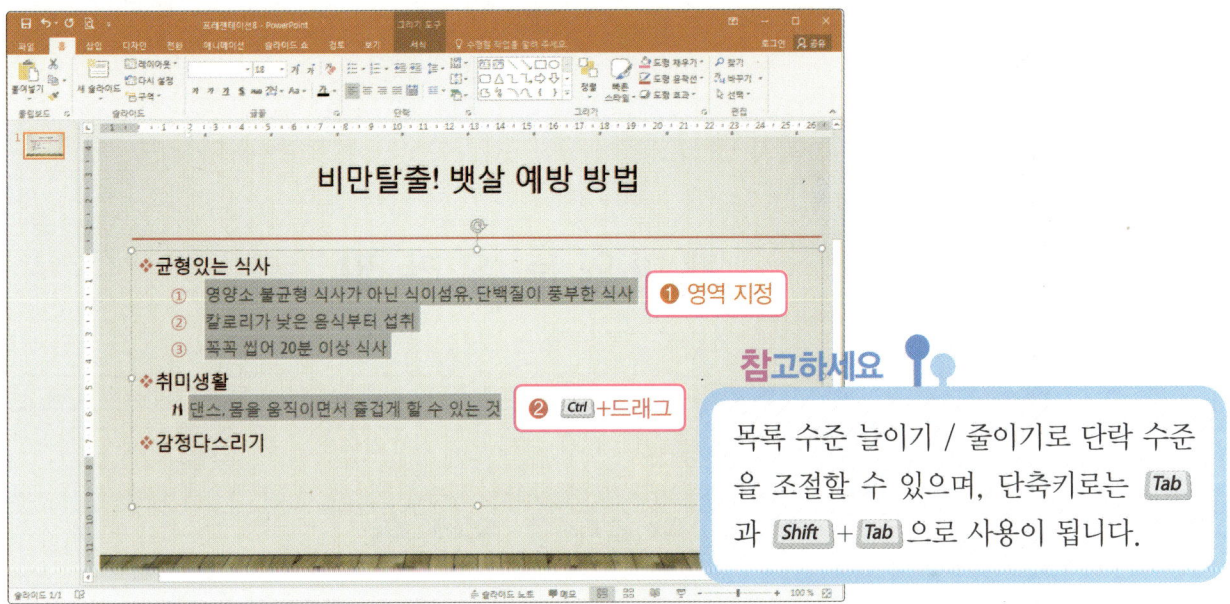

참고하세요
목록 수준 늘이기 / 줄이기로 단락 수준을 조절할 수 있으며, 단축키로는 Tab 과 Shift + Tab 으로 사용이 됩니다.

2 줄 간격을 조절하기 위해 ① **[텍스트 개체] 틀**을 전체 선택한 후 [홈] 탭의 [단락] 그룹에서 ② **[줄 간격] 목록 단추**를 클릭하여 ③ **[1.5]**를 클릭합니다.

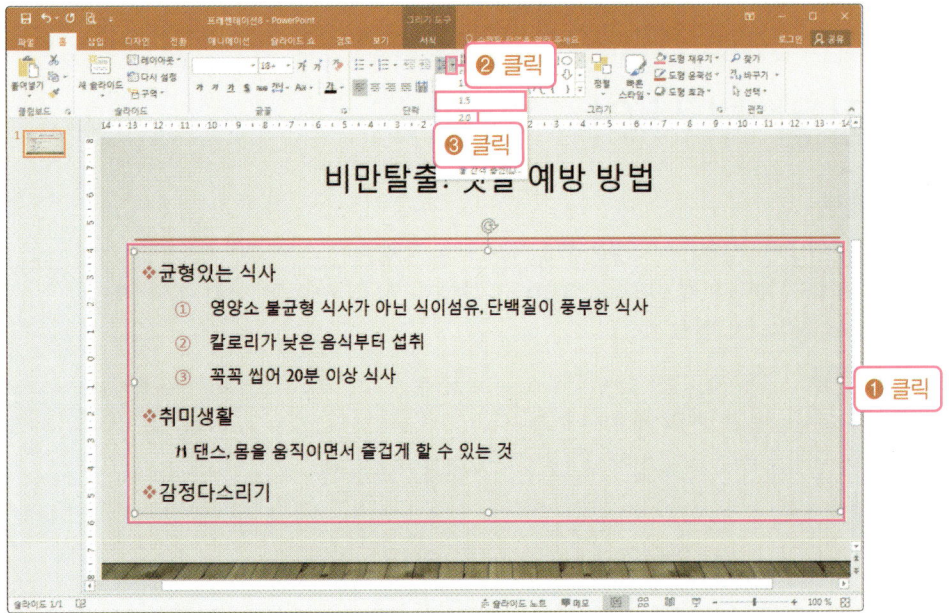

"혼자 풀어 보세요"

1 새 프레젠테이션을 열고, 디자인 테마 [배지]를 적용한 후 다음을 작성하세요.

2 1번 문제에 이어 슬라이드를 추가하여 내용을 입력하고 글꼴과 크기를 조절해 보세요. '재미있는 우리말.pptx'로 저장해 보세요.

"혼자 풀어 보세요"

3 새 프레젠테이션을 열고 [비교] 레이아웃으로 변경한 후 다음을 작성하세요.

여름과 겨울 스포츠 알아볼까?

여름 수상 스포츠
수상스키
카약타기
웨이크보드
윈드 서핑
수영

겨울 스포츠
스키
스노우보드
스케이트
컬링

4 줄 간격을 [1.5]로 적용하고 글머리 기호와 번호 매기기를 이용하여 슬라이드를 작성하고 '여름과 겨울 스포츠 알아볼까.pptx'로 저장해 보세요.

여름과 겨울 스포츠 알아볼까?

여름 수상 스포츠
① 수상스키
② 카약타기
③ 웨이크보드
④ 윈드 서핑
⑤ 수영

겨울 스포츠
🎿 스키
🎿 스노우보드
🎿 스케이트
🎿 컬링

그림 슬라이드 만들기

그림을 삽입하여 전달하고자 하는 내용을 더욱 더 강조할 수 있습니다.

➤➤ 내 컴퓨터의 그림을 삽입하는 방법을 알아봅니다.
➤➤ 온라인 그림을 삽입하는 방법을 알아봅니다.
➤➤ 그림 효과를 적용하는 방법을 알아봅니다.
➤➤ 그림 자르기 방법을 알아봅니다.

배울 내용 미리보기 ➕

▲ 파일명 : 야생화.pptx

01 내 컴퓨터 그림 삽입하기

1 [새 프레젠테이션]을 실행한 후 [제목 슬라이드]를 [제목 및 내용] 슬라이드로 변경합니다. 다음과 같이 슬라이드를 작성한 후 [텍스트 개체] 틀 안의 ❶ **[그림 삽입]** 아이콘을 클릭합니다.

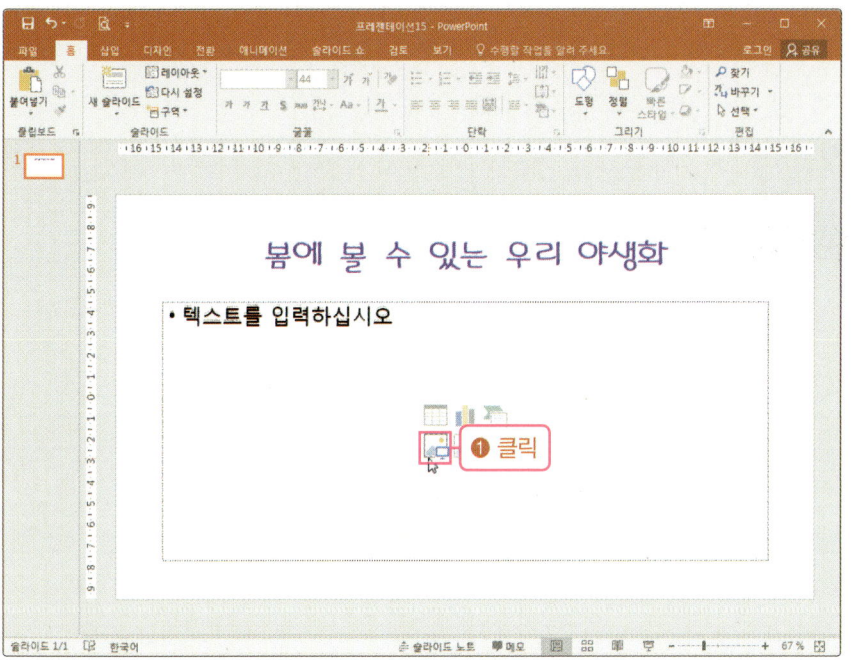

2 [그림 삽입] 대화상자가 열리면 ❶ **[각시붓꽃]**을 선택한 후 ❷ **[삽입]**을 클릭합니다.

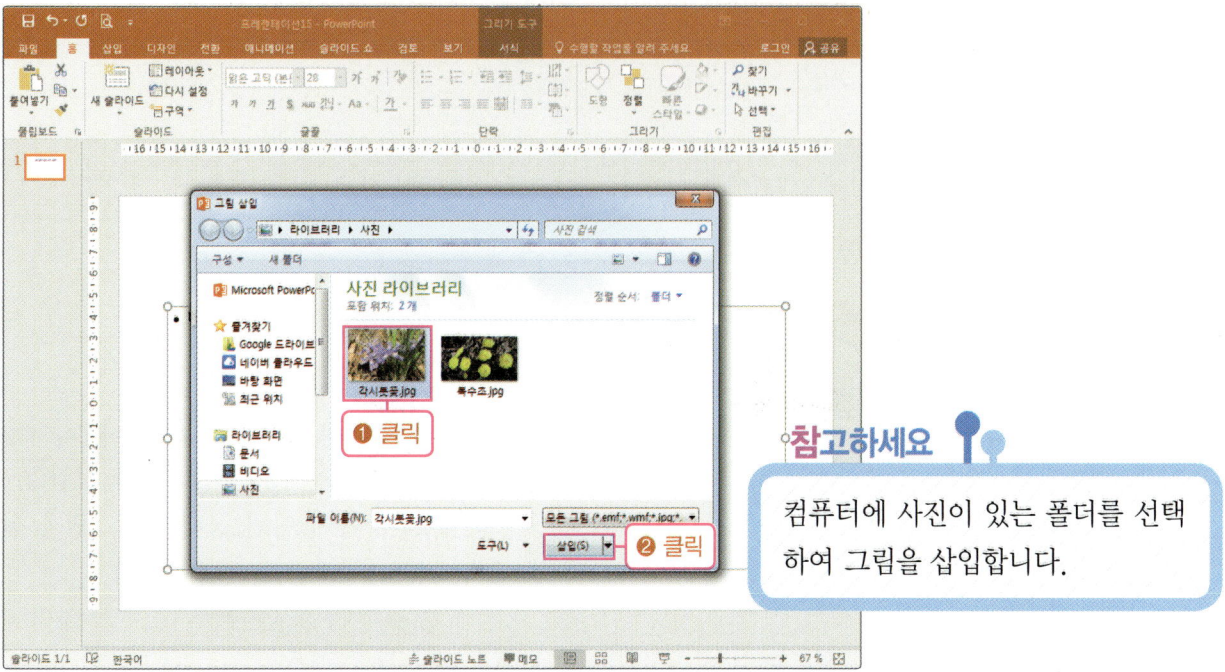

참고하세요
컴퓨터에 사진이 있는 폴더를 선택하여 그림을 삽입합니다.

③ 그림이 삽입되었습니다. 그림을 드래그하여 배치합니다.

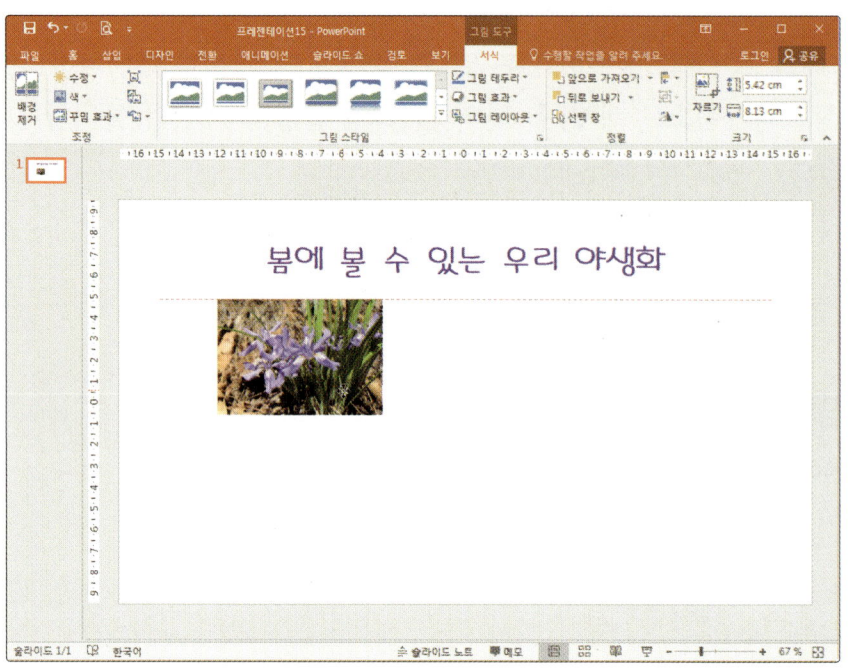

④ 그림을 추가하기 위해 ❶ [삽입] 탭의 [이미지] 그룹에서 ❷ [그림]을 클릭합니다.

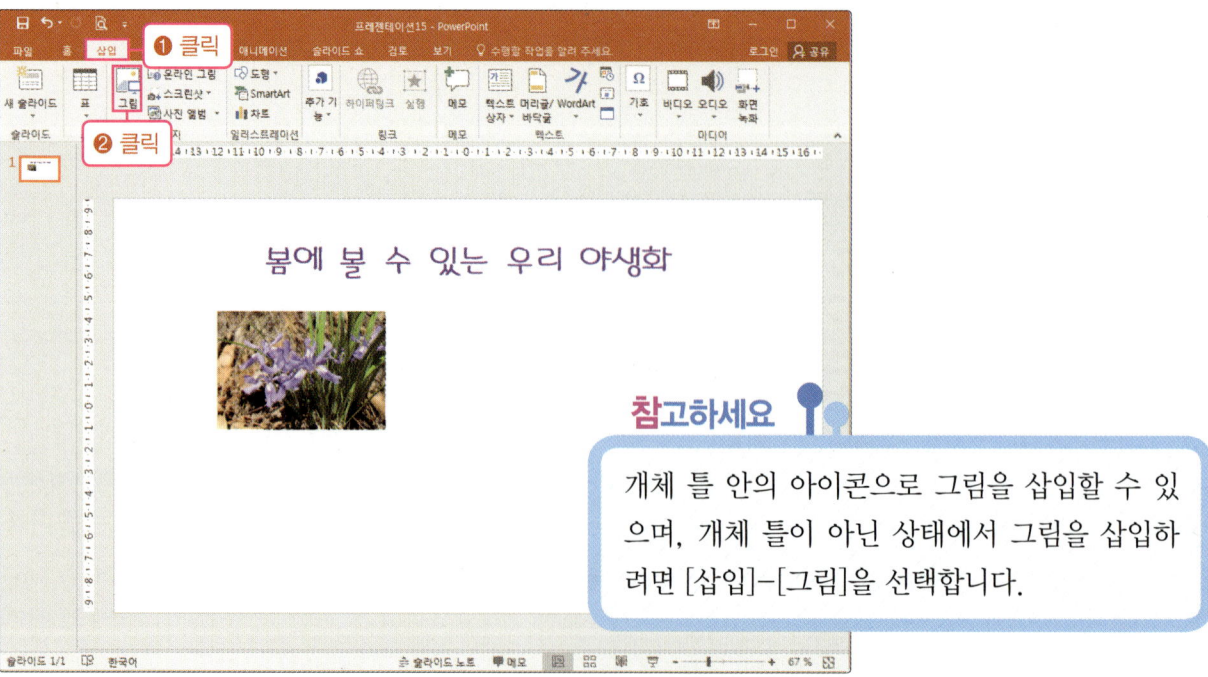

참고하세요

개체 틀 안의 아이콘으로 그림을 삽입할 수 있으며, 개체 틀이 아닌 상태에서 그림을 삽입하려면 [삽입]-[그림]을 선택합니다.

5 [그림 삽입] 대화상자가 열리면 ❶ [복수초]를 선택한 후 ❷ [삽입]을 클릭합니다.

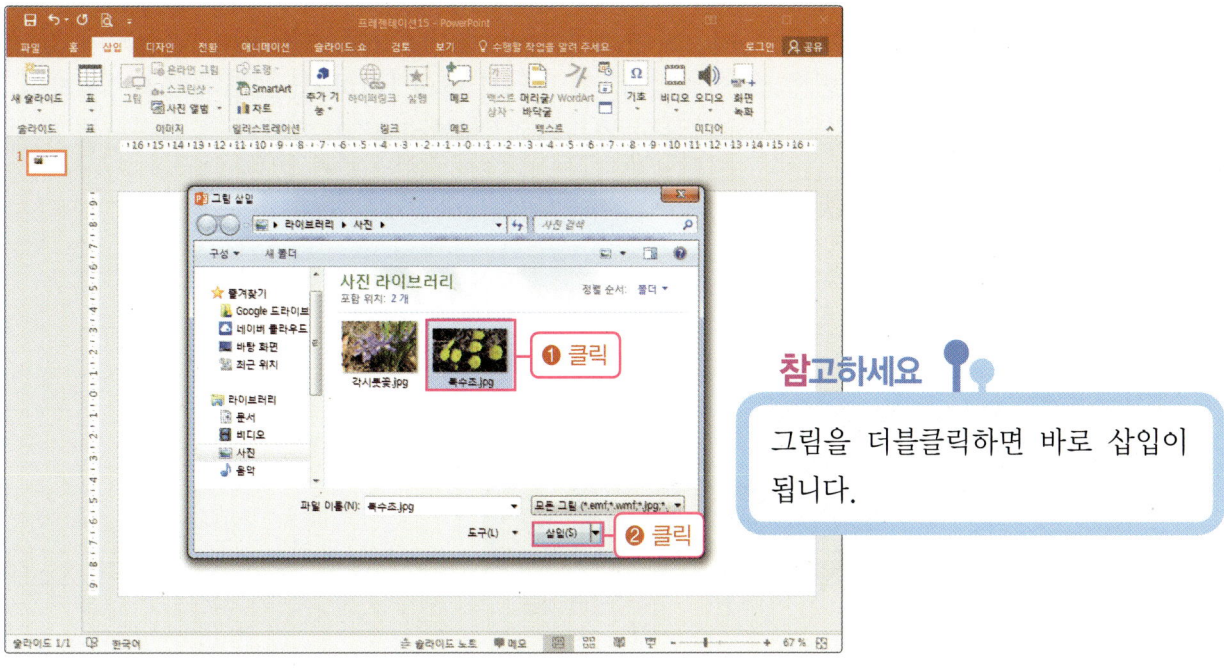

참고하세요
그림을 더블클릭하면 바로 삽입이 됩니다.

6 그림 크기를 변경하기 위해 그림을 선택한 후 ❶ [흰색] 조절점 위에 마우스를 올려놓은 후 드래그하여 크기를 조절합니다.

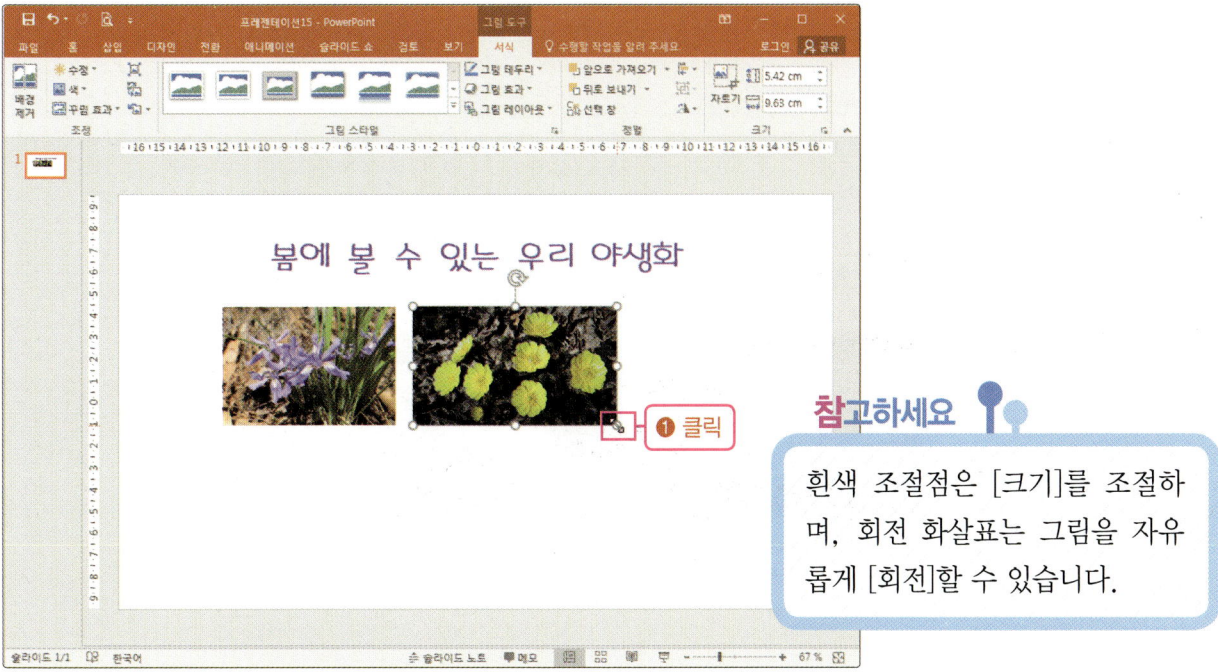

참고하세요
흰색 조절점은 [크기]를 조절하며, 회전 화살표는 그림을 자유롭게 [회전]할 수 있습니다.

온라인 그림 삽입하기

1 삽입한 두 그림을 오른쪽으로 이동하여 그림처럼 배치합니다. 인터넷이 연결되어 있다면 온라인 그림을 검색하여 삽입할 수 있습니다. ❶ **[삽입] 탭**의 **[이미지] 그룹**에서 ❷ **[온라인 그림]**을 클릭합니다. ❸ [그림 삽입] 대화상자의 검색란에 **"깽깽이풀"**을 입력한 후 Enter 를 누릅니다.

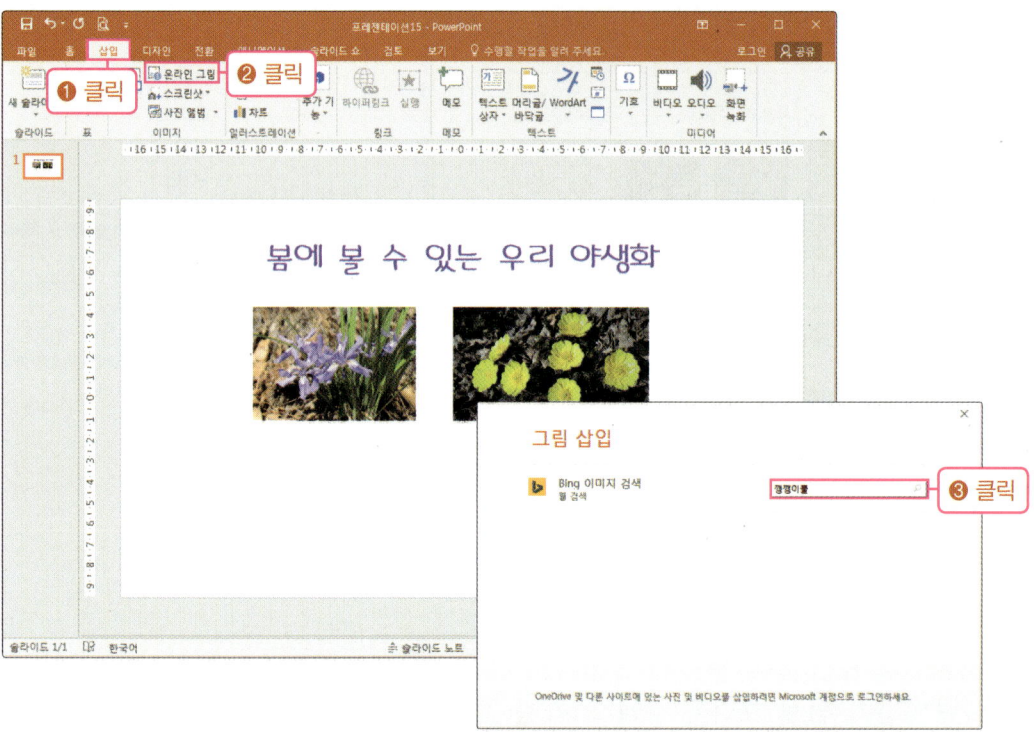

2 ❶ **그림을 선택**한 후 ❷ **[삽입]**을 클릭합니다.

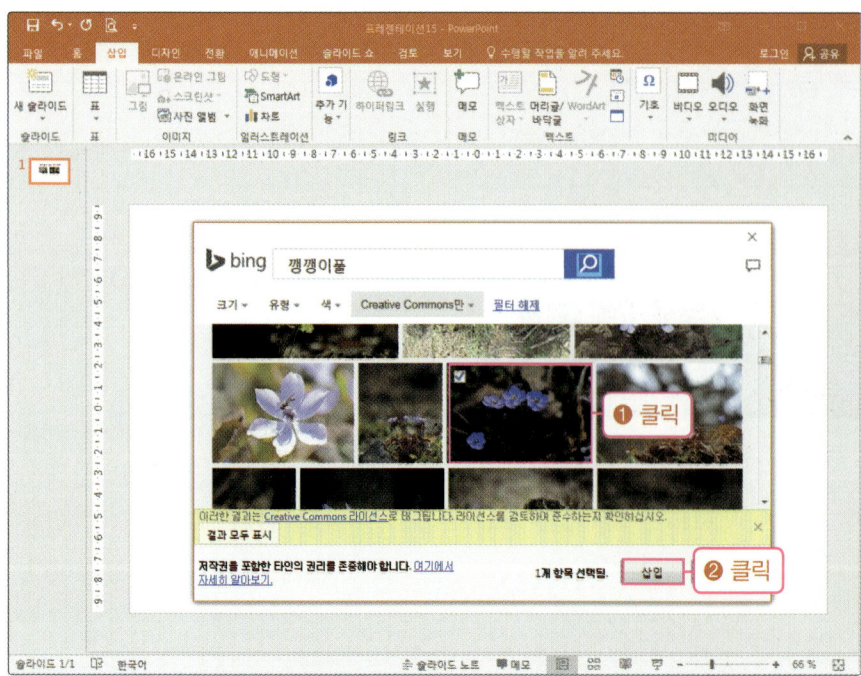

③ [별꽃]과 [애기똥풀]도 검색하여 삽입한 후 크기를 조절하고, 스마트 그리드에 맞춰 간격을 조절하여 배치합니다.

참고하세요

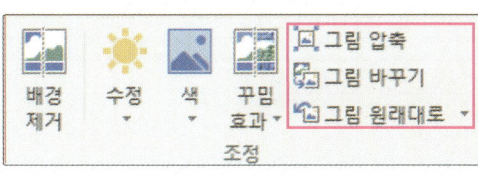

- 그림 원래대로 : 그림의 효과나 자르기를 하여 그림을 변경한 후 원래 원본으로 되돌립니다.
- 그림 바꾸기 : 그림의 서식은 유지한 채 그림만 바꿀 수 있습니다. 그림을 선택한 후 [그림 도구]-[서식] 탭의 [조정] 그룹에서 [그림 바꾸기]를 클릭한 후 바꿀 그림을 선택합니다.

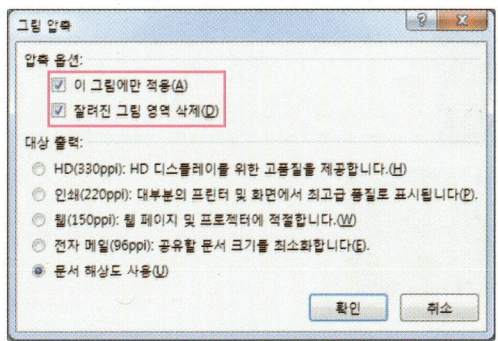

- 그림 압축 : 이미지를 자른 경우 잘라진 그림이 남아있어 용량을 차지합니다. 잘려진 그림을 삭제하면 용량을 줄일 수 있습니다.

03 그림 효과 적용하기

1 ❶ 마우스로 위의 두 그림을 넓게 드래그하여 그림을 한꺼번에 선택합니다.

참고하세요

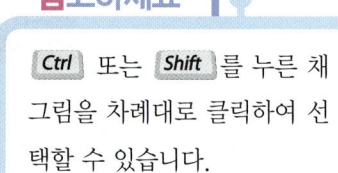 또는 를 누른 채 그림을 차례대로 클릭하여 선택할 수 있습니다.

2 ❶ 두 그림이 선택된 상태에서 ❷ [그림 도구]-[서식] 탭의 [그림 스타일] 그룹에서 ❸ [자세히] 단추를 클릭합니다. ❹ [단순형 프레임, 흰색] 스타일을 선택합니다.

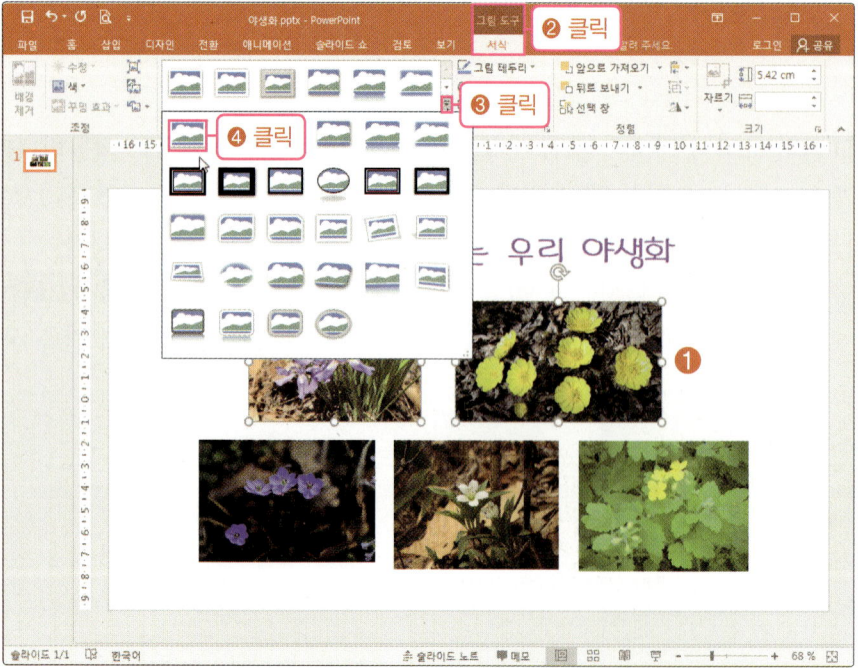

③ ❶ 나머지 그림들도 모두 선택한 후 ❷ [그림 도구]-[서식] 탭의 [그림 스타일] 그룹에서 ❸ [그림 효과]의 목록 단추를 눌러 ❹ [기본 설정]에서 ❺ [기본 설정 4]를 선택합니다.

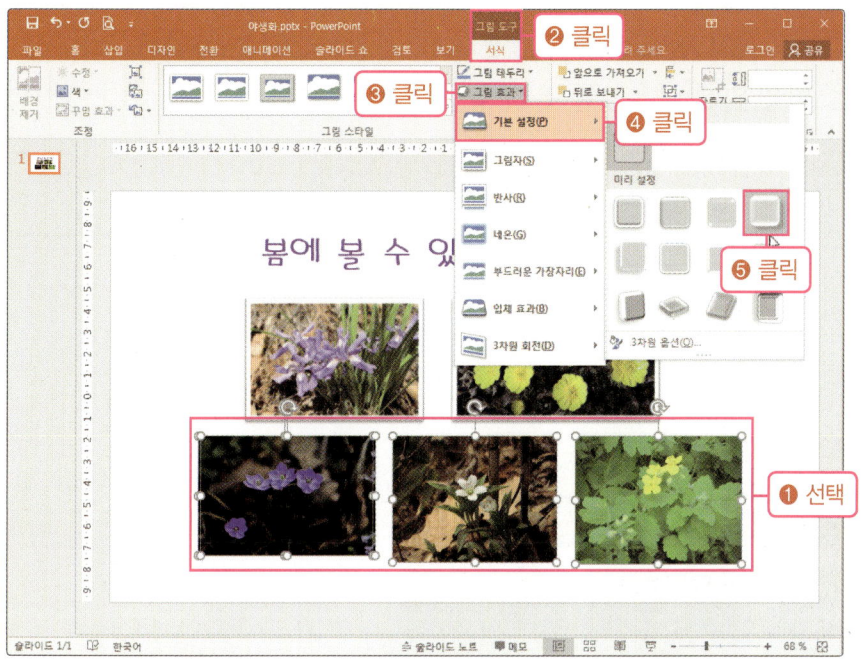

④ 모든 그림의 스타일이 완성되었습니다.

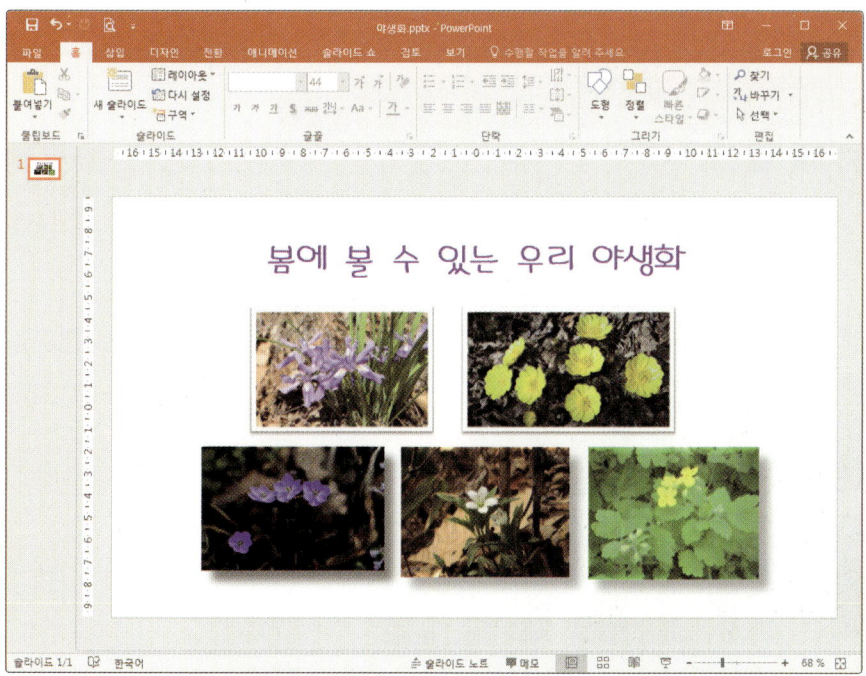

04 그림 자르기

1. 불필요한 부분이나 또는 남기고 싶은 부분만 그림을 잘라내기할 수 있습니다. 두 번째 [그림]을 선택한 후 ❶ [그림 도구]-[서식] 탭의 [크기] 그룹에서 ❷ [자르기]를 클릭합니다. ❸ 그림 오른쪽의 **자르기 조절점 표시** 위에 마우스를 올려 놓습니다.

2. ❶ 왼쪽으로 드래그하여 그림을 자르기합니다. 슬라이드의 빈 공간을 클릭하여 자르기를 완료합니다.

③ 첫 번째 슬라이드를 Ctrl + D 를 눌러 복제합니다. ❶ **하단의 세 개의 그림을 선택**한 후 [그림 도구]-[서식] 탭의 [크기] 그룹에서 ❷ **[자르기]의 목록 단추**를 클릭하여 ❸ **[도형에 맞춰 자르기]**에서 ❹ **[원형]**을 선택합니다.

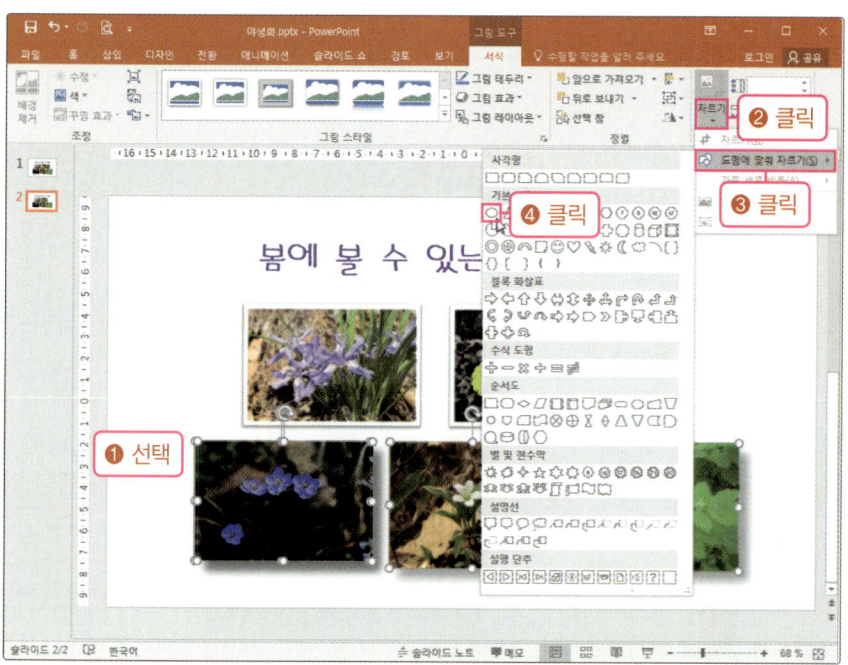

④ 그림이 타원으로 자르기가 되었습니다.

참고하세요

원래 그림으로 돌리려면 그림을 선택한 후 [그림 도구]-[서식] 탭의 [조정] 그룹에서 [그림 원래대로]를 클릭합니다.

67

"혼자 풀어 보세요"

1 새 프레젠테이션을 열고, [제목만] 레이아웃으로 변경한 후 다음을 작성하세요.

생일 초대합니다.

HAPPY BIRTHDAY

2 1번 문제에 이어 [콘텐츠 2개] 슬라이드를 추가한 후 다음을 작성하세요. '생일초대장.pptx'로 저장해 보세요.

언제나

사랑스러운 당신

당신의 생일을 축하합니다.

"혼자 풀어 보세요"

3 새 프레젠테이션을 열고, [제목 및 내용] 레이아웃으로 변경한 후 그림을 삽입하세요. 그림을 [육각형]으로 자르기하세요.

4 그림을 다음과 같이 배치하세요. 그림을 [반사 효과]를 적용하세요. '과수원체험.pptx'으로 저장해 보세요.

09 그림 조정과 회전

그림의 밝기와 대비를 수정하고, 색과 온도를 수정할 수 있습니다. 그림의 꾸밈 효과를 이용하여 다양하게 그림을 편집할 수 있습니다.

➤➤ 그림의 정렬 기능을 알아봅니다.
➤➤ 그림의 조정 기능을 알아봅니다.

배울 내용 미리보기

▲ 파일명 : 디저트.pptx

01 그림 정렬 기능

1. [새 프레젠테이션]을 실행한 후 [제목만] 슬라이드로 변경합니다. 제목을 입력한 후 [제목 틀]을 그림처럼 이동하여 배치합니다.

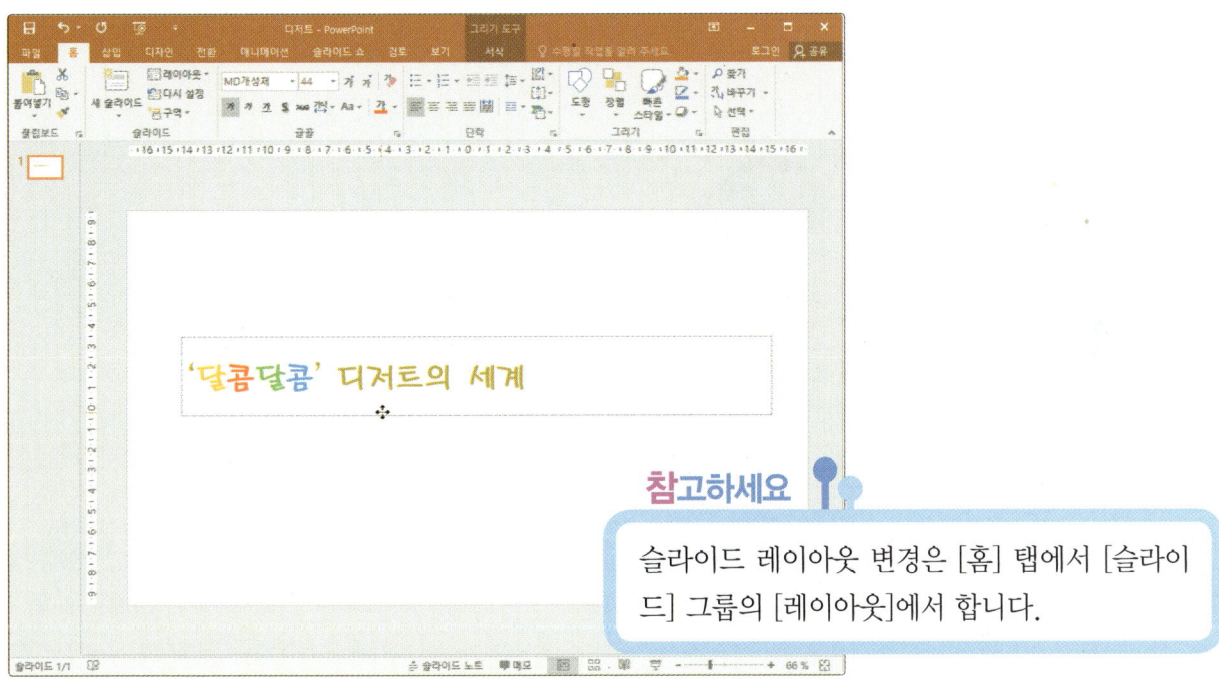

참고하세요
슬라이드 레이아웃 변경은 [홈] 탭에서 [슬라이드] 그룹의 [레이아웃]에서 합니다.

2. [삽입] 탭의 [이미지] 그룹에서 [그림]의 [표지1.jpg]를 삽입한 후 크기를 조절하여 오른쪽으로 배치합니다.

③ 삽입한 그림을 선택한 후 ❶ [그림 도구]-[서식] 탭의 [정렬] 그룹에서 ❷ [뒤로 보내기]의 목록 단추를 클릭하여 ❸ [맨 뒤로 보내기]를 선택합니다.

④ 그림이 제목 뒤로 정렬되었습니다. 그림을 좌우로 회전할 수 있습니다. 그림을 선택한 후 ❶ [그림 도구]-[서식] 탭의 [정렬] 그룹에서 ❷ [회전]의 목록 단추를 클릭하여 ❸ [좌우 대칭]를 선택합니다. 그림이 좌우로 회전됩니다.

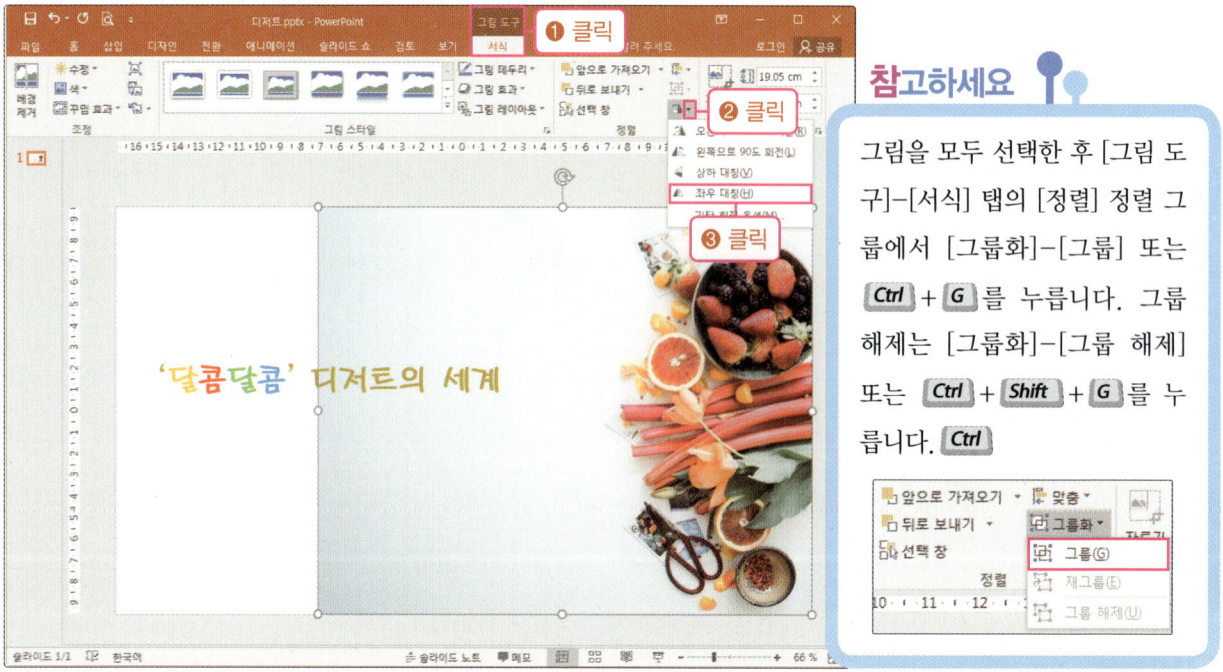

참고하세요

그림을 모두 선택한 후 [그림 도구]-[서식] 탭의 [정렬] 정렬 그룹에서 [그룹화]-[그룹] 또는 Ctrl + G 를 누릅니다. 그룹 해제는 [그룹화]-[그룹 해제] 또는 Ctrl + Shift + G 를 누릅니다. Ctrl

02 그림 조정 기능

1 [제목만] 슬라이드를 추가한 후 [케익1.jpg, 케익2.jpg, 케익3.jpg, 케익4.jpg]를 삽입하고 배치합니다.

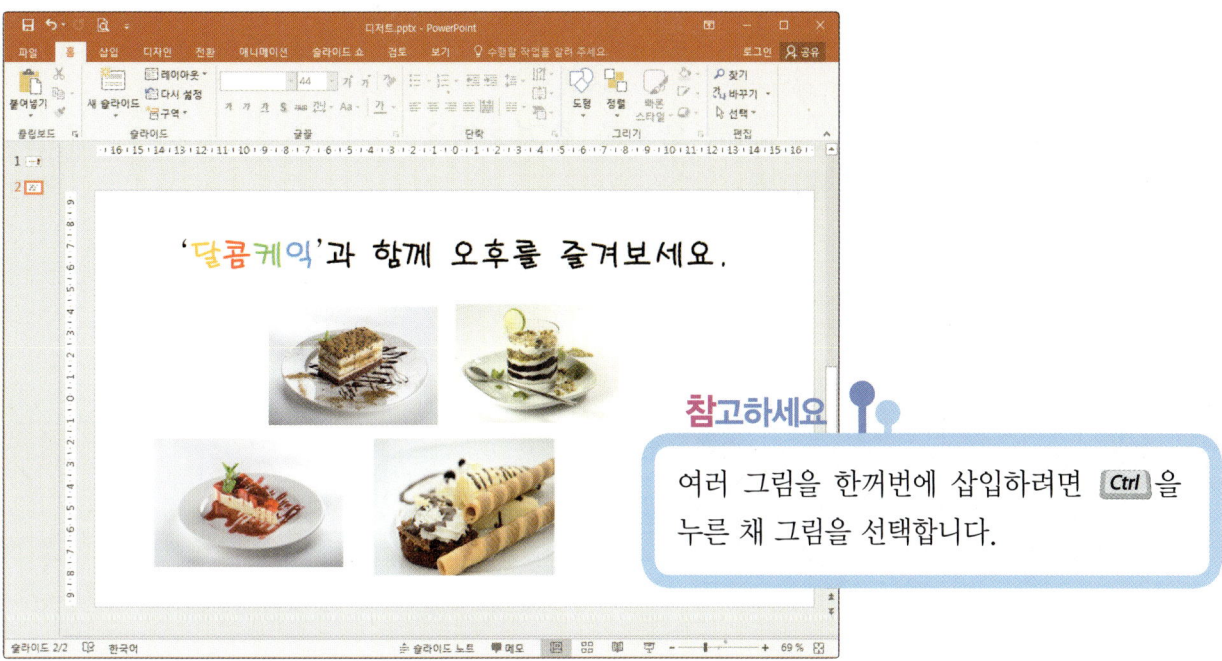

참고하세요
여러 그림을 한꺼번에 삽입하려면 Ctrl 을 누른 채 그림을 선택합니다.

2 첫 번째 그림을 선택한 후 ❶ [그림 도구]-[서식] 탭의 [조정] 그룹에서 ❷ [수정]의 목록 단추를 클릭하여 ❸ [선명도]는 [선명하게 25%]를 선택하고, ❹ [밝기/대비]는 [밝기 +20%, 대비:0%(표준)]을 선택합니다.

③ ❶ 두 번째 그림을 선택한 후 ❷ [그림 도구]-[서식] 탭의 [조정] 그룹에서 ❸ [색]의 목록 단추를 클릭하여 ❹ [색 채도]는 [300%]를 선택하고, ❺ [색조]는 [온도 7200k]를 선택합니다.

④ ❶ 세 번째 그림을 선택한 후 ❷ [그림 도구]-[서식] 탭의 [조정] 그룹에서 ❸ [색]의 목록 단추를 클릭하여 ❹ [다시 칠하기]의 [황금색, 어두운 강조색4]를 선택합니다.

5 그림을 복사하기 위해 네 번째 사진을 선택한 후 ❶ Ctrl 을 누른 채 오른쪽으로 드래그합니다. 빨간색 점선과 화살표로 표시되는 [스마트 그리드]가 표시되어 수평과 간격을 맞출 수 있습니다.

6 ❶ 다섯 번째 그림을 선택한 후 [그림 도구]-[서식] 탭의 [조정] 그룹에서 ❷ [꾸밈 효과]의 목록 단추를 클릭하여 ❸ [파스텔 부드럽게]를 선택합니다.

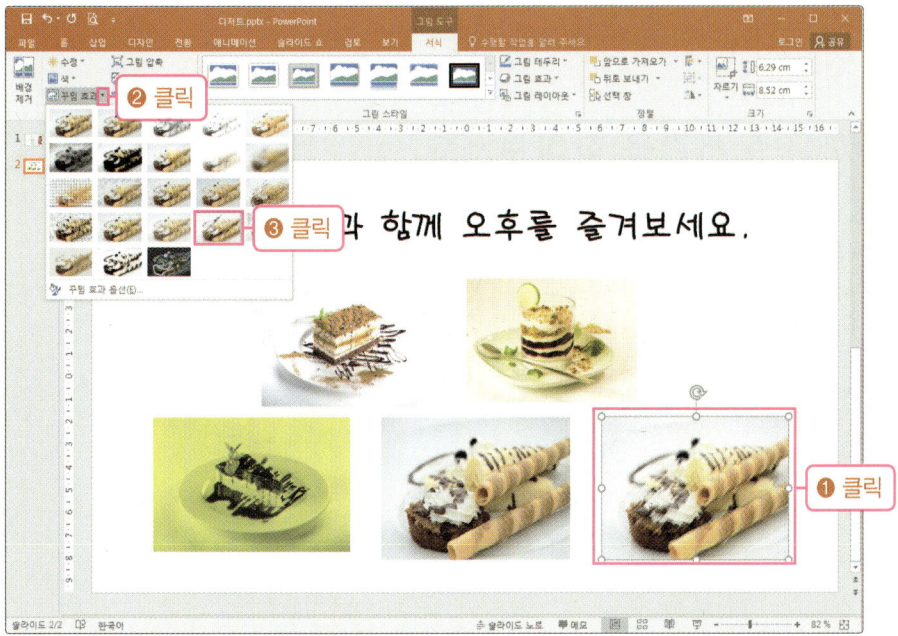

"혼자 풀어 보세요"

1 제목 슬라이드에 '표지2.jpg' 그림을 삽입한 후 슬라이드에 맞게 크기를 조절한 후 좌우 대칭으로 정렬하세요.

- [그림 도구]-[서식] 탭의 [정렬] 그룹에서 [뒤로 보내기]-[맨 뒤로 보내기]
- [그림 도구]-[서식] 탭의 [정렬] 그룹에서 [회전]-[좌우 대칭]

2 [콘텐츠 2개] 슬라이드를 추가한 후 오른쪽에 그림을 삽입하세요. 그림을 복사한 후 색을 변경하고 '독서.pptx'로 저장해 보세요.

- [그림 도구]-[서식] 탭의 [조정] 그룹에서 [색]-[다시 칠하기]

"혼자 풀어 보세요"

3 제목 슬라이드에 '표지3.jpg' 그림을 삽입한 후 크기를 조절하여 작성해 보세요.

4 각 그림을 삽입한 후 꾸밈효과를 적용하고 모든 그림을 그룹으로 설정하세요. '사진콘테스트.pptx'로 저장해 보세요.

> **Hint**
> • 그림을 모두 선택한 후 [그림 도구]-[서식] 탭의 [정렬] 그룹에서 [그룹화]-[그룹]

10 사진 앨범 만들기

그림으로만 만들어진 슬라이드를 작성할 때 한꺼번에 그림을 삽입하여 프레젠테이션을 작성할 수 있습니다.

▶▶ 사진 앨범을 만드는 방법을 알아봅니다.

배울 내용 미리보기

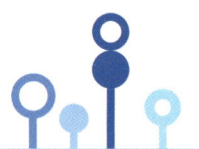

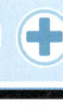

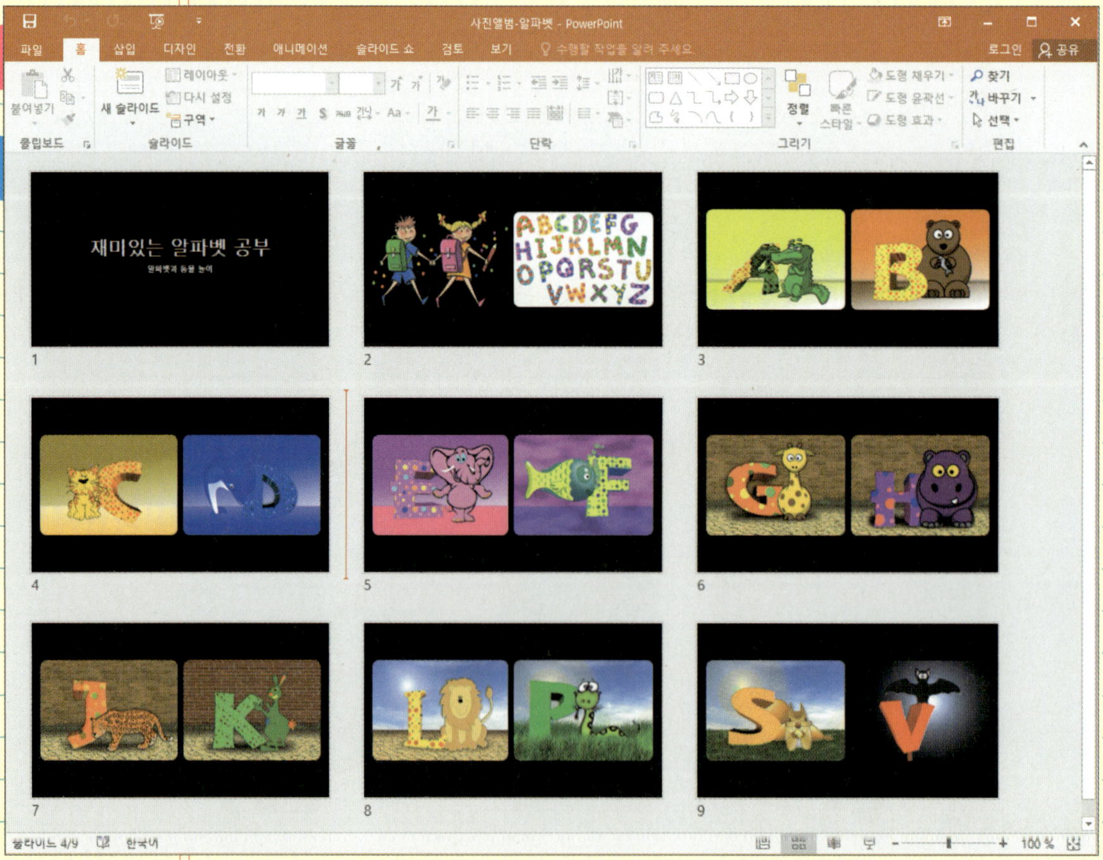

▲ 파일명 : 사진앨범-알파벳.pptx

01 사진 앨범 만들기

1. [새 프레젠테이션]을 실행한 후 ❶ [삽입] 탭의 [이미지] 그룹에서 ❷ [사진 앨범]의 아이콘을 클릭합니다.

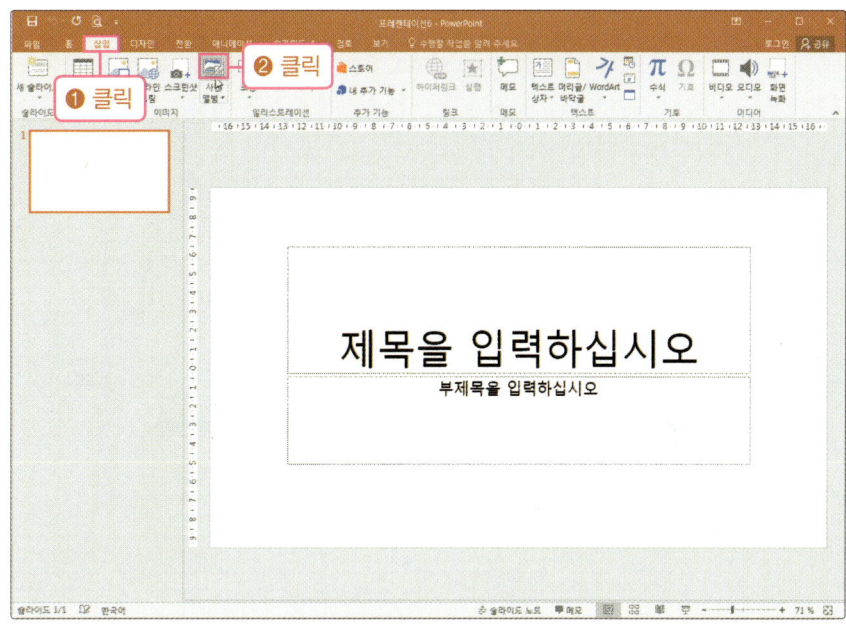

2. [사진 앨범] 대화상자가 열리면 ❶ [파일/디스크]를 클릭합니다.

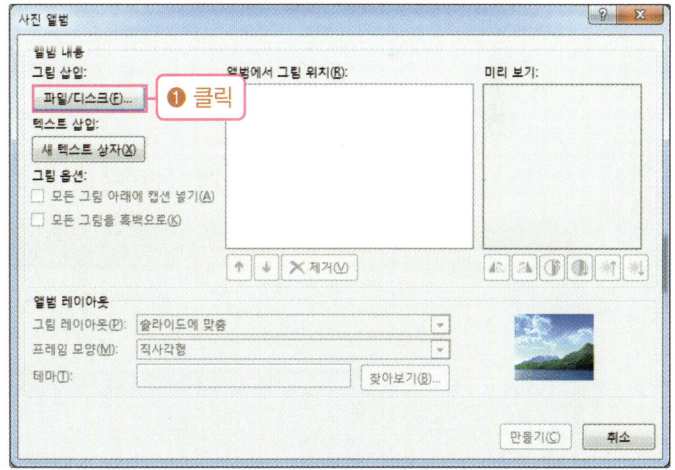

3. [새 그림 삽입] 대화상자에서 그림과 같이 그림들을 선택한 후 [삽입]을 클릭합니다.

참고하세요

전체를 선택할 때는 Ctrl + A 를 누르거나 마우스로 넓게 드래그하여 선택할 수 있습니다.

4 [앨범에서 그림 위치]에서 ❶ [15 아이들]과 [16 표지]를 체크한 후 ❷ [위로] 단추를 눌러 위치를 맨 위로 바꿉니다.

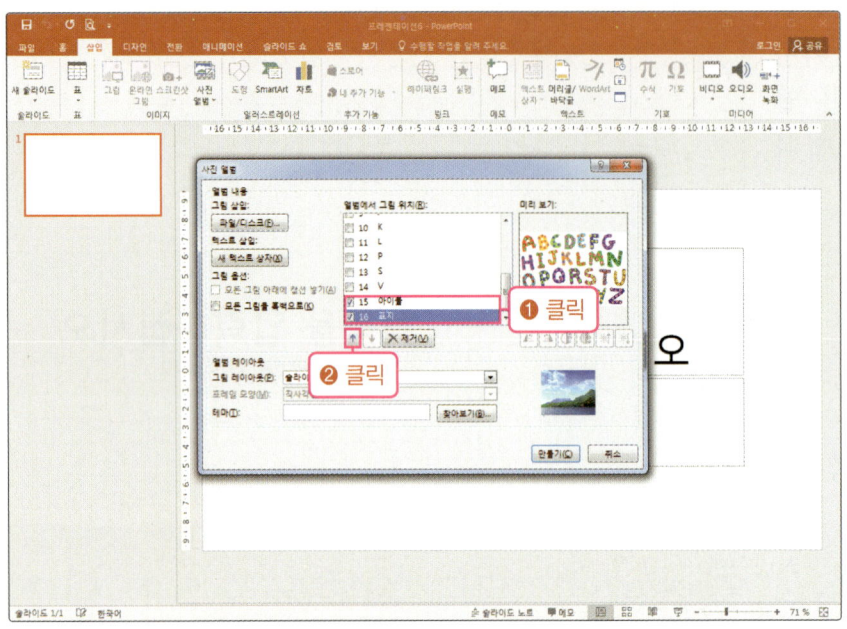

5 [앨범 레이아웃]의 ❶ [그림 레이아웃]의 목록 단추를 클릭한 후 ❷ [그림 2개]를 선택합니다.

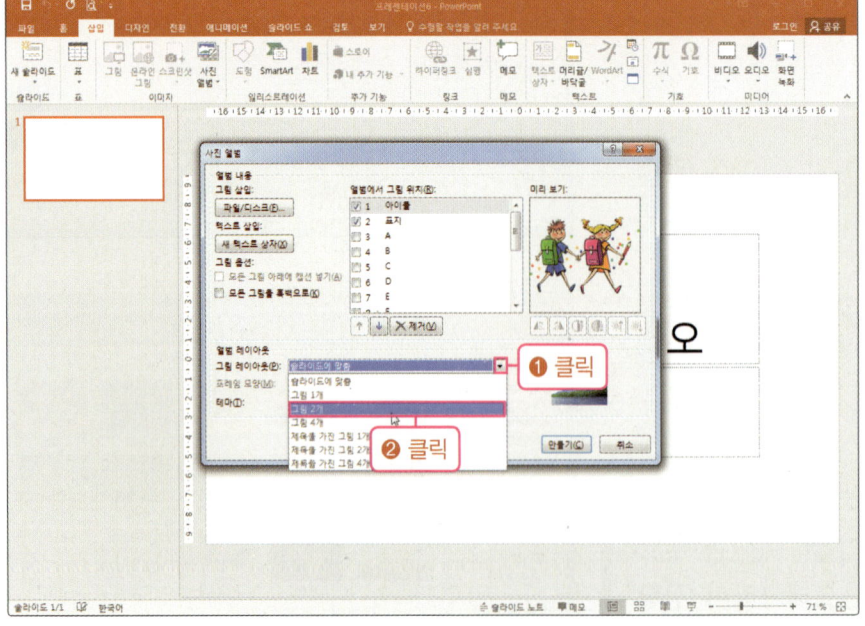

6 [앨범 레이아웃]의 ❶ [프레임 모양]의 목록 단추를 클릭한 후 ❷ [모서리가 둥근 직사각형]을 선택한 후 ❸ [만들기]를 클릭합니다.

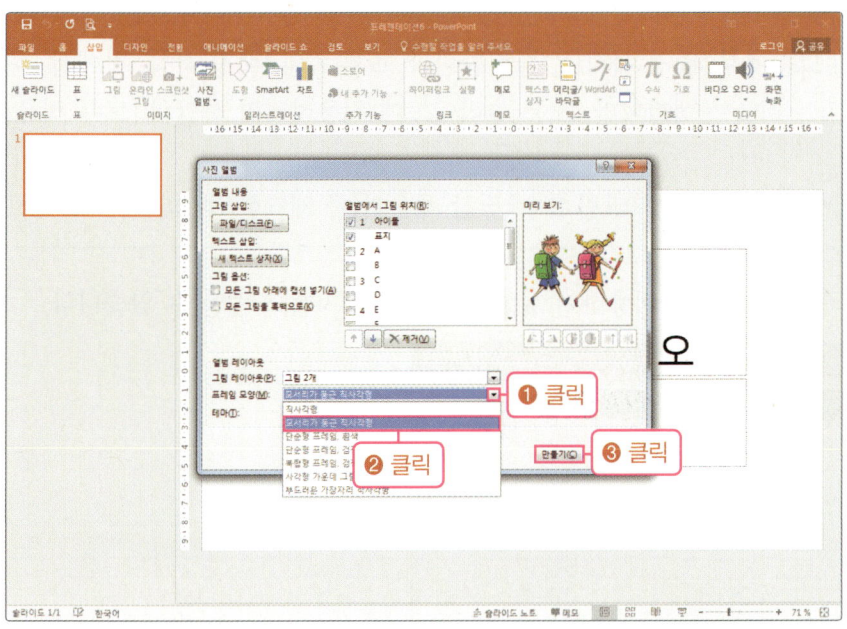

7 선택했던 모든 사진들이 슬라이드 한 장에 두 개의 그림으로 사진 앨범이 완성되었습니다.

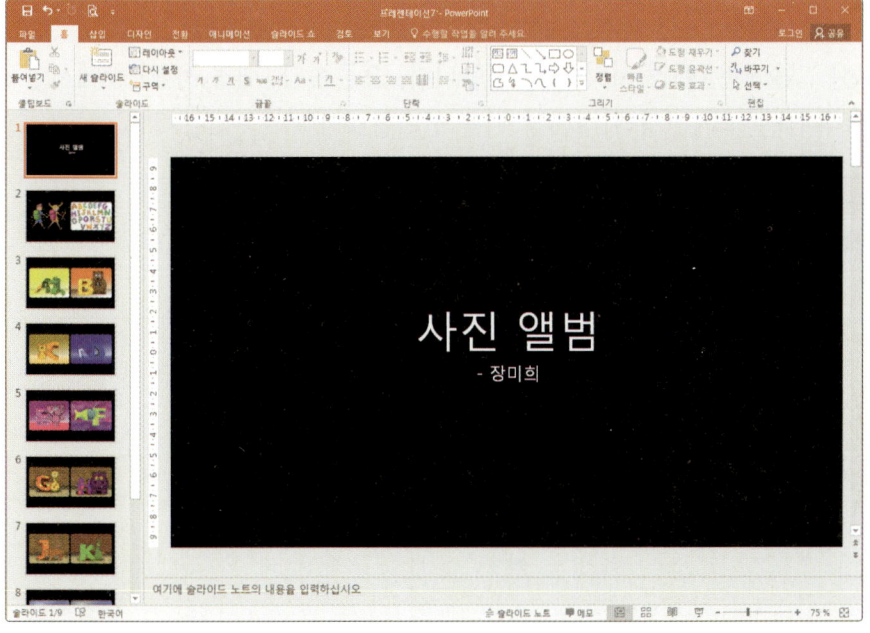

참고하세요

배경 색과 배경 그림 넣기

- [디자인] 탭의 [사용자 지정] 그룹에서 [배경 서식]을 클릭합니다. 오른쪽의 [배경 서식] 창에서 [채우기]의 [단색 채우기]를 클릭한 후 [색]을 선택합니다. 모든 슬라이드에 적용하려면 하단의 [모두 적용]을 누릅니다.
- 배경 그림을 삽입하려면 [배경 서식] 창에서 [그림 또는 질감 채우기]를 체크한 후 [파일]을 클릭하여 그림을 선택합니다.
- 배경 그림의 투명도를 조절하고, 오프셋을 이용하여 삽입된 그림의 위치를 조절할 수 있습니다.

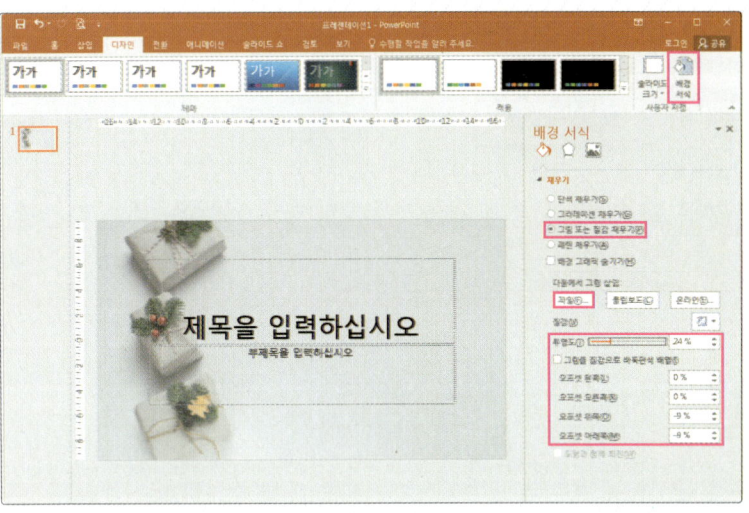

배경에 패턴 넣기

- [디자인] 탭의 [사용자 지정] 그룹에서 [배경 서식]을 클릭합니다. 오른쪽의 [배경 서식] 창에서 [채우기]의 [패턴 채우기]를 체크한 후 [패턴]과 [전경색], [배경색]을 선택합니다.

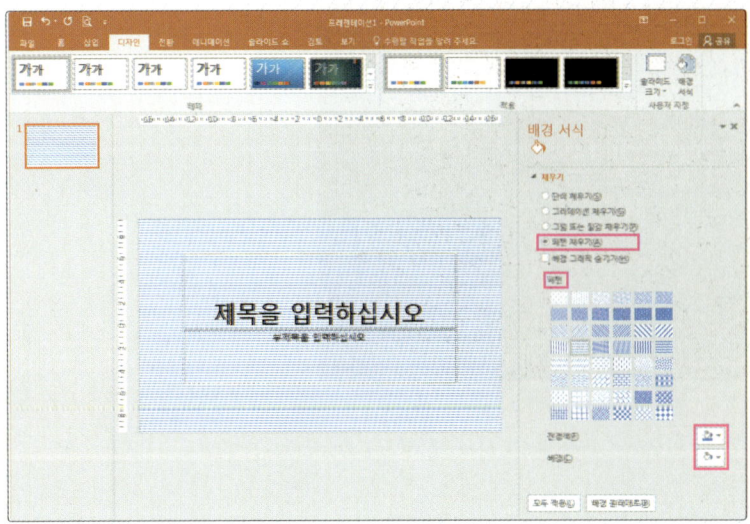

"혼자 풀어 보세요"

1 사진 앨범을 다음 조건에 맞게 만드세요. 제목을 수정하세요.

[조건] • 모든 그림 아래에 캡션 넣기, 그림 2개, 단순형 프레임, 흰색

2 사진 앨범의 슬라이드 배경색을 변경하세요. '생태계.pptx'로 저장해 보세요.

도형 슬라이드 만들기

프레젠테이션에서는 도형으로 내용의 이해도와 집중도를 높이는데 필요합니다. 시각적 효과를 높일 수 있는 도형으로 핵심 슬라이드를 만들 수 있습니다.

>> 도형을 그리는 방법을 알아봅니다.
>> 도형의 서식을 지정하는 방법을 알아봅니다.
>> 도형의 텍스트 편집과 도형 복사 방법을 알아봅니다.

배울 내용 미리보기

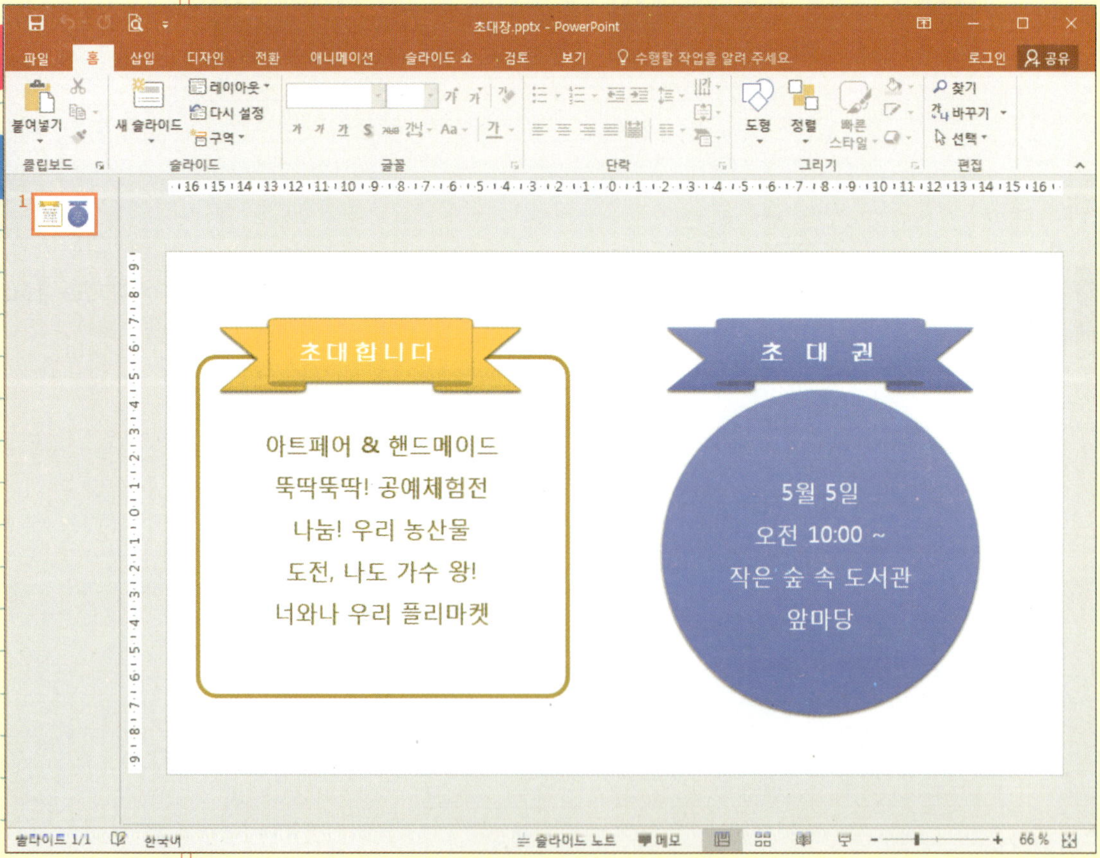

▲ 파일명 : 초대장.pptx

01 도형 그리기

1 [새 프레젠테이션]을 실행한 후 [빈 화면]으로 슬라이드 레이아웃을 변경합니다. ❶ **[홈] 탭**의 **[그리기] 그룹**에서 ❷ **[자세히]** 단추를 클릭한 후 ❸ [별 및 현수막]의 **[위쪽 리본]**을 선택합니다.

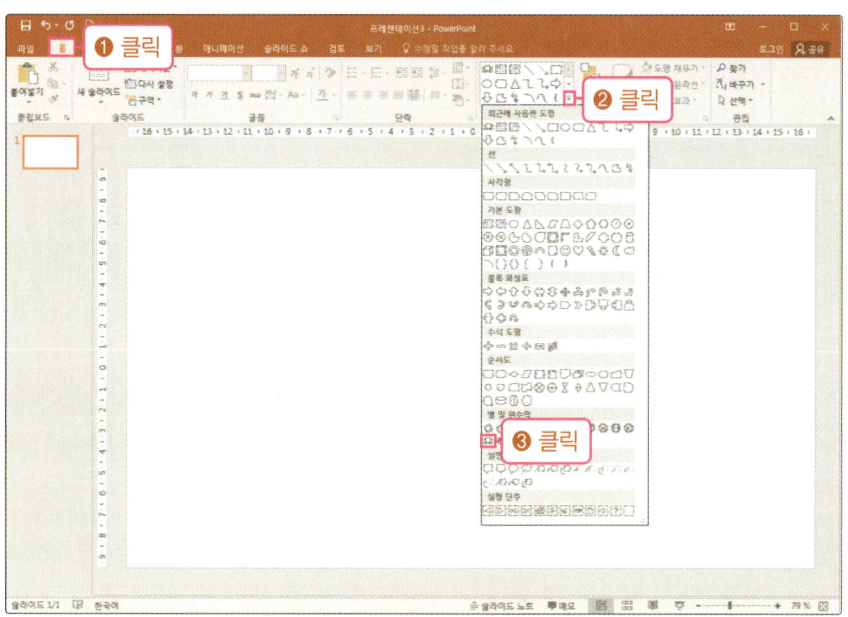

2 [위쪽 리본]을 드래그하여 배치한 후 노란색 조절점을 왼쪽으로 드래그하여 모양을 변형합니다.

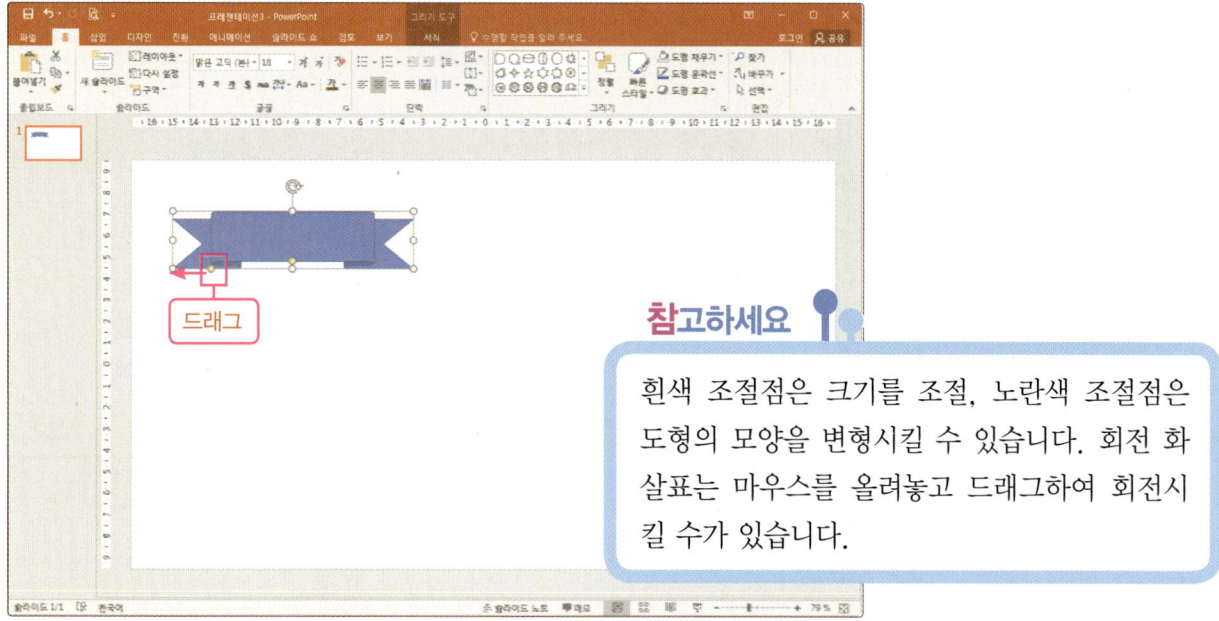

참고하세요

흰색 조절점은 크기를 조절, 노란색 조절점은 도형의 모양을 변형시킬 수 있습니다. 회전 화살표는 마우스를 올려놓고 드래그하여 회전시킬 수가 있습니다.

02 도형 스타일과 정렬

1 ❶ [위쪽 리본]을 선택한 상태에서 ❷ [홈] 탭의 [그리기] 그룹에서 ❸ [빠른 스타일]의 ❹ [테마스타일]을 [강한 효과–황금색, 강조 4]를 선택합니다.

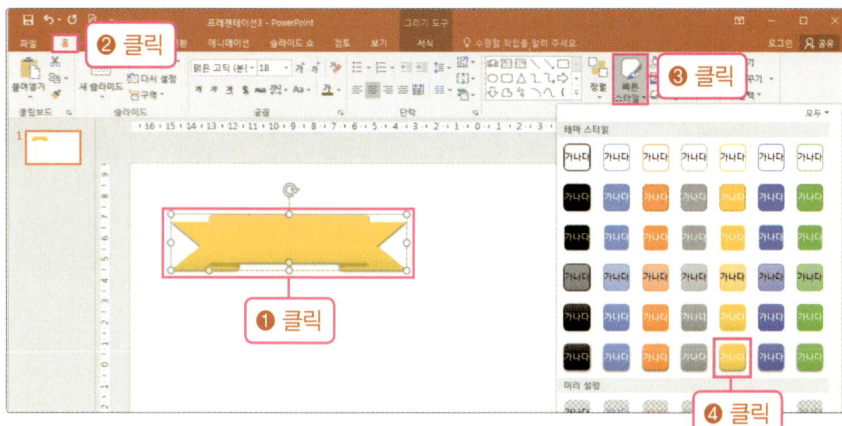

2 도형을 선택한 상태에서 [홈] 탭의 [그리기] 그룹에서 ❶ [도형 윤곽선]의 목록 단추를 눌러 ❷ [테마 색]을 [황금색, 강조4 – 25% 더 어둡게]를 선택합니다.

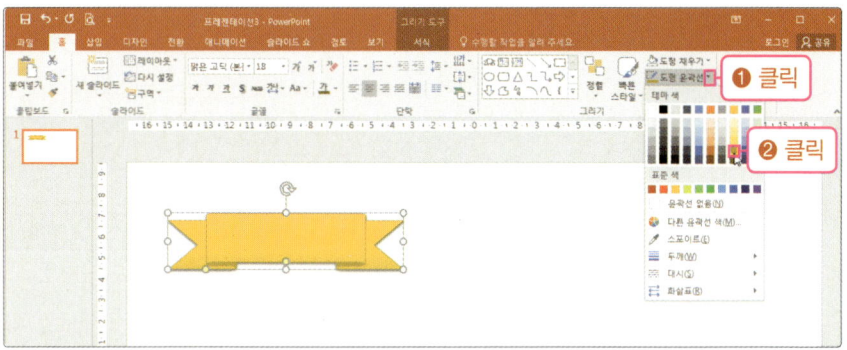

 참고하세요

스타일을 먼저 적용한 후 색을 선택하여 색을 다양하게 수정할 수 있습니다.

3 도형에 텍스트를 입력하려면 도형을 선택한 상태에서 키보드로 바로 입력합니다. 텍스트를 입력하고 그림처럼 글꼴을 변경합니다.

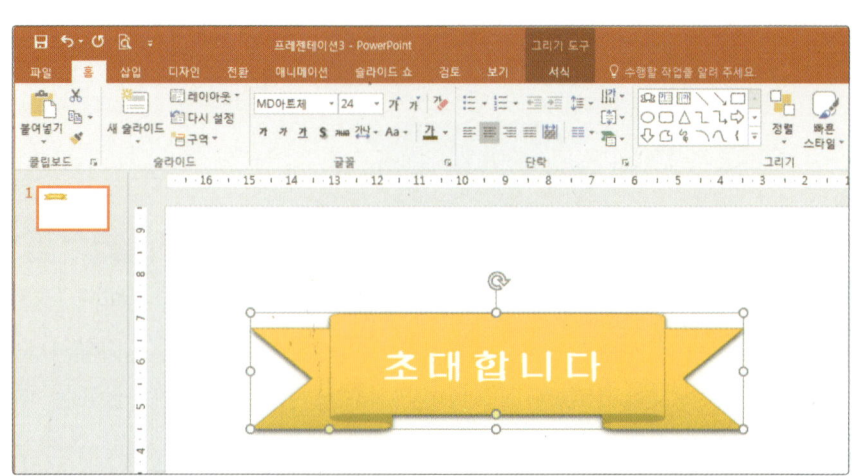

 참고하세요

도형과 텍스트를 분리하려면 [텍스트 상자]를 이용해서 입력한 후 도형 위에 놓으세요.

④ 하단의 도형을 그리기 위해 ❶ [홈] 탭의 [그리기] 그룹에서 [자세히] 단추를 클릭한 후 ❷ [사각형]의 [모서리가 둥근 직사각형]을 선택합니다.

⑤ 사각형 왼쪽 위의 ❶ [노란색] 조절점을 왼쪽으로 드래그하여 모서리를 펴줍니다.

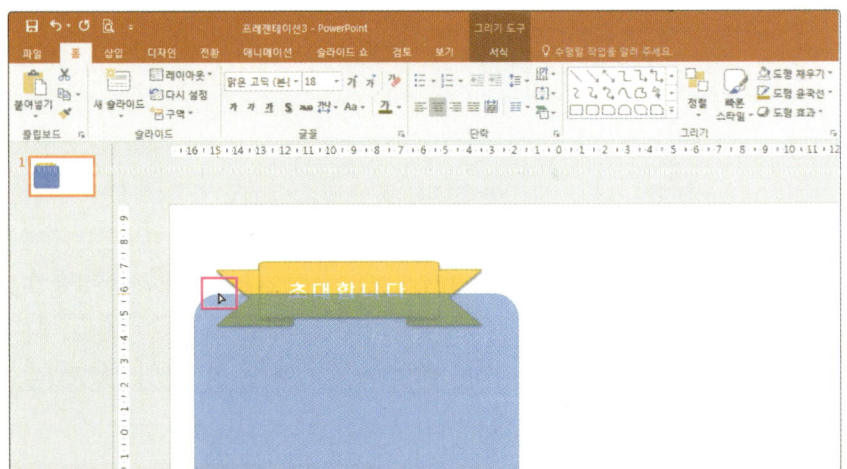

⑥ [모서리가 둥근 직사각형]을 [위쪽 리본] 뒤로 보내기 위해 ❶ 도형을 선택한 후 ❷ [홈] 탭의 [그리기] 그룹에서 ❸ [정렬]을 클릭한 후 ❹ [맨 뒤로 보내기]로 선택합니다.

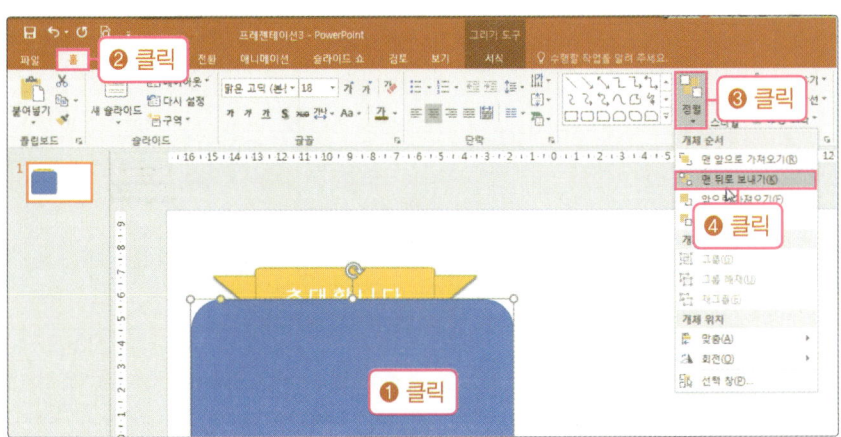

7 [사각형]이 리본 뒤로 배치됩니다. 도형을 투명한 도형으로 만들기 위해 ❶ [사각형]을 선택한 후 ❷ [도형 채우기]의 목록 단추를 누른 후 ❸ [채우기 없음]을 선택합니다.

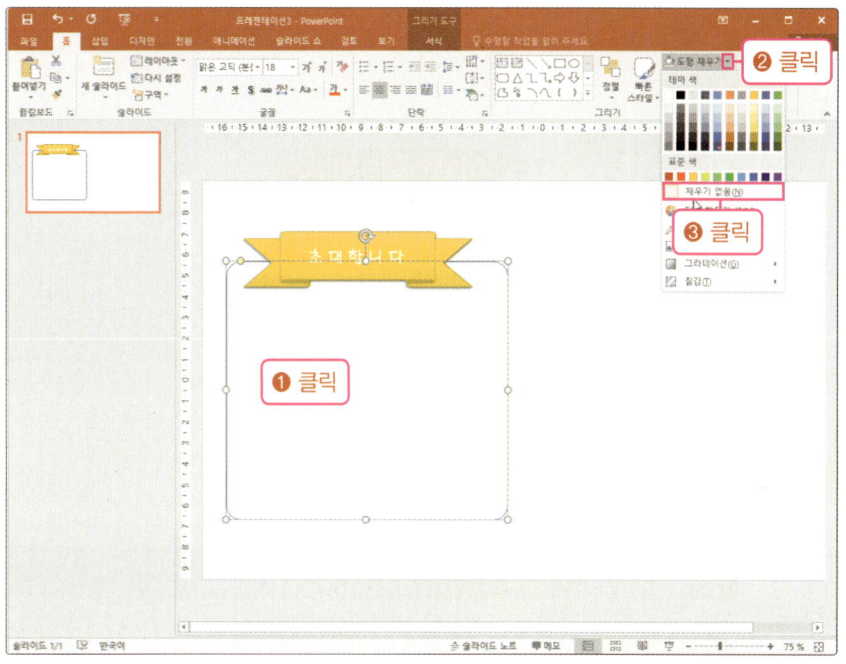

8 도형의 [테두리 색]과 [굵기]를 변경합니다. ❶ 사각형을 선택한 후 ❷ [홈] 탭의 [그리기] 그룹에서 [도형 윤곽선]의 목록 단추를 누른 후 ❸ [테마 색]의 [강한 효과-황금색, 강조4, 25% 더 어둡게]를 선택합니다. ❹ 다시 [도형 윤곽선]의 [두께]를 ❺ [4$^{1/2}$pt]를 선택하여 굵기를 변경합니다.

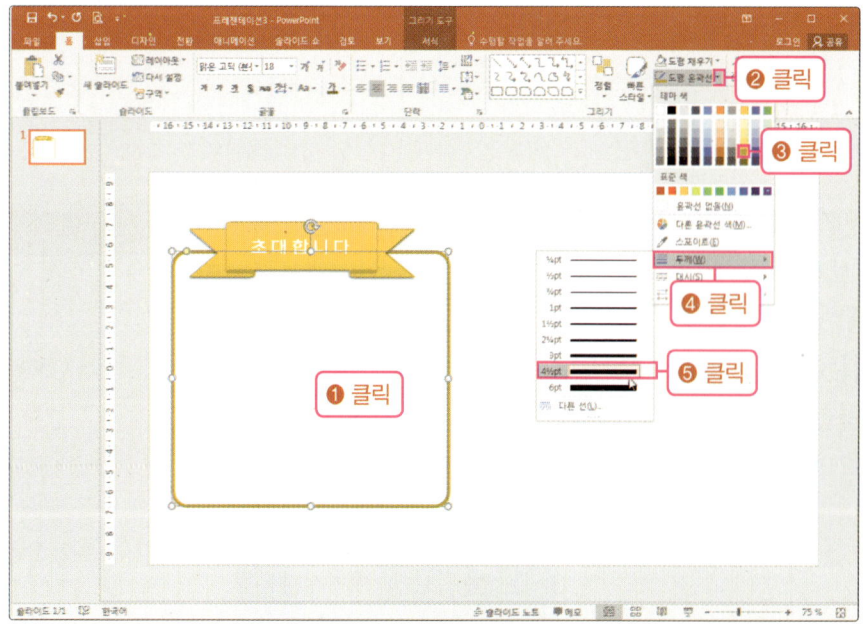

도형 텍스트 입력과 텍스트 맞춤

1 도형을 선택한 후 키보드를 누르면 바로 입력이 가능합니다. 도형을 선택한 상태에서 글꼴은 [맑은 고딕, 24pt], 글꼴 색은 [황금색, 강조4, 50% 더 어둡게]로 설정합니다. 줄간격은 [1.5]로 설정한 후 다음과 같이 입력합니다.

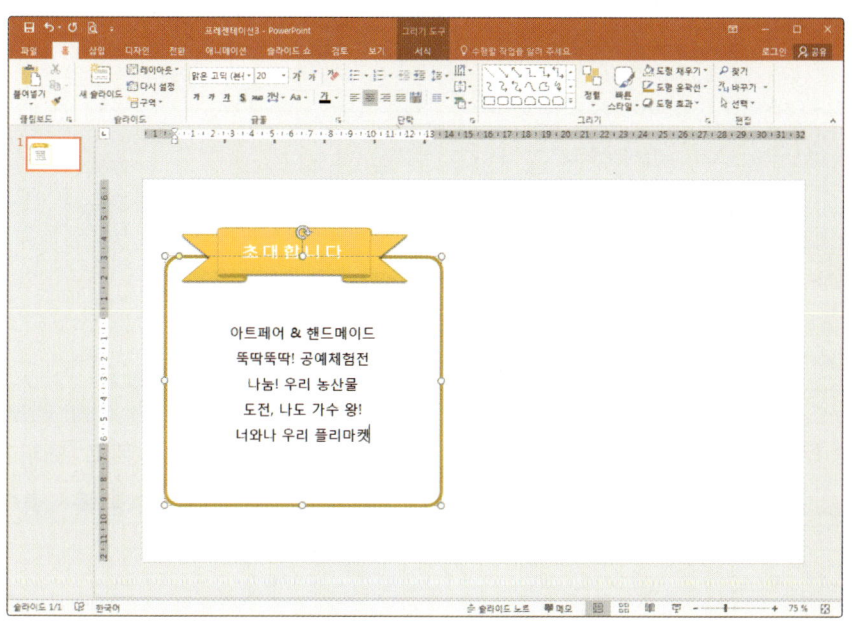

2 도형에 텍스트를 입력하면 텍스트가 아래 또는 위쪽에 배치되는 경우가 있습니다. 도형 안의 텍스트의 배치를 수정하려면 도형을 선택한 후 ❶ [홈] 탭의 [단락] 그룹에서 ❷ [텍스트 맞춤]을 클릭한 후 ❸ [아래쪽] 또는 [위쪽], [중간]을 선택합니다. 여기서는 중간에 맞춥니다.

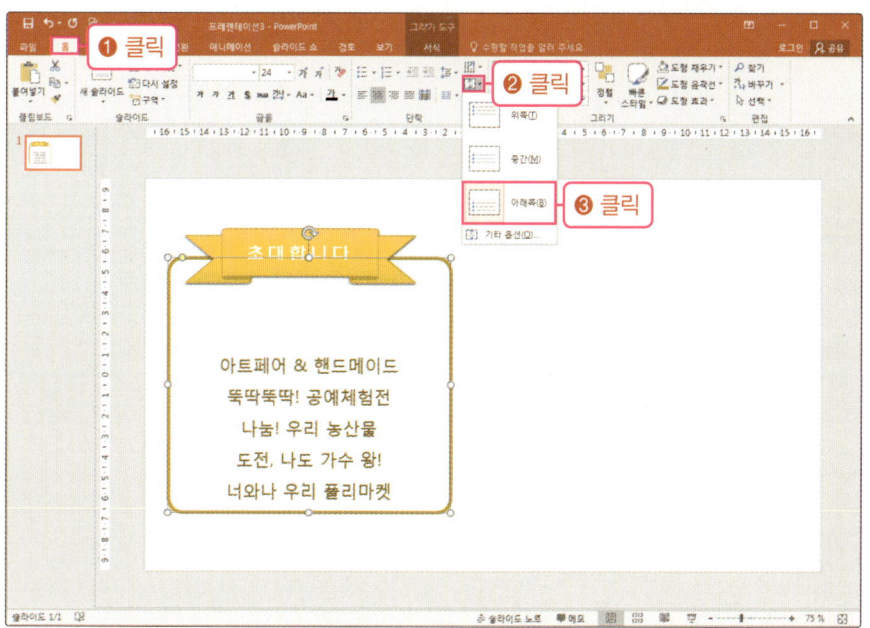

04 도형 복사와 정원그리기

1 도형을 복사하기 위해 [위쪽 리본]을 선택한 후 ❶ **Ctrl 을 누른 채** 오른쪽으로 드래그합니다. 드래그를 하면 빨간 점선의 스마트 그리드가 표시됩시다. 그리드를 보면서 수평과 간격을 맞춥니다.

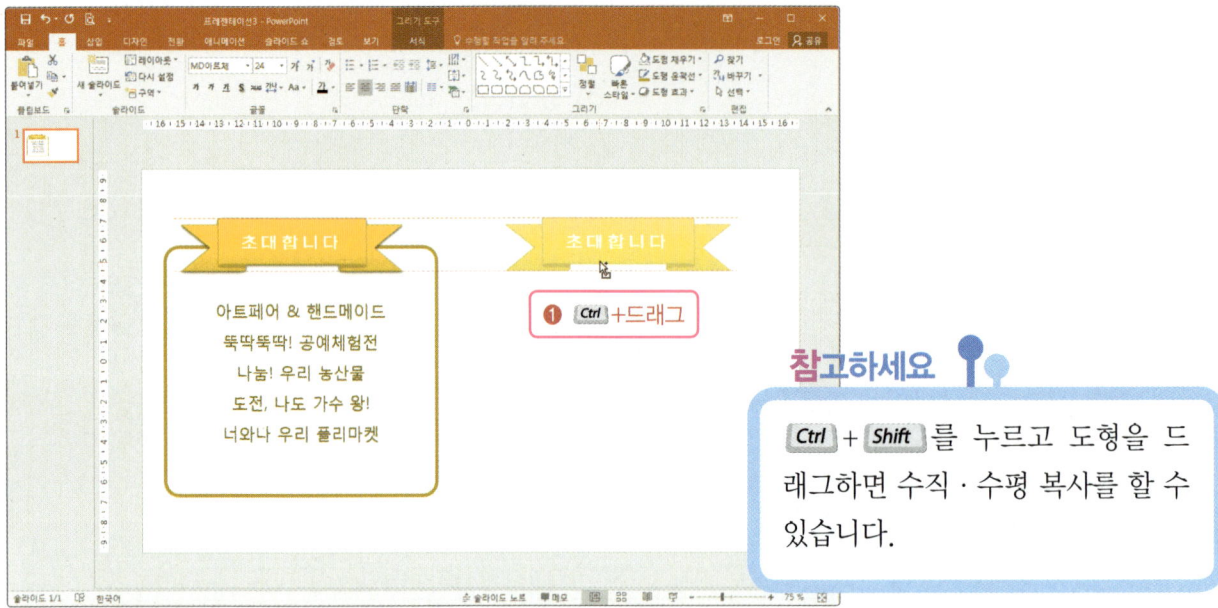

참고하세요

Ctrl + Shift 를 누르고 도형을 드래그하면 수직·수평 복사를 할 수 있습니다.

2 원형을 삽입하려면 [홈] 탭의 [그리기] 그룹에서 [자세히] 단추를 누른 후 ❷ [기본 도형]의 **[타원]**을 선택한 후 정원을 그리기 위해 ❶ **Shift 를 누른 채 드래그**합니다.

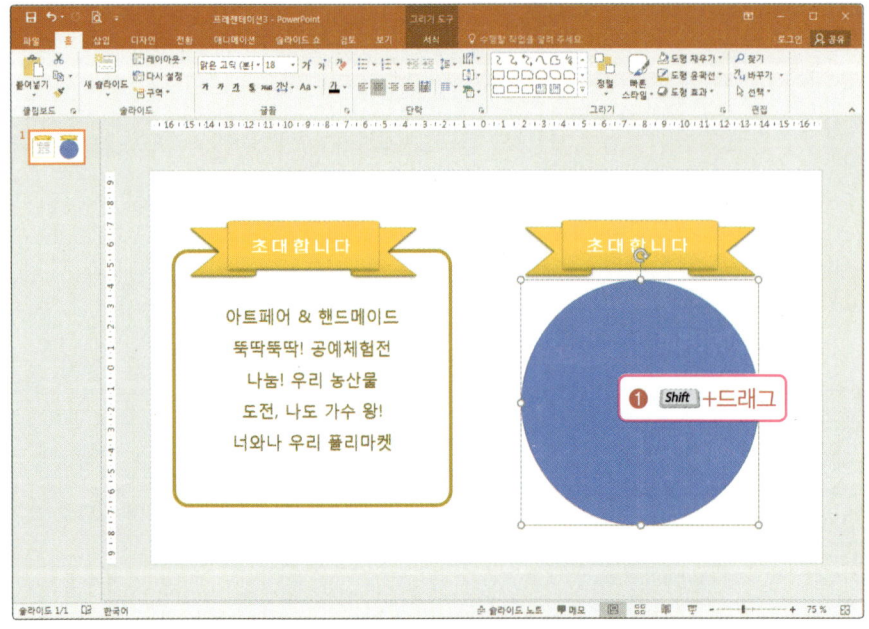

③ 빠른 스타일의 [강한 효과 – 파랑, 강조1]로 색을 바꿉니다. 도형이 선택된 상태에서 [맑은 고딕, 24pt, 흰색]을 설정하고, 줄 간격은 [1.5]줄로 설정한 후 다음과 같이 텍스트를 입력합니다.

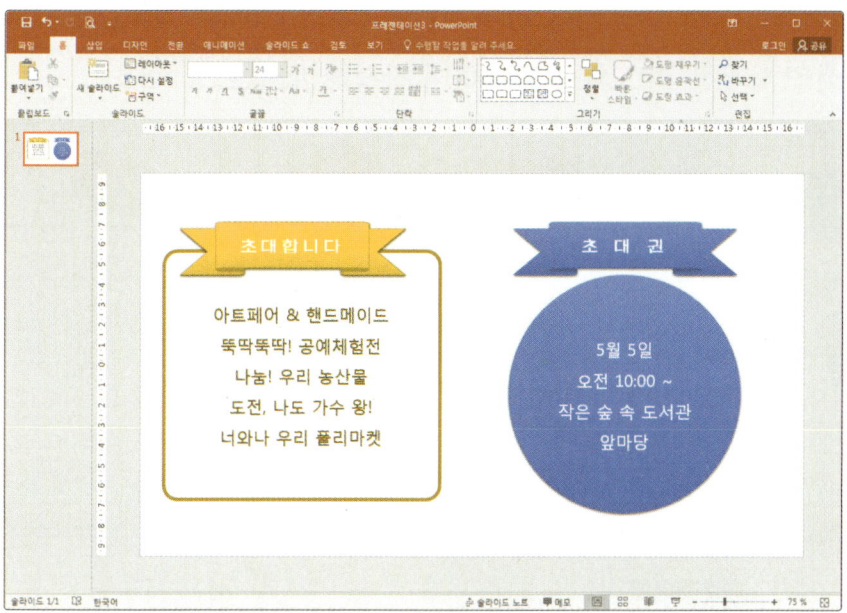

참고하세요

정원·정사각형그릴때 : Shift 를 누른 채 드래그
복사 : Ctrl 을 누른 채 드래그
수평·수직 복사 : Ctrl + Shift 드래그
그룹 : 도형을 선택한 후 Ctrl + G
도형 이동할 때 : 키보드의 방향키
세밀하게 이동할 때 : Ctrl 을 누른 채 방향키

"혼자 풀어 보세요"

1 [새 프레젠테이션]을 시작한 후 도형을 이용하여 작성해 보세요.

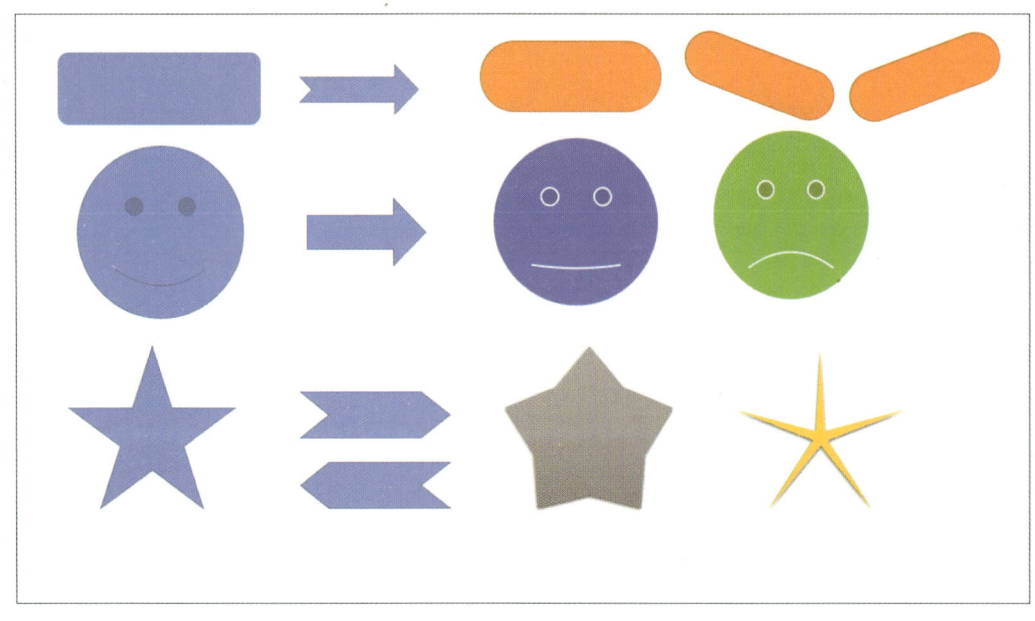

2 1번 문제에 에어 [빈 화면] 슬라이드를 추가하여 작성해 보세요. '도형연습.pptx'로 저장해 보세요.

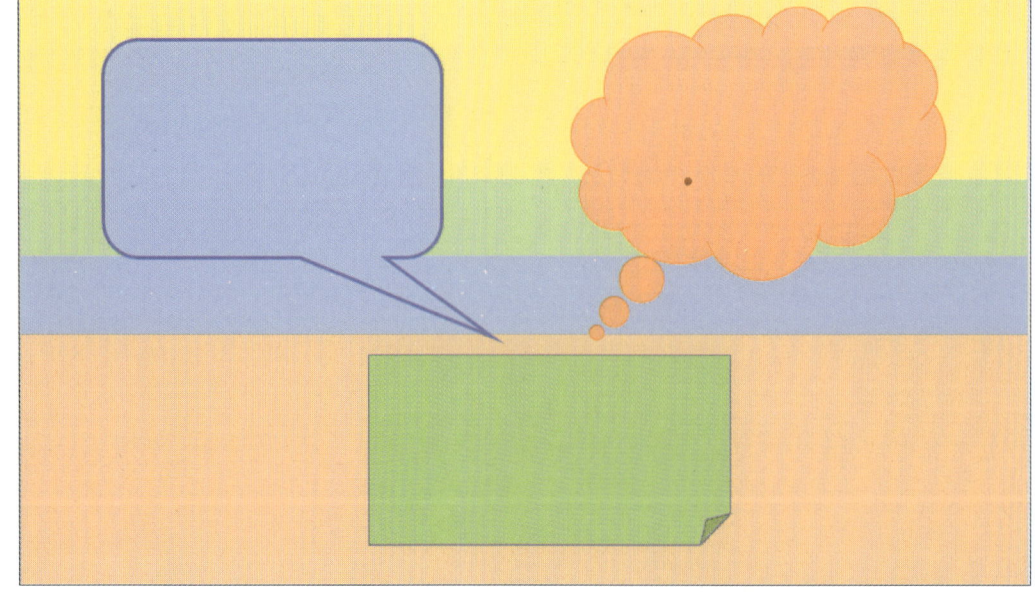

"혼자 풀어 보세요"

3 [새 프레젠테이션]을 시작한 후 작성해 보세요.

4 3번 문제에 에어 [빈 화면] 슬라이드를 추가하여 작성해 보세요. 'sns.pptx'로 저장해 보세요.

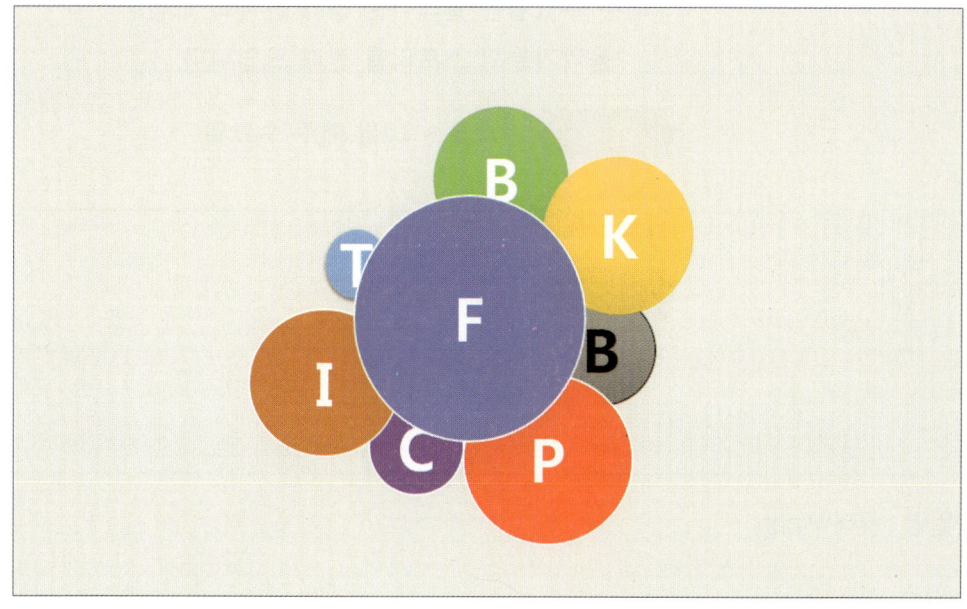

도형 편집하기

도형의 결합기능으로 다양한 도형을 만들어 낼 수 있으며, 텍스트 상자를 이용해서 텍스트를 자유롭게 입력할 수 있습니다.

▶▶ 텍스트 상자 사용 방법을 알아봅니다.
▶▶ 도형의 결합 방법을 알아봅니다.

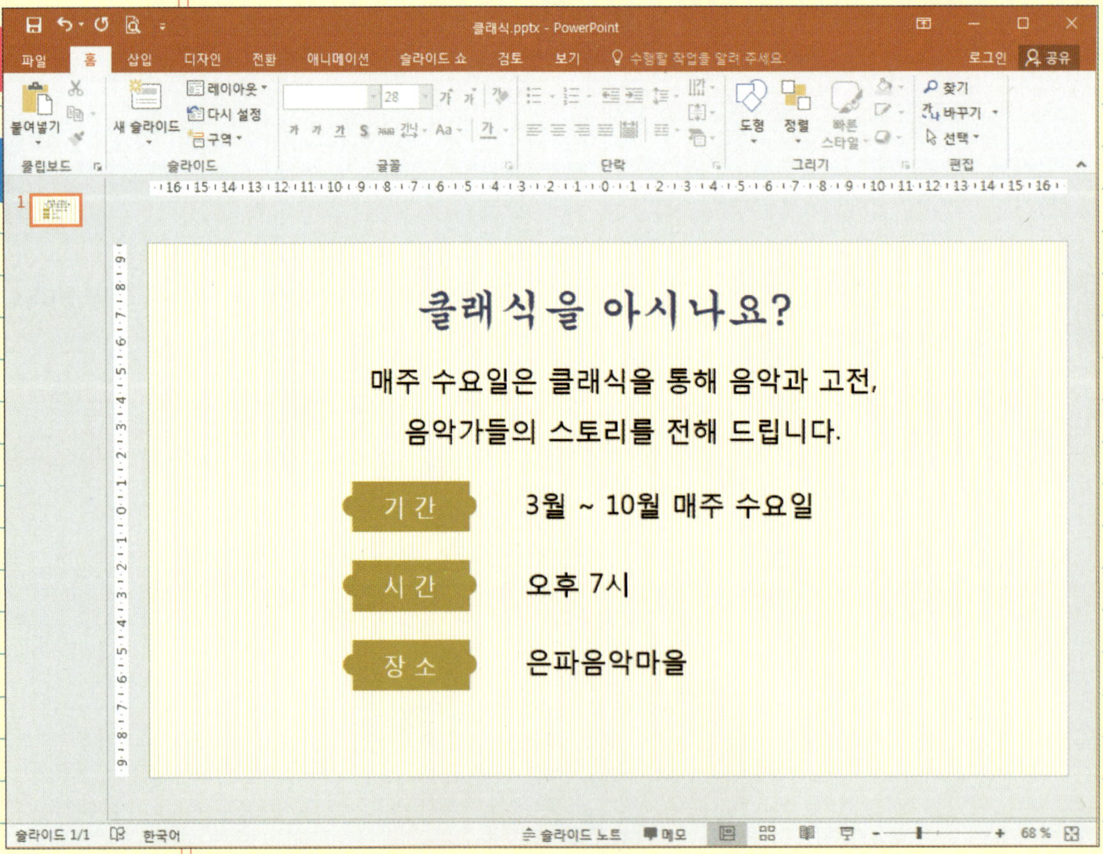

▲ 파일명 : 클래식.pptx

01 텍스트 도형 그리기

1 [새 프레젠테이션]을 실행한 후 [제목만] 슬라이드 레이아웃을 변경합니다. 슬라이드 배경을 바꾸기 위해 ❶ [디자인] 탭의 [사용자 지정] 그룹에서 ❷ [배경 서식]을 클릭합니다.

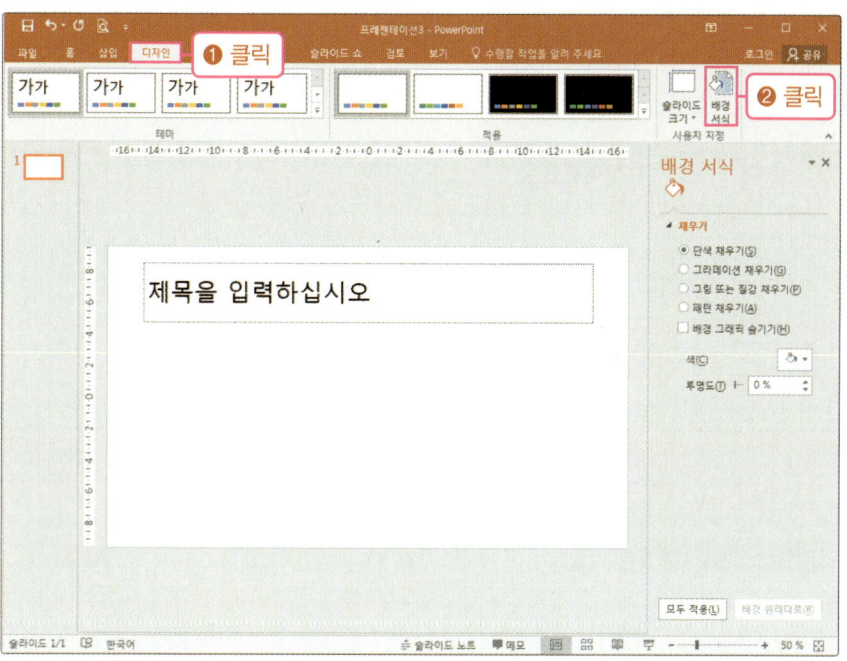

2 [배경 서식]의 ❶ [패턴 채우기]를 선택한 후 ❷ [패턴]은 [밝은 수직선]을 선택합니다. 패턴의 색을 바꾸기 위해 ❸ [전경색]의 페인트통 목록 단추를 클릭한 후 ❹ [황금색, 강조4, 60% 더 밝게]를 선택합니다. ❺ [배경 서식] 창을 닫습니다.

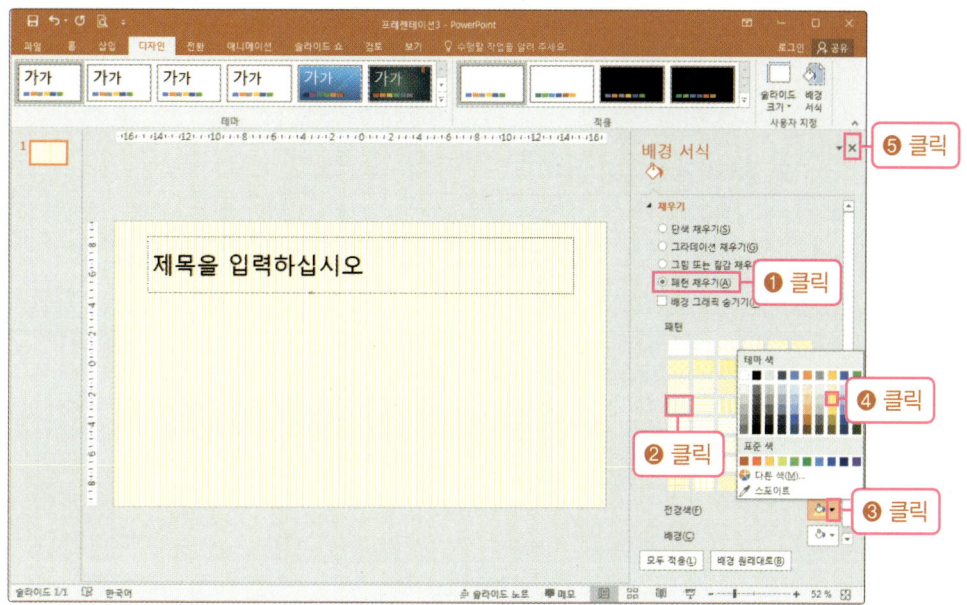

3 [제목]을 입력하고 글꼴은 [HY궁서B], 크기는 [44pt], 글꼴 색은 [파랑, 강조 5, 50% 더 어둡게], [가운데 맞춤]을 지정합니다.

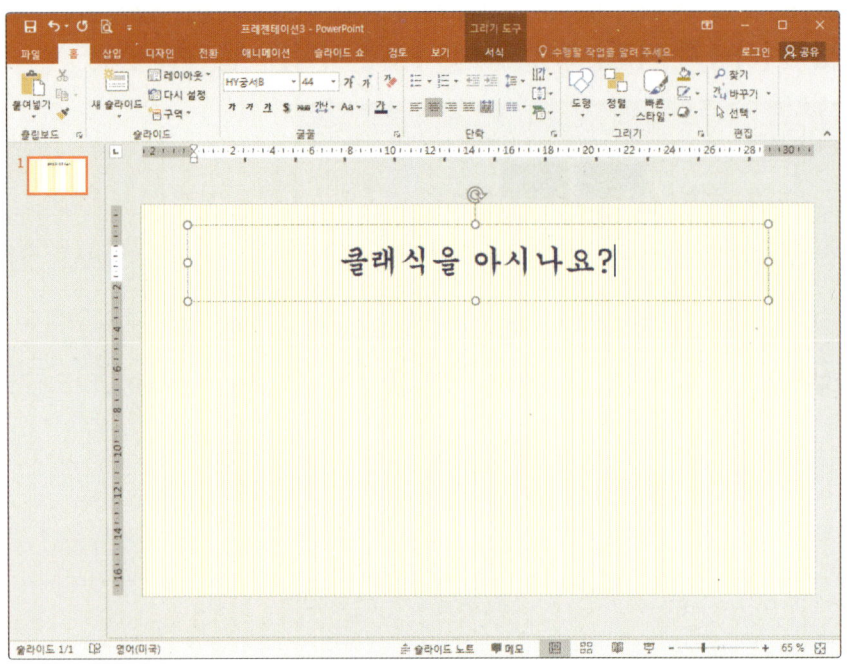

4 [텍스트 상자]를 이용해 텍스트를 삽입할 수 있습니다. ❶ [홈] 탭의 [그리기] 그룹에서 ❷ [도형]의 ❸ [기본 도형]을 [가로 텍스트 상자]로 선택합니다.

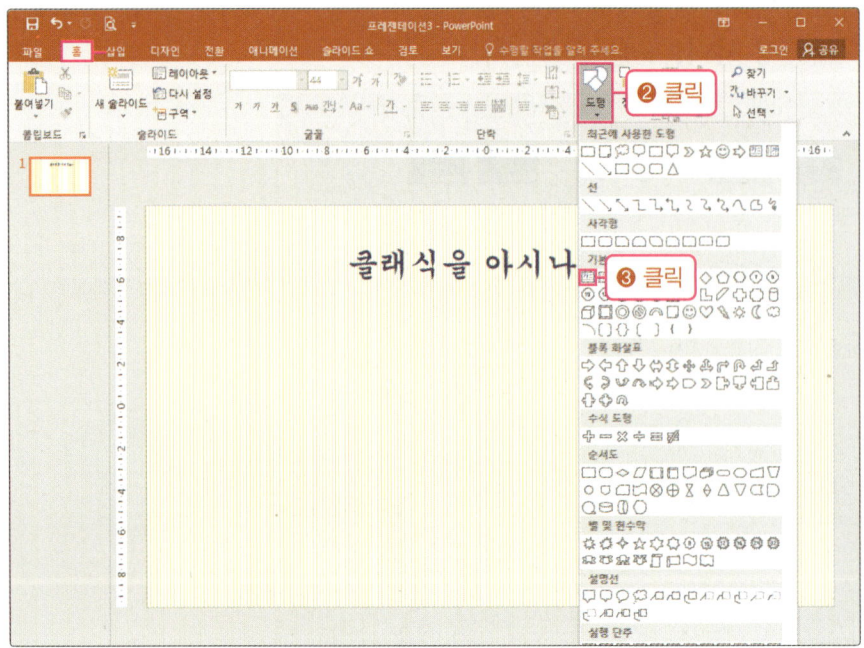

⑤ 슬라이드에 클릭하면 [가로 텍스트 상자]가 삽입됩니다.

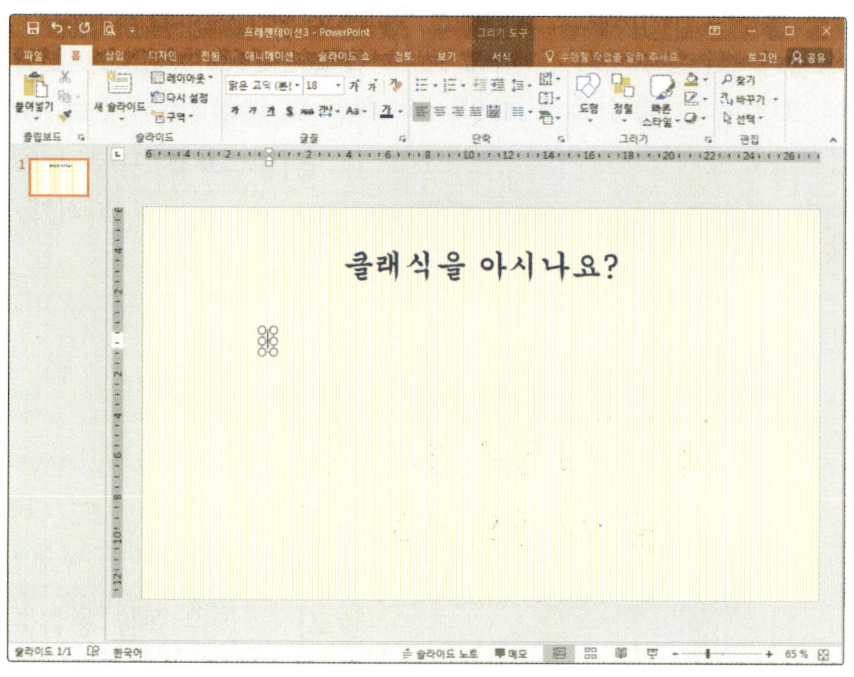

⑥ 그림과 같이 내용을 입력하고 글꼴은 [맑은 고딕], 크기는 [28pt], [가운데 맞춤], 줄 간격은 [1.5]을 지정합니다. 텍스트 상자를 드래그하여 슬라이드에 배치합니다.

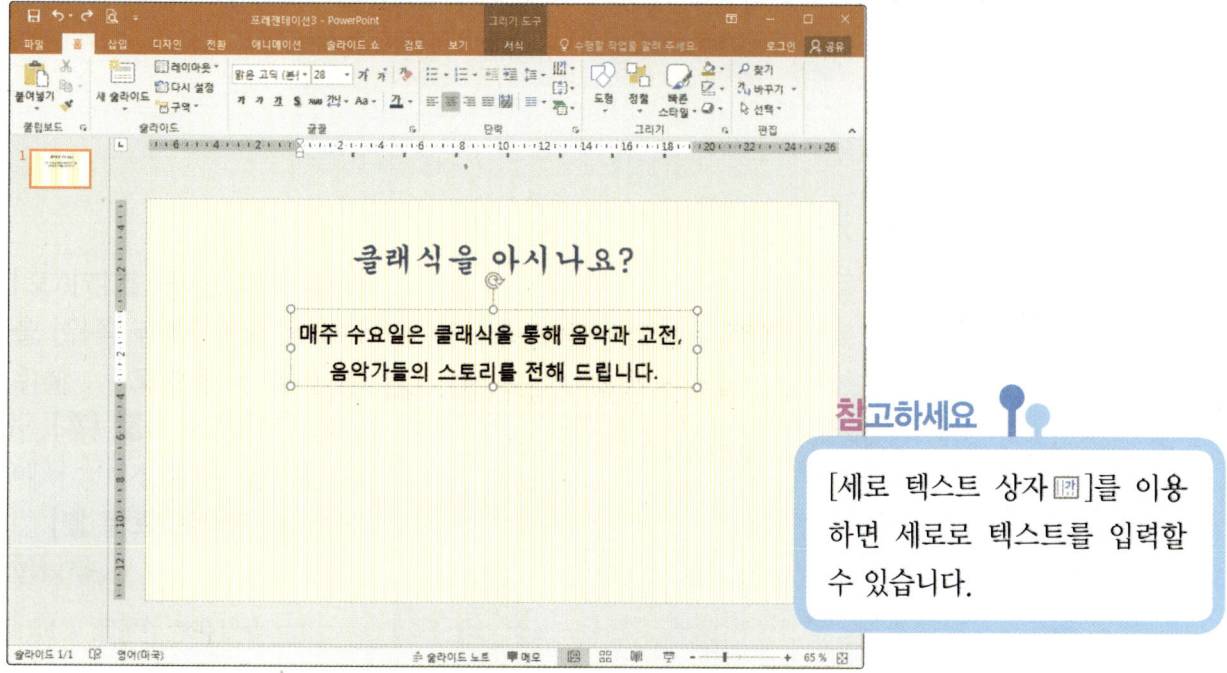

참고하세요

[세로 텍스트 상자]를 이용하면 세로로 텍스트를 입력할 수 있습니다.

02 도형 결합하기

1 [홈] 탭에서 [그리기] 그룹에서 [도형]에서 [사각형]의 [사각형]을 선택하여 그리고 [타원]을 `Shift`를 누른 채 왼쪽에 그립니다. ❶ 왼쪽의 **[타원]**을 선택한 후 `Ctrl`과 `Shift`를 누른 채 오른쪽으로 드래그하여 복사하고 배치합니다.

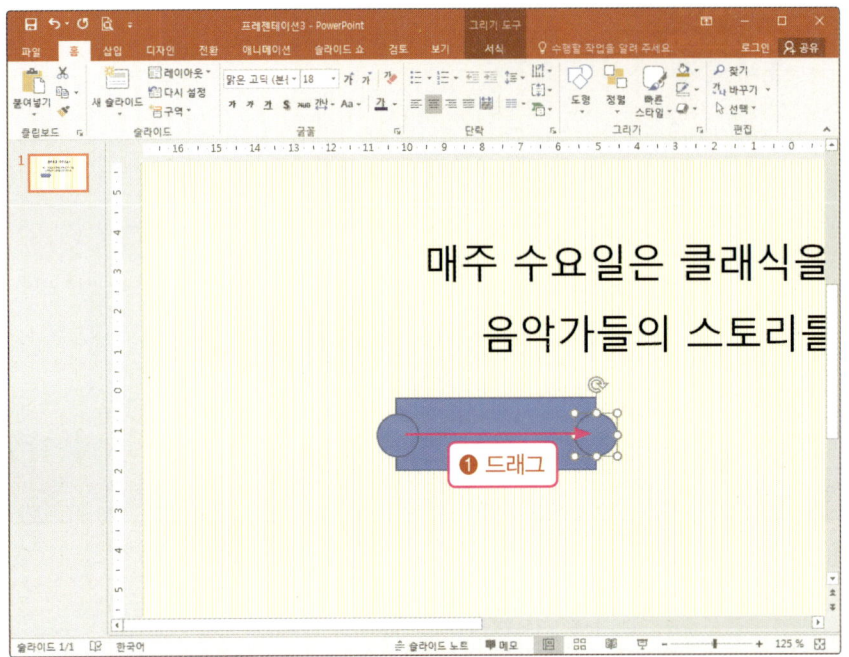

> **참고하세요**
>
> `Ctrl`+드래그하면 복사만 되고, `Ctrl`+`Shift`+드래그하면 수평·수직 복사가 됩니다. `Ctrl`만 누르고 복사하는 경우 빨간 점선의 [스마트 그리드]를 확인하면서 배치하세요.

2 세 개의 도형이 충분히 감쌀 만큼 드래그하여 영역을 지정합니다.

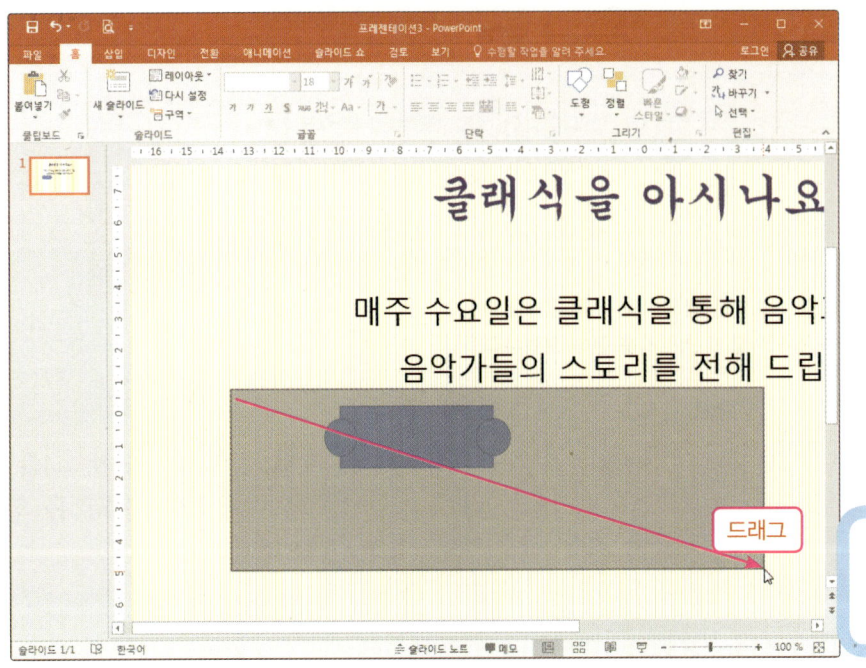

> **참고하세요**
>
> `Ctrl` 또는 `Shift`를 누른 채 클릭하여 선택할 수 있어요.

③ 선택한 도형들을 병합하여 새로운 도형을 만들 수 있습니다. ❶ [그리기 도구]-[서식] 탭의 [도형 삽입] 그룹에서 ❷ [도형 병합]의 목록 단추를 클릭한 후 ❸ [병합]을 선택합니다.

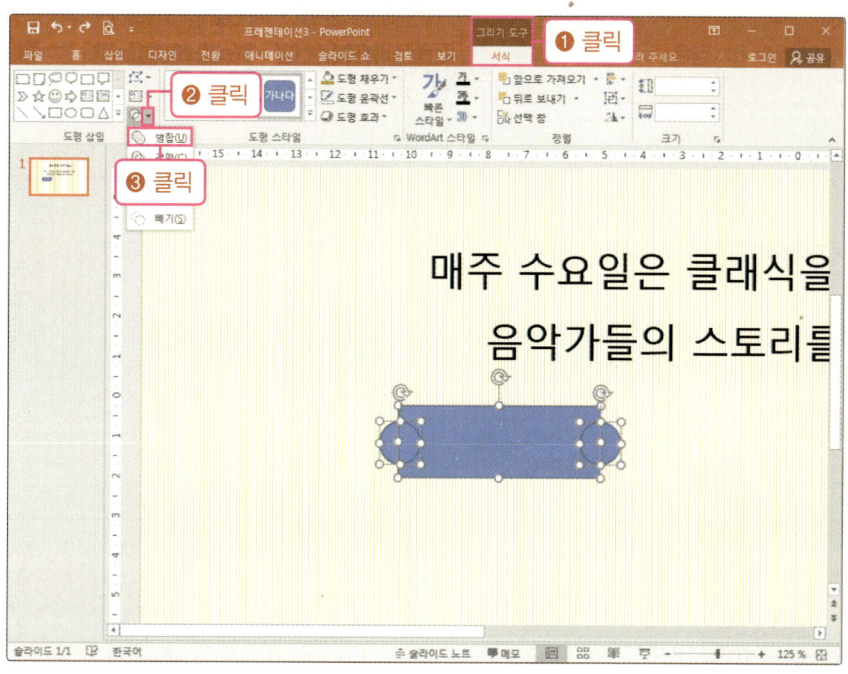

④ 세 도형이 병합되어 새로운 도형이 되었습니다. ❶ [그리기 도구]-[서식] 탭의 [도형 스타일] 그룹에서 ❷ [도형 채우기]의 목록 단추를 클릭한 후 [황금색, 강조4, 25% 더 어둡게]로, [도형 윤곽선]은 [윤곽선 없음]으로 선택합니다.

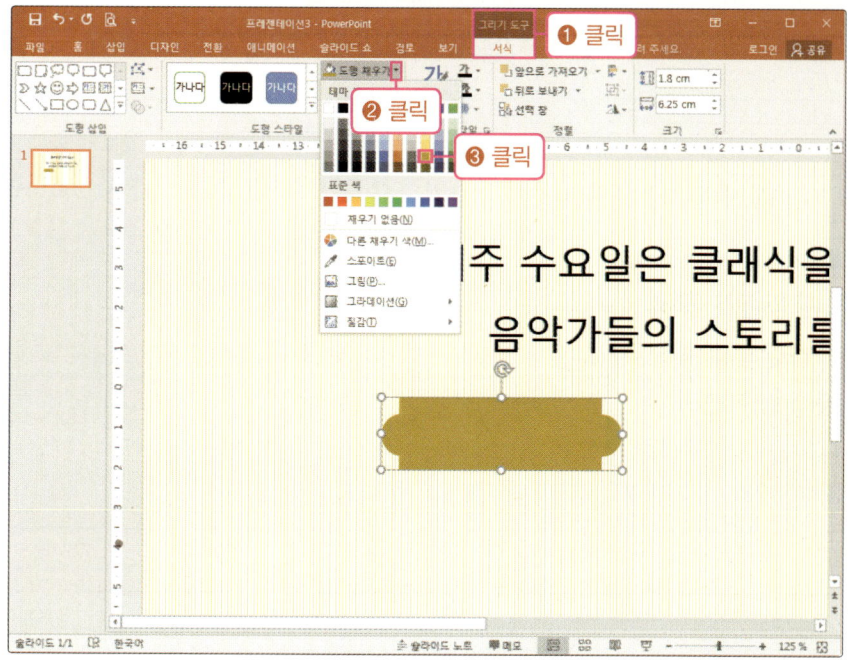

5 도형을 선택한 후 ❶ Ctrl 과 Shift 를 누른 채 아래로 드래그하여 두 개를 더 수직복사하여 배치합니다.

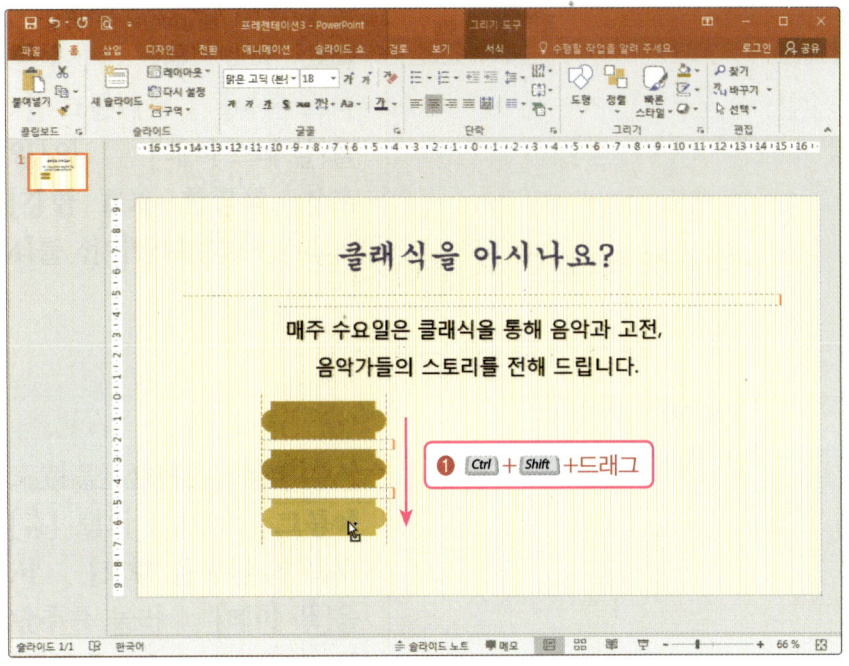

6 [텍스트 상자]를 이용하여 우측에 내용을 입력한 후 ❶ **모든 개체를 선택**하여 ❷ 글꼴 크기를 **[24pt]**로 지정합니다.

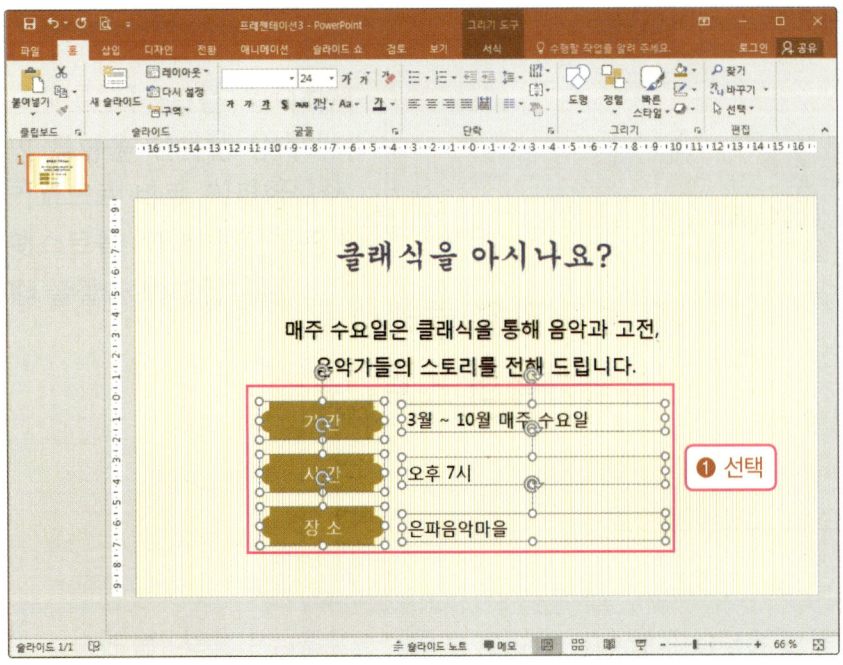

참고하세요

[정렬] 기능 알아보기

- 도형이나 그림 등 여러 개의 개체를 사용할 때 정렬 기능을 이용해 쉽게 배치할 수 있습니다.
- [홈] 탭의 [그리기] 그룹에서 [정렬] 또는 [그리기 도구]-[서식] 탭의 [정렬] 그룹

❶ 개체 순서
슬라이드에 삽입된 개체들의 순서를 배치합니다.

❷ 개체 그룹
도형이나 개체들을 하나의 개체로 그룹으로 만듭니다.

❸ 개체 위치 맞춤

- 세로로 배열된 여러 개체들 중 가장 왼쪽, 가운데, 오른쪽에 배치된 개체를 중심으로 정렬됩니다.

- 가로로 배열된 여러 개체들 중 가장 위쪽, 중간, 아래쪽에 배치된 개체를 중심으로 정렬됩니다.

- 선택한 개체들의 가로 간격 또는 세로 간격을 동일하게 조절합니다. [슬라이드에 맞춤]을 해제하면 전체 슬라이드 크기에 맞춰 [가로 간격] 또는 [세로 간격]을 동일하게 조절합니다.

❹ 개체 위치 회전

선택한 개체를 회전합니다.

"혼자 풀어 보세요"

1 [새 프레젠테이션]을 시작한 후 도형과 그림을 배치해 보세요.

2 1번 문제에 이어 텍스트 상자를 작성하고, 모든 개체를 그룹으로 묶어보세요. '사탕.pptx'로 저장해 보세요.

"혼자 풀어 보세요"

3 [새 프레젠테이션]을 시작한 후 작성해보세요.

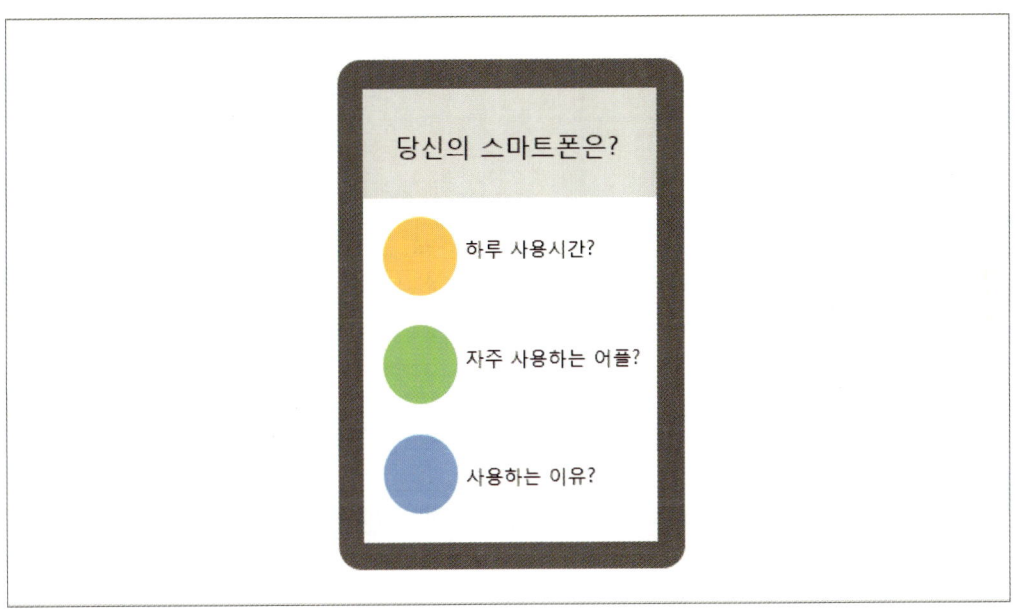

4 3번 문제에 이어 작성하세요. '스마트폰.pptx'로 저장해 보세요.

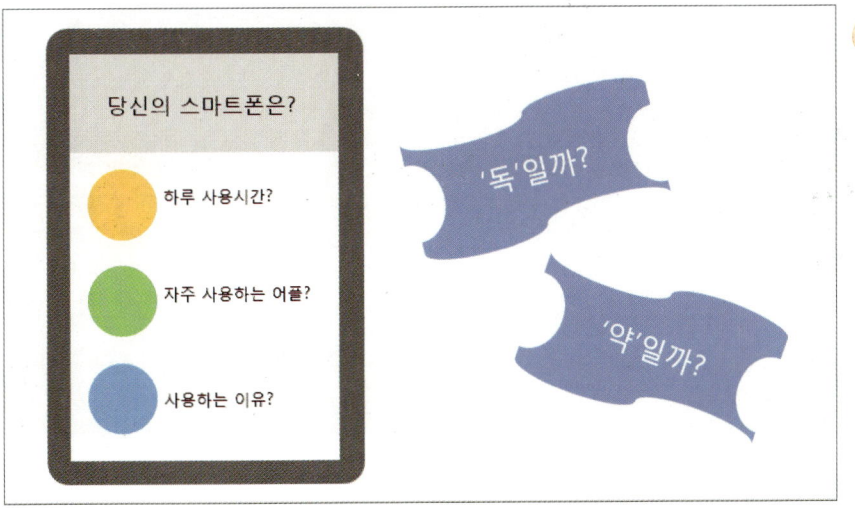

Hint
- [순서도:천공 테이프]와 [타원]을 그리세요. 타원을 맨 뒤로 배치하세요.
- [순서도:천공 테이프]를 선택하고, 왼쪽과 오른쪽 원형을 선택한 후 [그리기 도구]-[서식]-[도형 삽입]-[도형 병합] - [빼기]

13 워드아트 꾸미기

파워포인트에서는 텍스트를 워드아트 기능으로 돋보이게 할 수 있습니다. 일반 텍스트를 워드아트로 전환할 수 있으며, 워드아트를 바로 삽입할 수 있습니다.

▶▶ 워드아트 삽입과 변환 효과 방법을 알아봅니다.

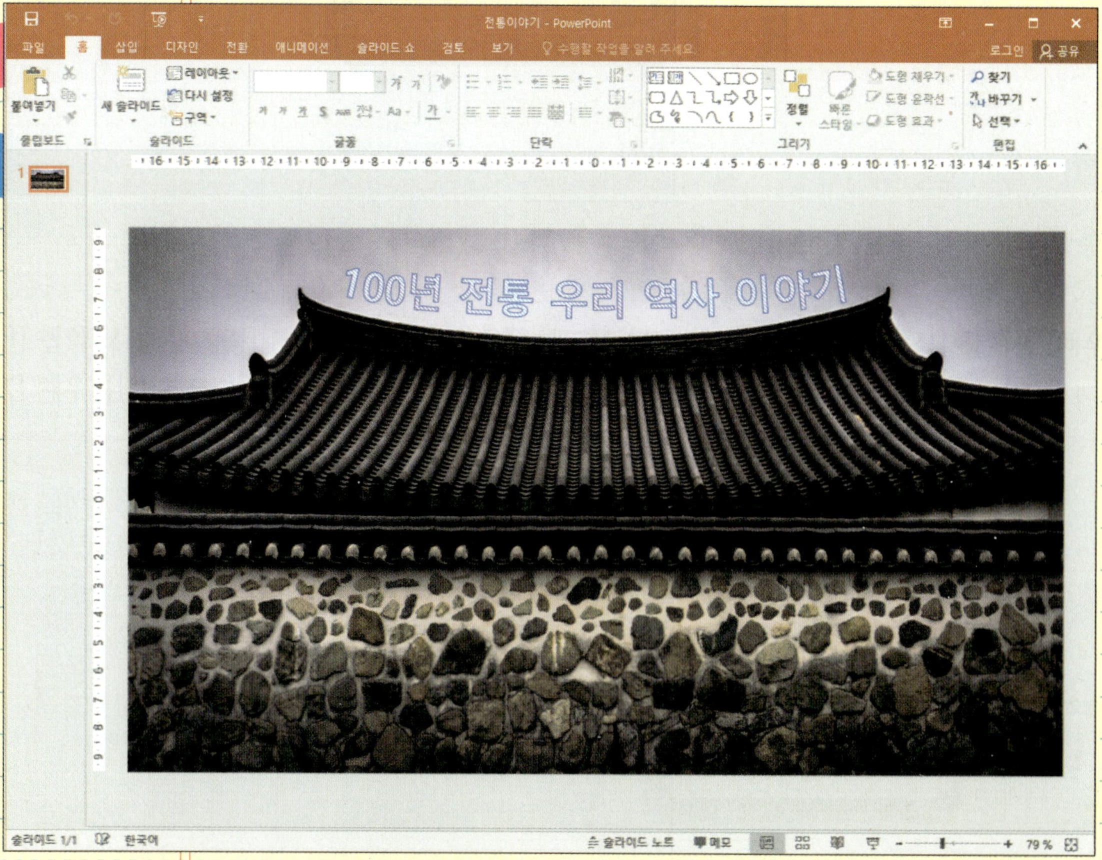

▲ 파일명 : 전통이야기.pptx

워드아트 삽입과 변환 효과

1 [새 프레젠테이션]을 실행한 후 [빈 화면]으로 슬라이드 레이아웃을 변경합니다. 그림을 슬라이드 배경으로 삽입하기 위해 ❶ [디자인] 탭의 [사용자 지정] 그룹에서 ❷ [배경 서식]의 ❸ [채우기]를 ❹ [그림 또는 질감 채우기]로 선택합니다. ❺ [파일]에서 그림을 선택합니다.

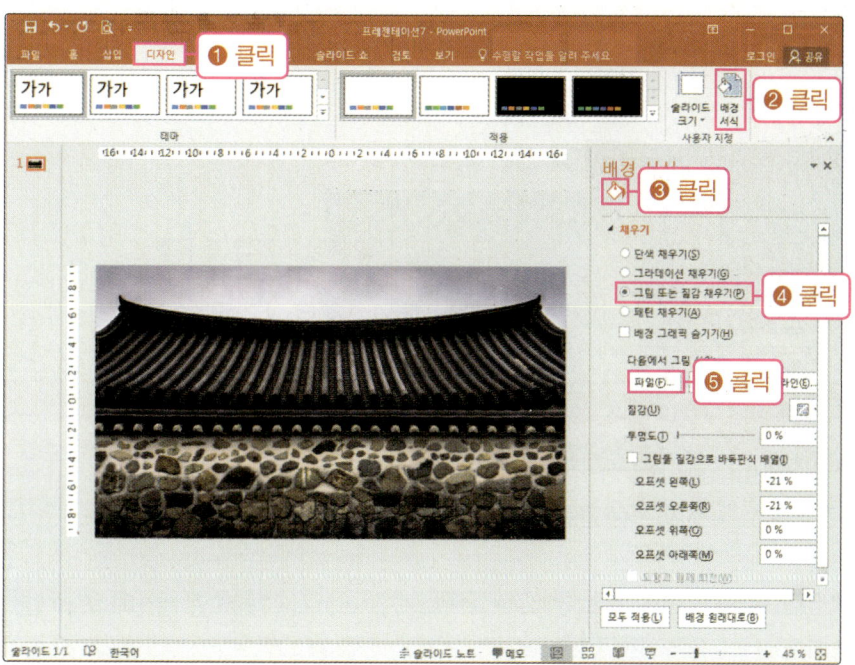

2 그림이 슬라이드에 모두 표시되게 하려면 ❶ [오프셋 왼쪽]과 [오프셋 오른쪽]의 위치를 [0]으로 맞춥니다.

③ [WordArt]를 삽입하기 위해 ❶ [삽입] 탭의 [텍스트] 그룹에서 ❷ [WordArt] 목록의 ❸ [무늬 채우기-파랑, 강조1, 연한 하향 대각선 윤곽선 – 강조 1]을 선택합니다.

④ 텍스트 입력상자가 열립니다.

5 다음과 같이 입력을 한 후 [홈] 탭의 [글꼴] 탭에서 [맑은 고딕, 40pt]으로 조절합니다.

6 삽입된 ❶ [WordArt]를 선택한 후 ❷ [그리기 도구] - [서식] 탭의 [WordArt 스타일] 그룹에서 ❸ [텍스트 효과]의 목록 단추를 클릭합니다. ❹ [변환]을 클릭하고 ❺ [모양]에서 [아래쪽 원호]를 선택합니다. 모양이 변형된 [WordArt]를 슬라이드 상단으로 배치합니다.

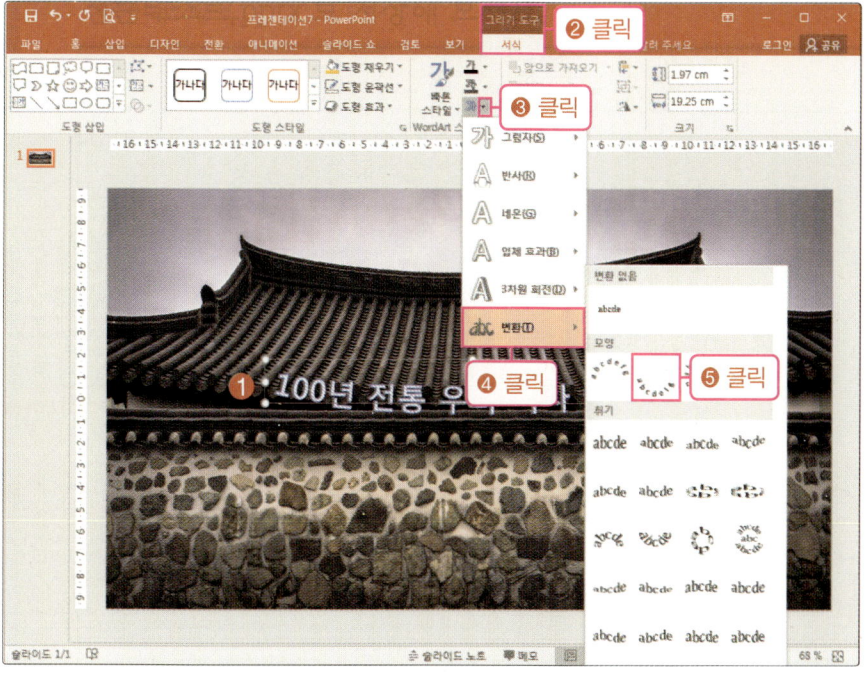

참고하세요

워드아트 서식을 이용해 텍스트를 꾸밀 수 있습니다. 텍스트 상자 또는 워드아트를 선택한 후 [그리기 도구]-[서식] 탭의 [WordArt] 그룹에서 [자세히] 단추를 클릭합니다.

- [텍스트 옵션]의 [단색 채우기]와 [텍스트 윤곽선]을 설정하여 텍스트를 꾸밀 수 있습니다.

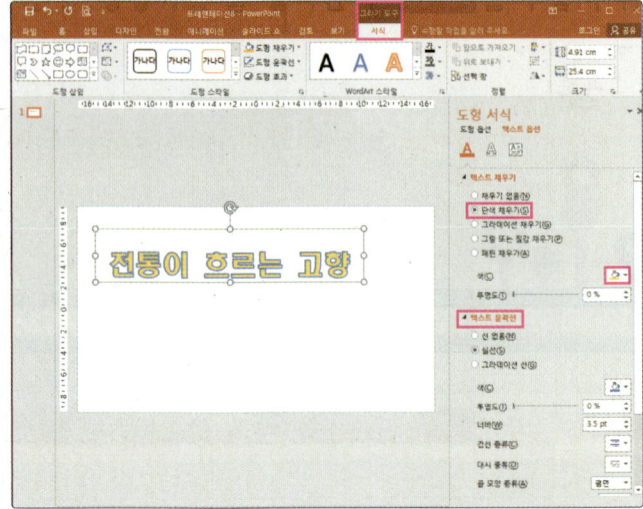

- [그림 또는 질감 채우기]를 이용해 컴퓨터에 있는 그림 또는 온라인 그림으로 채우기를 할 수 있습니다.

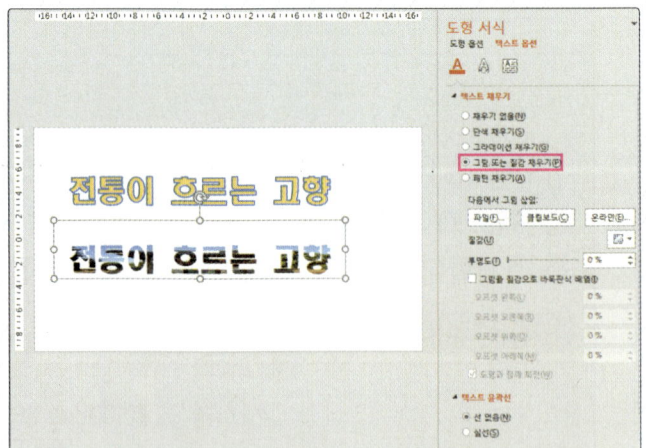

- [패턴 채우기]를 이용해 텍스트를 다양한 패턴으로 만들 수 있습니다.

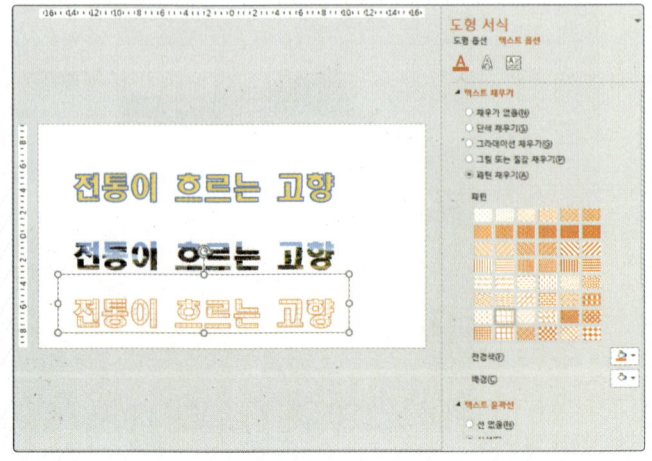

"혼자 풀어 보세요"

1. [새 프레젠테이션]을 시작한 후 작성해 보세요.

2. 1번 문제에 이어 작성하고 '제철음식.pptx'로 저장해 보세요.

14 스마트아트 삽입하기

도형을 쉽고 빠르게 입력할 수 있도록 도해화되어 있는 스마트아트가 있습니다. 메시지를 간략하게 정리하고 표현할 수 있습니다.

▶▶ 스마트아트 삽입 방법을 알아봅니다.

배울 내용 미리보기

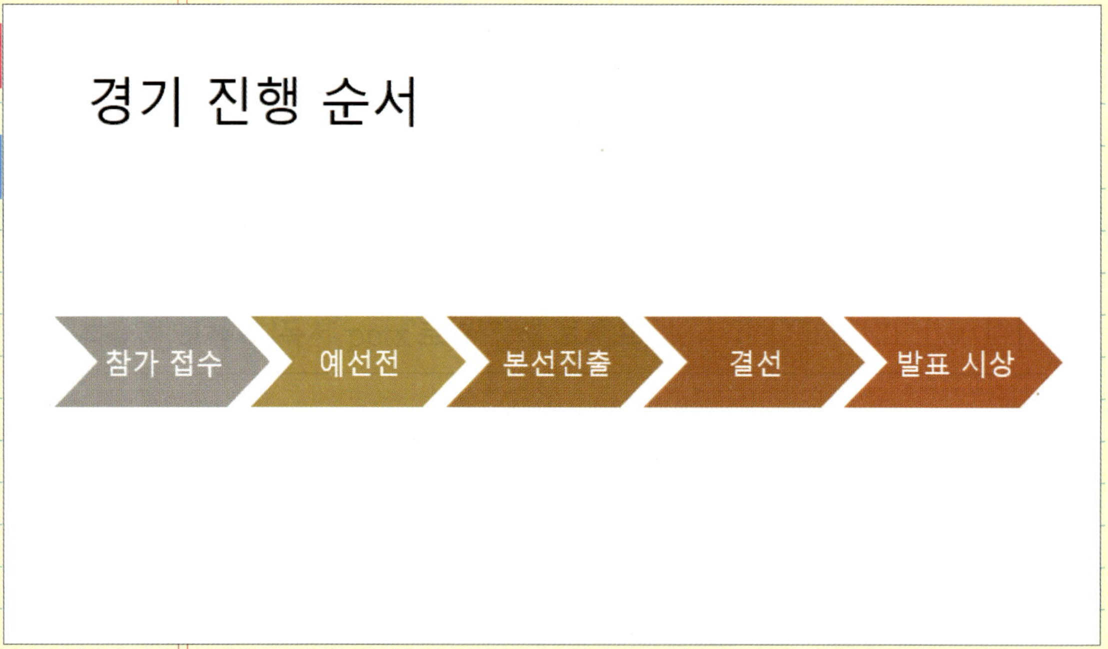

경기 진행 순서

참가 접수 → 예선전 → 본선진출 → 결선 → 발표 시상

▲ 파일명 : 로봇경기.pptx

스마트아트 삽입하기

1 [제목 및 내용] 슬라이드의 ❶ **제목을 입력**합니다. ❷ 텍스트 개체 틀의 **[SmartArt 그래픽 삽입]** 단추를 클릭합니다.

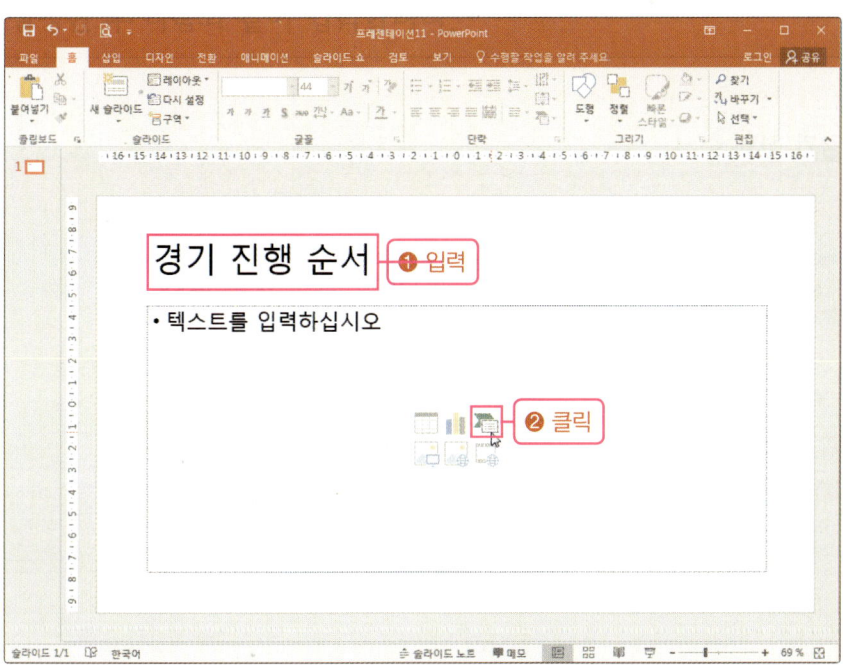

2 [SmartArt 그래픽 선택] 대화상자가 열리면 목록에서 ❶ **[프로세스형]**의 ❷ **[기본 갈매기형 수장 프로세스형]**을 선택한 후 ❸ **[확인]**을 클릭합니다.

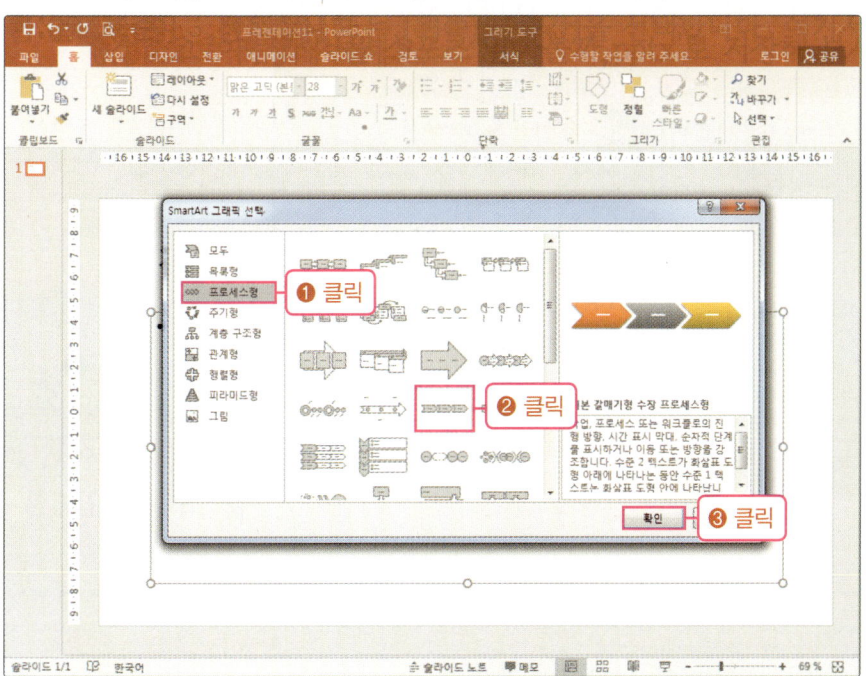

3 삽입된 SmartArt 왼쪽의 ❶ [텍스트 창] 표식을 클릭하여 ❷ [텍스트 입력 창]을 엽니다.

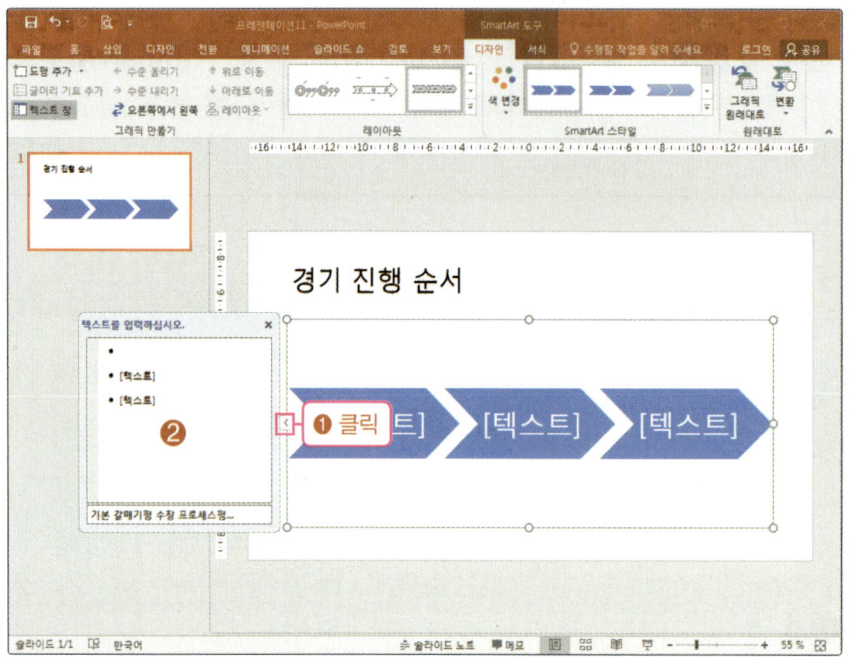

4 ❶ [텍스트 입력 창]에 다음과 같이 입력합니다. SmartArt를 선택한 후 색을 변경하기 위해 ❷ [SmartArt 도구]-[디자인] 탭의 [SmartArt 스타일] 그룹에서 ❸ [색 변경]에서 ❹ [색상형]의 [색상형 범위-강조색3 또는 4]를 선택합니다. SmartArt의 색상이 변경됩니다.

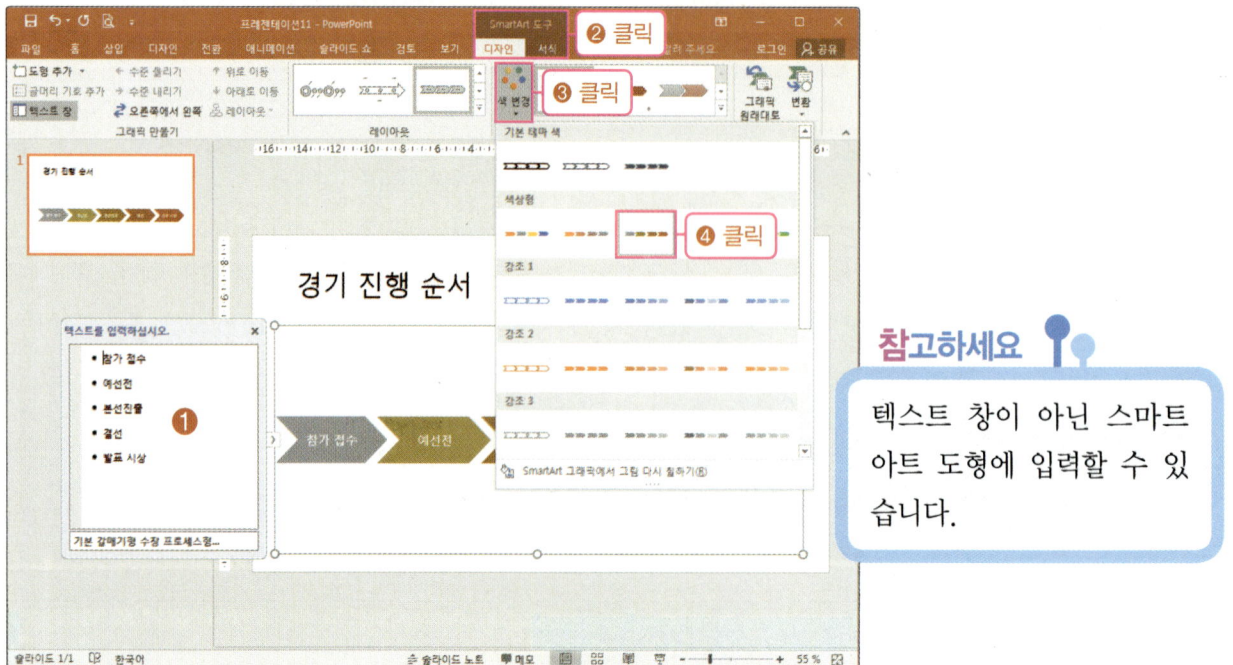

참고하세요
텍스트 창이 아닌 스마트아트 도형에 입력할 수 있습니다.

"혼자 풀어 보세요"

1 다음 스마트아트를 삽입해 보세요.

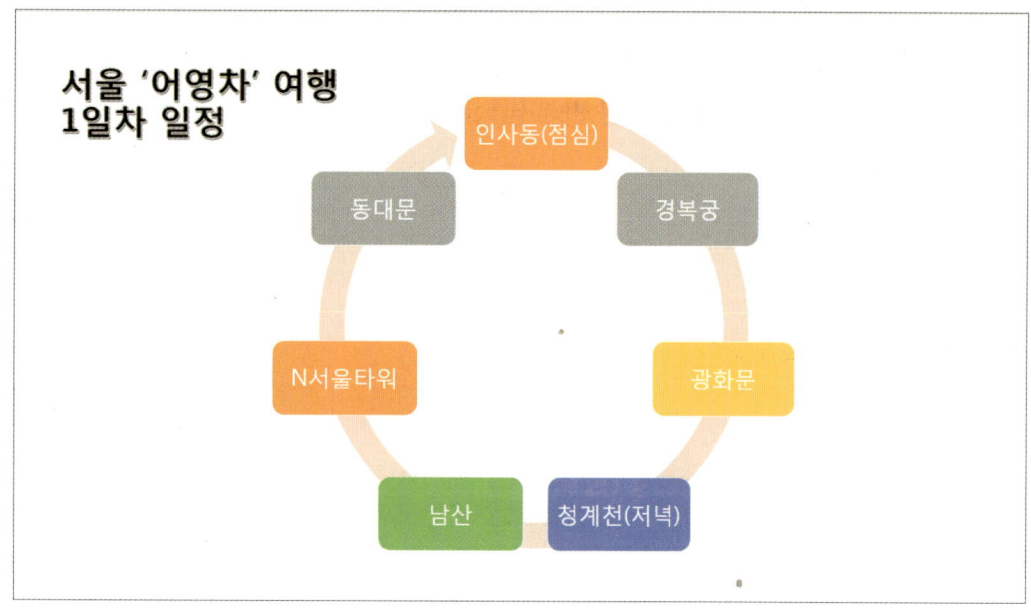

2 1번 문제에 이어 슬라이드를 추가하고 다음 스마트아트를 삽입해 보세요. '스마트아트연습.pptx'로 저장해 보세요.

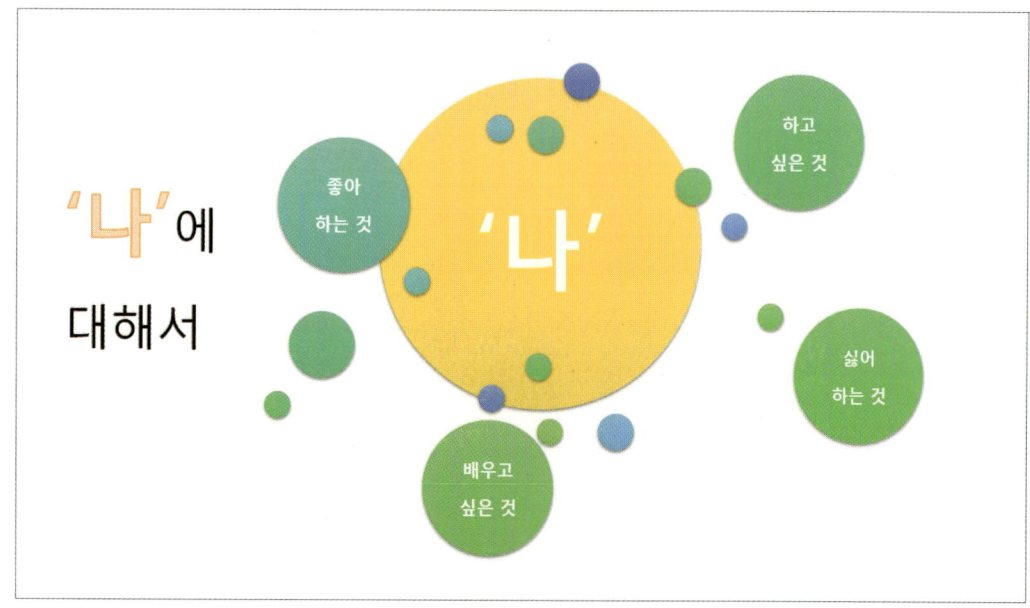

15

차트 삽입하기

수치화 데이터는 차트를 이용해 시각화하여 표현할 수 있습니다. 세로막대, 원 그래프, 꺾은선, 영역형 등 그래프의 성질에 따라 사용하면 효과적인 프레젠테이션을 할 수 있습니다.

- 차트 삽입 방법을 알아봅니다.
- 차트 레이아웃과 스타일 변경 방법을 알아봅니다.

배울 내용 미리보기

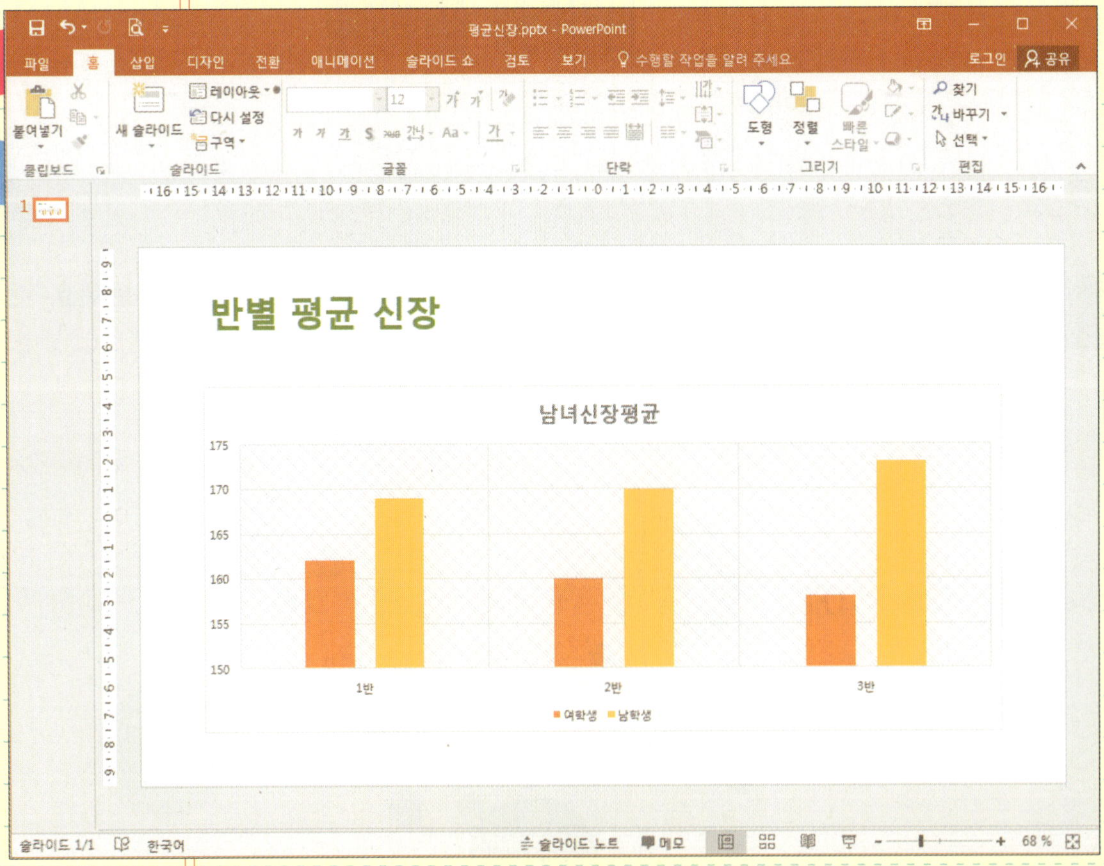

▲ 파일명 : 평균신장.pptx

01 차트 삽입하기

1 [제목 및 내용] 슬라이드의 제목을 입력합니다. ❶ 개체 틀의 [차트]를 클릭합니다. [차트 삽입] 대화상자가 열리면 ❷ [세로 막대형]의 ❸ [묶은 세로 막대형]을 선택한 후 ❹ [확인]을 클릭합니다.

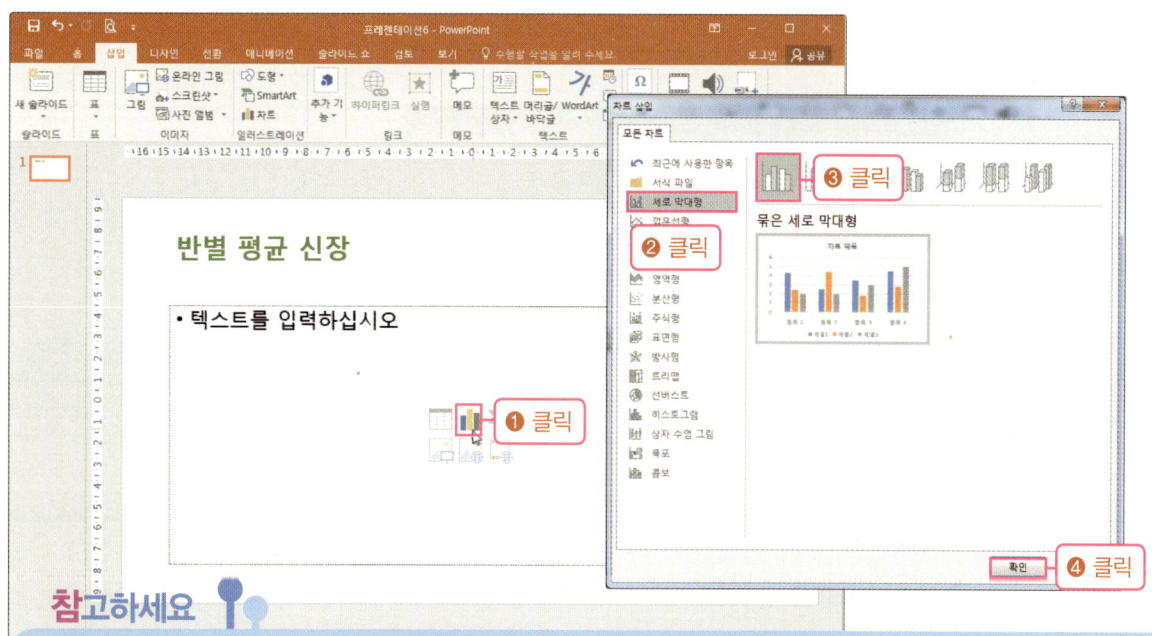

> 참고하세요
>
> [삽입] 탭의 [일러스트레이션] 그룹에서 [차트]에서 삽입할 수 있습니다.

2 데이터를 입력할 수 있는 엑셀 창이 열립니다.

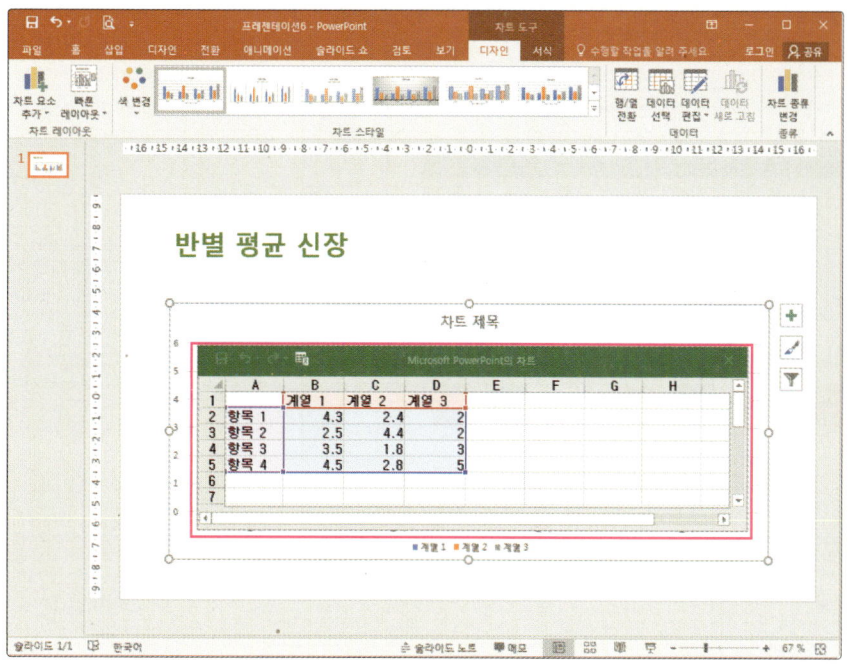

③ 다음과 같이 데이터를 입력한 후 ❶ **엑셀 시트의 오른쪽 하단의 모서리에 마우스를 올려 놓고 드래그**하여 차트 데이터 범위만 지정합니다.

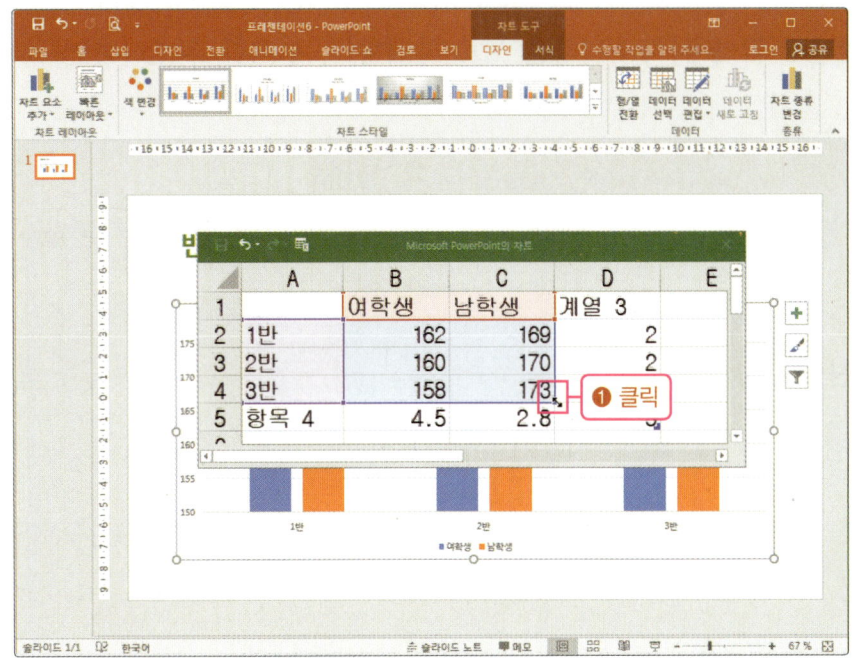

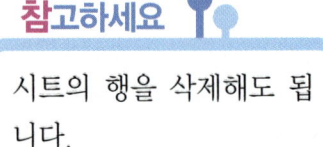

참고하세요
시트의 행을 삭제해도 됩니다.

④ 데이터 입력과 범위 지정이 끝나면 엑셀 창 우측 상단의 ❶ **[종료]**를 클릭합니다.

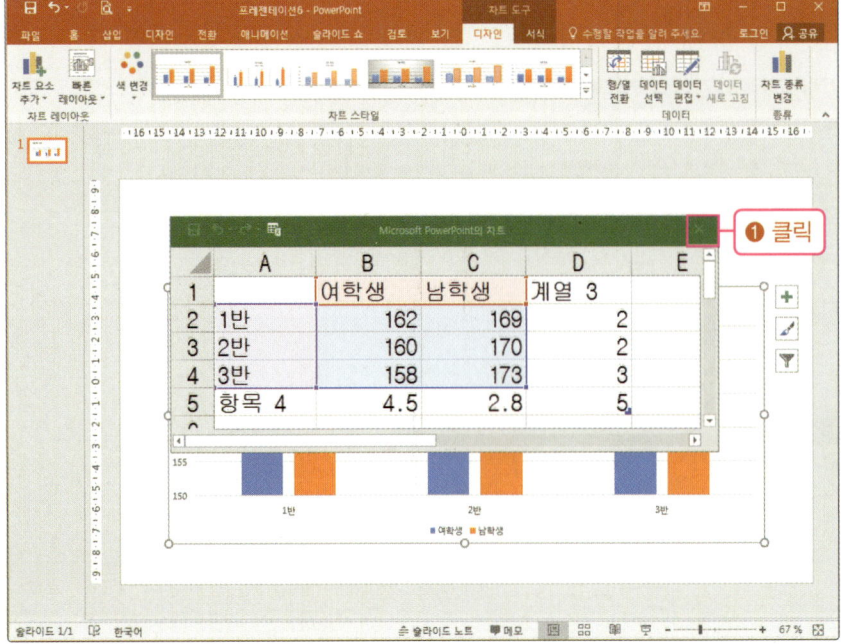

빠른 레이아웃과 차트 스타일

1 차트의 레이아웃을 바꾸기 위해 차트를 선택한 후 ❶ **[차트 도구]-[디자인]** 탭에서 **[차트 레이아웃]** 그룹에서 ❷ **[빠른 레이아웃]**을 클릭하여 ❸ **[레이아웃3]**을 선택합니다.

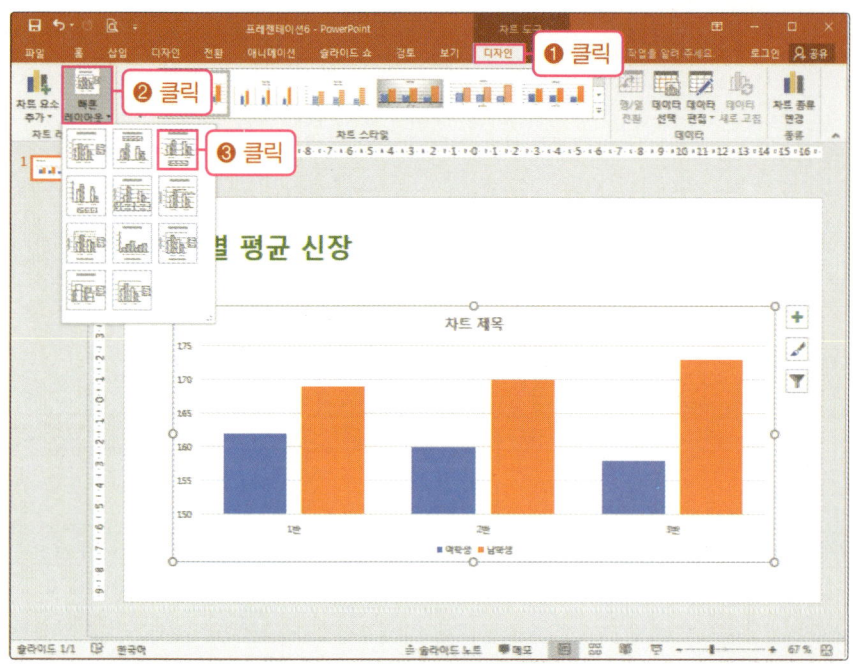

2 차트의 색상을 바꾸기 위해 ❶ **[차트 도구]-[디자인]** 탭의 **[차트 스타일]** 그룹에서 ❷ **[색 변경]**을 클릭하여 ❸ **[색상형 3]**을 선택합니다.

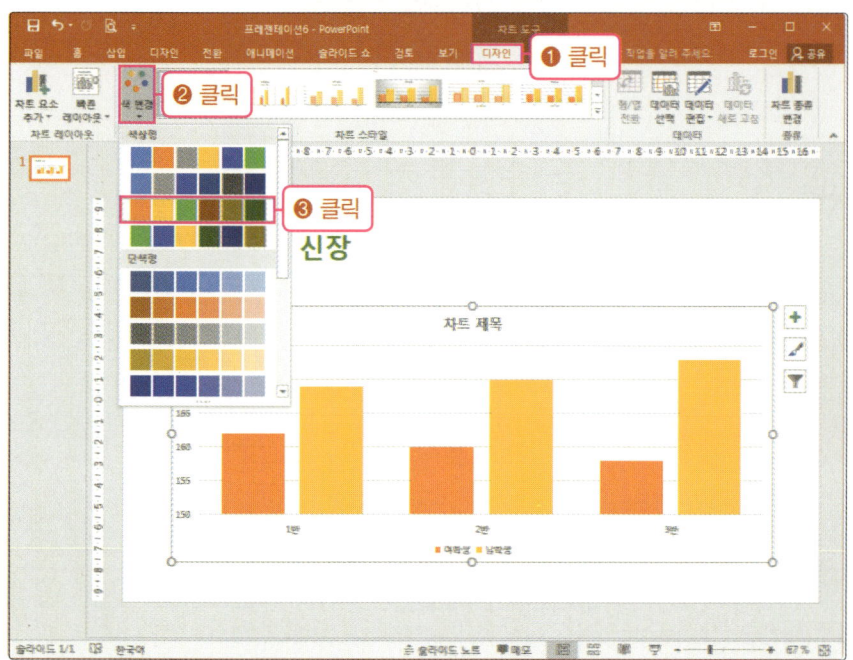

3 차트의 스타일을 바꾸기 위해 ❶ [차트 도구]-[디자인] 탭의 [차트 스타일] 그룹에서 ❷ [자세히] 단추를 클릭하여 ❸ [스타일7]을 선택합니다.

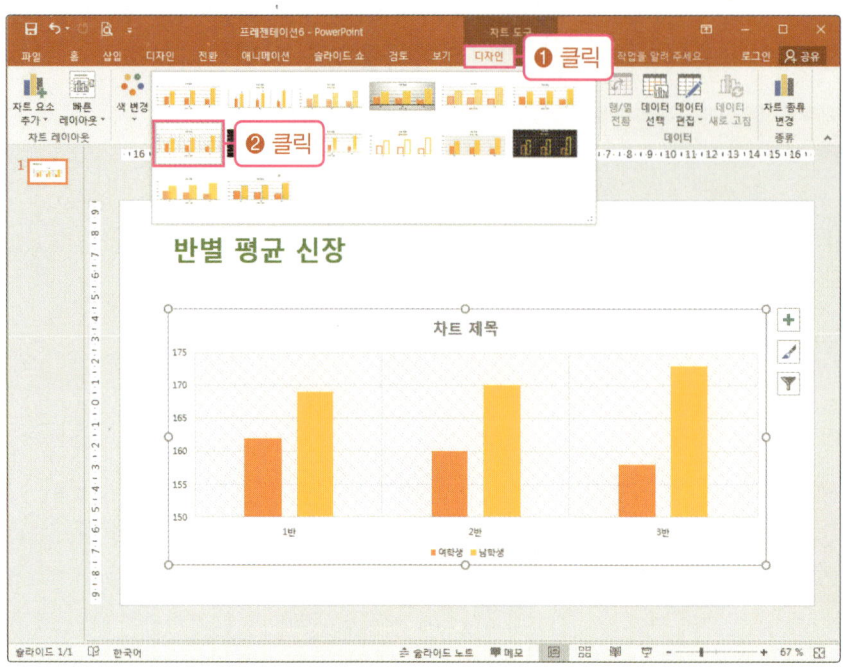

4 차트 제목을 입력하고 완성합니다.

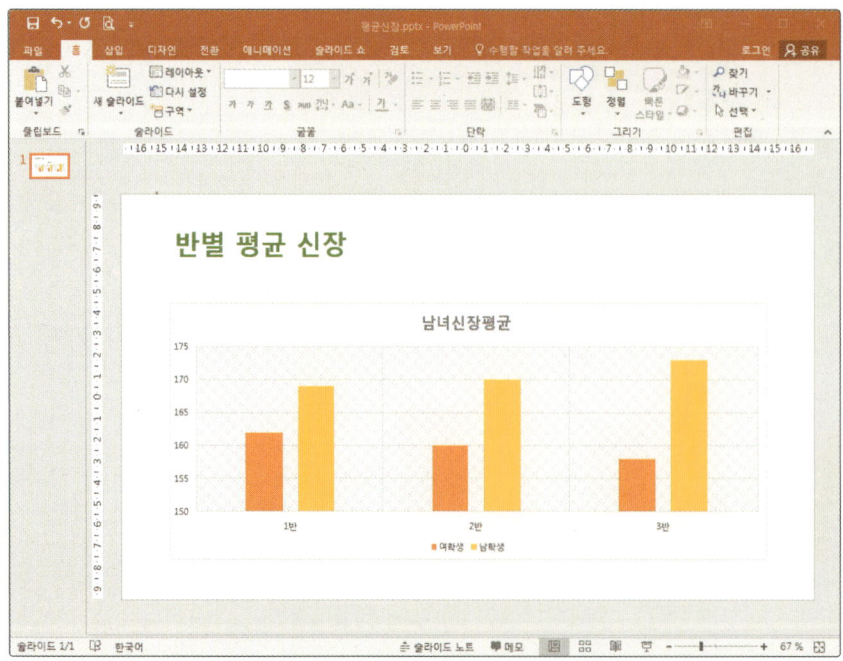

"혼자 풀어 보세요"

1 다음 차트를 완성하세요. '판매현황.pptx'로 저장해 보세요.

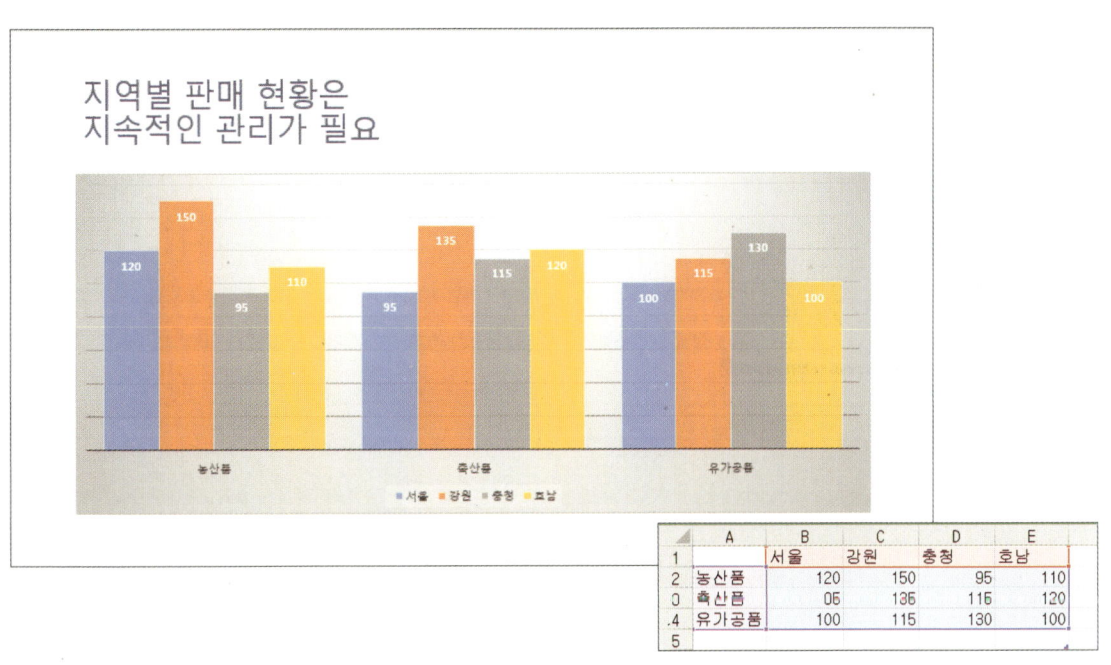

2 다음 차트를 완성하세요. '전기사용량.pptx'로 저장해 보세요.

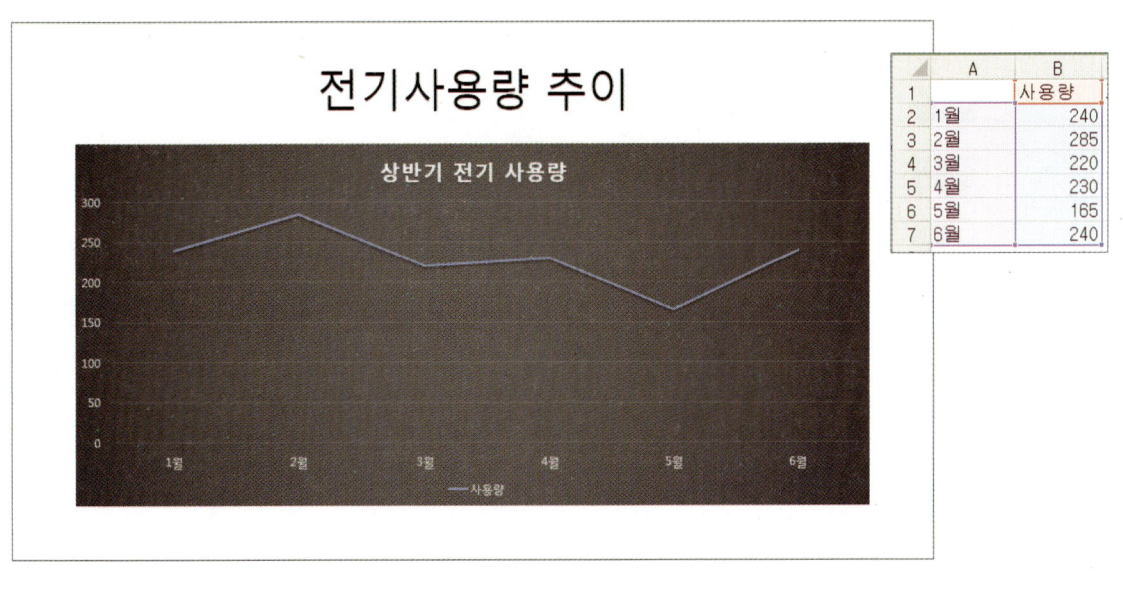

16 오디오 삽입하기

프레젠테이션에 음원파일을 삽입하여 주목을 집중하고 분위기를 이끌어 갈 수 있습니다.

➡➡ 오디오 삽입 방법을 알아봅니다.
➡➡ 오디오 제어 방법을 알아봅니다.

배울 내용 미리보기

▲ 파일명 : 프랑스사진앨범-완성.pptx

01 오디오 삽입하기

1 ❶ [삽입] 탭의 [이미지] 그룹에서 ❷ [사진 앨범]을 클릭합니다. [사진 앨범] 대화상자가 열리면 ❸ [파일/디스크]에서 [사진1~사진8]까지 삽입한 후 ❹ [앨범 레이아웃]은 [그림1개]를 선택하고 ❺ [확인]을 누릅니다.

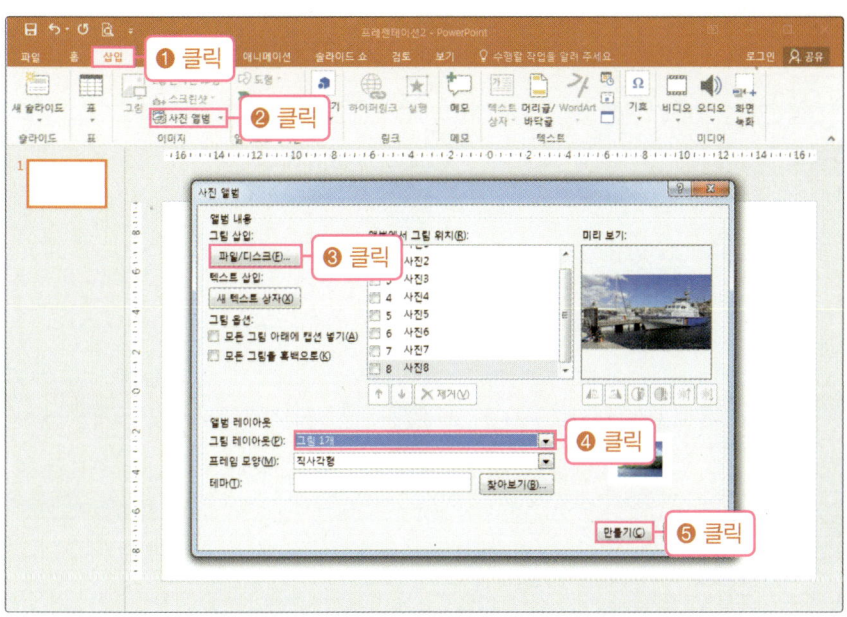

2 전체 슬라이드의 배경색이 검정입니다. 슬라이드의 배경색을 바꾸기 위해 ❶ [디자인] 탭의 [사용자 지정] 그룹에서 ❷ [배경 서식]을 클릭한 후 ❸ [채우기]의 [패턴 채우기]를 ❹ [패턴 : 5%]와 ❺ [전경색 : 파랑, 강조1, 25% 더 어둡게]를 선택한 후 ❻ [모두 적용]을 클릭한 후 [배경 서식] 창을 닫습니다. [제목 슬라이드]의 제목을 수정합니다.

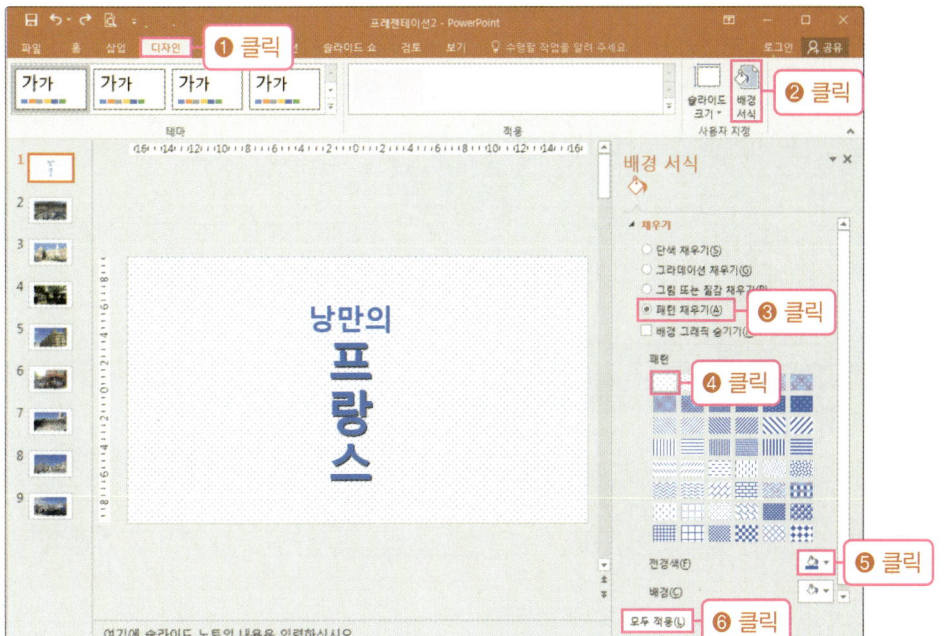

3번 슬라이드에 오디오를 삽입하기 위해 ❶ **[3번 슬라이드]**를 선택한 후 ❷ **[삽입] 탭**의 **[미디어] 그룹**에서 ❸ **[오디오]**를 클릭한 후 ❹ **[내 PC의 오디오]**를 클릭합니다. ❺ [오디오 삽입] 대화상자가 열리면 **[On_ Hold.mp3]**를 선택한 후 ❻ **[삽입]**을 클릭합니다.

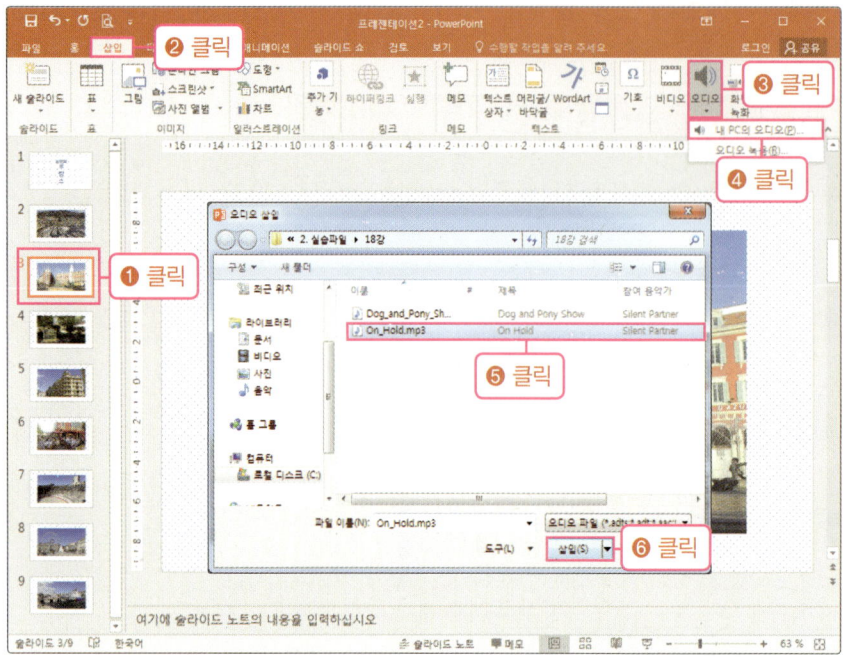

[3번 슬라이드]에 오디오 파일이 삽입되었습니다. 스피커가 슬라이드에 표시됩니다.

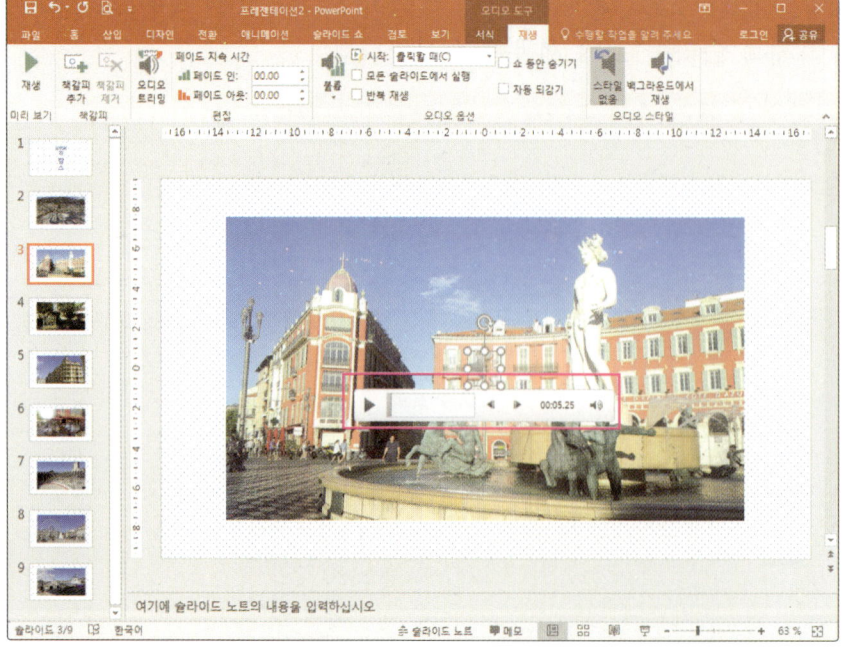

02 오디오 제어하기

1 오디오를 실행해 보기 위해 삽입된 오디오를 선택한 후 ❶ [슬라이드 쇼] 탭의 [슬라이드 쇼 시작] 그룹에서 ❷ [처음부터]를 클릭합니다.

2 Enter 를 누르면서 슬라이드를 넘겨봅니다. 오디오가 삽입된 슬라이드에서 ❶ **스피커 모양**을 클릭합니다. 음원은 클릭하면 실행되도록 되어 있으며, 삽입된 슬라이드에서만 실행이 됩니다.

③ 슬라이드가 실행되면 자동으로 음원이 실행되게 하려면 ❶ **삽입된 음원의 스피커 모양을 선택**한 후 ❷ [오디오 도구]-[재생] 탭의 [오디오 옵션] 그룹에서 ❸ [시작] 목록 단추를 클릭한 후 [자동 실행]을 클릭합니다.

> **참고하세요**
> 오디오를 [반복 재생]하려면 [오디오 도구]-[재생]-[오디오 옵션]-[반복 재생]을 클릭합니다.

④ 전체 슬라이드에 음원을 실행하려면 ❶ 삽입된 음원의 스피커 모양을 선택한 후 ❷ [오디오 도구]-[재생] 탭의 [오디오 옵션] 그룹에서 ❸ [모든 슬라이드에서 실행]을 클릭합니다. [슬라이드 쇼] 탭의 [슬라이드 쇼 시작] 그룹에서 [처음부터]를 클릭하여 쇼를 실행해 봅니다.

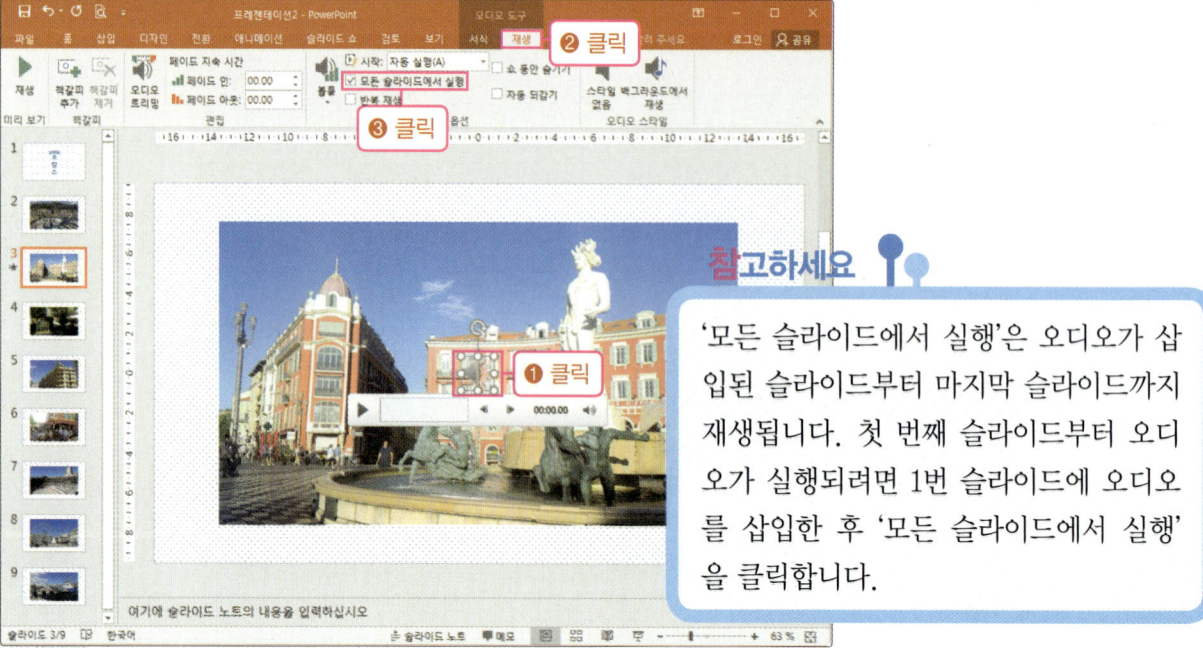

> **참고하세요**
> '모든 슬라이드에서 실행'은 오디오가 삽입된 슬라이드부터 마지막 슬라이드까지 재생됩니다. 첫 번째 슬라이드부터 오디오가 실행되려면 1번 슬라이드에 오디오를 삽입한 후 '모든 슬라이드에서 실행'을 클릭합니다.

⑤ 3번 슬라이드 ~ 5번 라이드의 특정 구간만 오디오를 실행하려면 ❶ **삽입된 오디오를 선택**한 후 ❷ **[애니메이션] 탭**의 **[고급 애니메이션] 그룹**에서 ❸ **[애니메이션 창]**을 클릭합니다.

⑥ [애니메이션 창]에서 ❶ **삽입된 오디오 파일의 목록 단추를 누른** 후 ❷ **[효과 옵션]**을 클릭합니다.

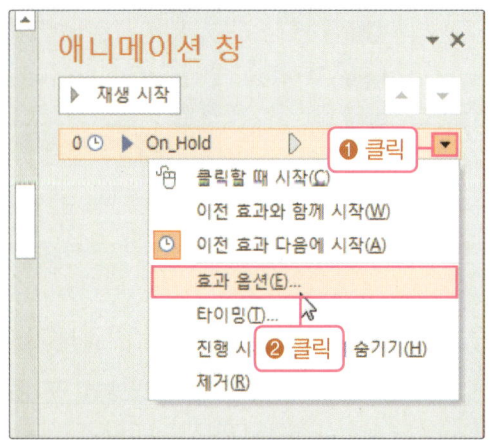

⑦ [오디오 재생] 대화상자가 열리면 ❶ [재생 시작]은 **[처음부터]**에 체크하고 ❷ [재생 중지]의 [지금부터]를 [3]으로 변경한 후 ❸ **[확인]**을 누릅니다. [프랑스여행앨범-완성.pptx]로 저장하세요.

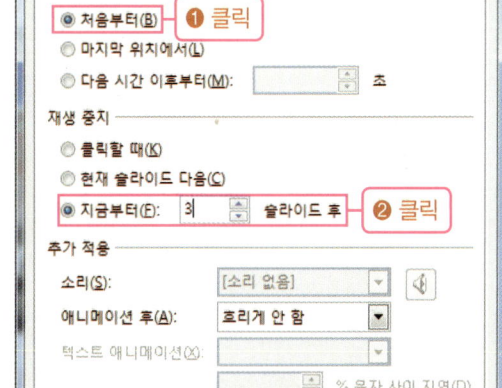

참고하세요

재생 중지의 지금부터는 슬라이드의 번호를 입력하는 것이 아닌 시작 슬라이드에서 끝 슬라이드까지의 슬라이드 갯수를 입력합니다.

 참고하세요

오디오 트리밍

- 오디오를 들려주고 싶은 부분만 편집할 수 있습니다. 삽입된 오디오를 선택한 후 [오디오 도구]-[재생] 탭의 [편집] 그룹에서 [오디오 트리밍]을 클릭합니다.
- [오디오 맞추기] 대화상자의 [초록색의 시작점]과 [빨간색 끝점]을 드래그하여 구간을 맞춥니다. [재생] 단추를 눌러 확인합니다.

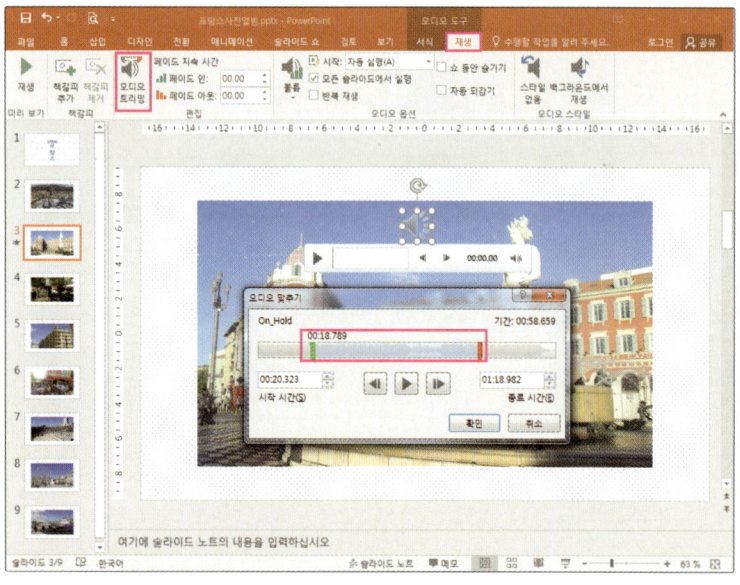

오디오를 부드럽게 시작하고 끝내기

- 오디오를 부드럽게 시작하고 끝내려면 삽입된 오디오를 선택한 후 [오디오 도구]-[재생] 탭의 [편집] 그룹에서 [페이드 인]과 [페이드 아웃]의 시간을 조절합니다.

"혼자 풀어 보세요"

1 '맛있는음식.pptx' 파일을 불러와 사진 앨범을 만든 후 2번 슬라이드에 자동으로 실행되는 오디오를 삽입하세요.

Hint
· 오디오 파일명 : Dog_and_Pony_Show.mp3

2 1번 문제에 이어 실행하세요. 2번 슬라이드에서 5번슬라이드까지 음원이 실행되도록 하세요. '맛있는음식-완성.pptx'로 저장해 보세요.

17 동영상 삽입하기

동영상 파일을 삽입하여 주목을 집중할 상황에서 역동적인 슬라이드를 만들 수 있습니다. 컴퓨터에 있는 동영상 또는 관련 있는 동영상을 온라인을 통해 연결하여 보여줄 수 있습니다.

▶▶ 동영상 삽입 방법을 알아봅니다.
▶▶ 동영상 서식 꾸미기 방법을 알아봅니다.
▶▶ 동영상 제어 방법을 알아봅니다.

배울 내용 미리보기 ➕

▲ 파일명 : 미술여행.pptx

01 동영상 삽입하기

1 [제목 슬라이드]를 다음과 같이 작성합니다.

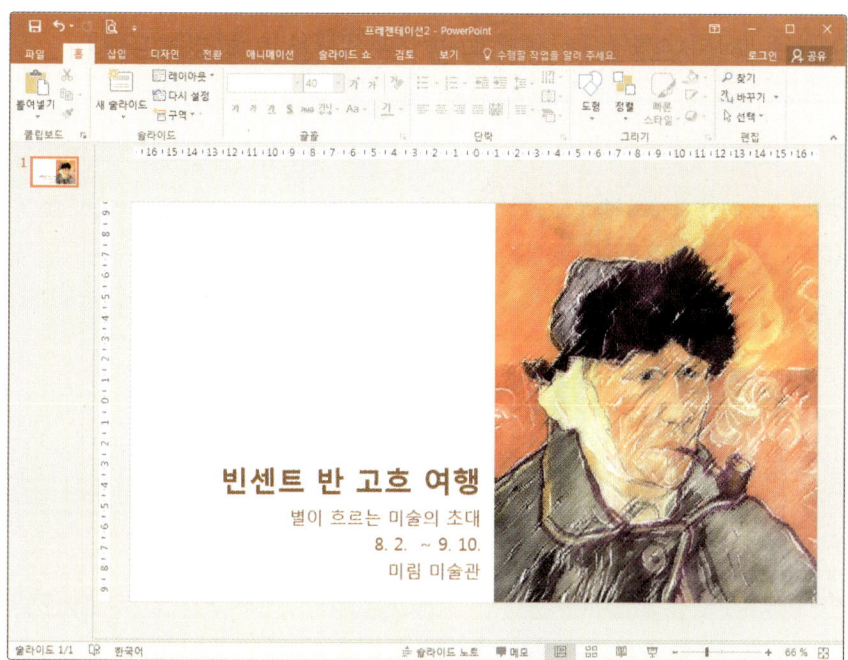

 참고하세요

글꼴 색은 [주황, 강조 2, 50% 더 어둡게]로 지정하고, 그림 꾸밈 효과는 [파스텔 부드럽게]로 지정합니다.

2 [제목 및 내용] 슬라이드를 삽입한 후 ❶ **제목을 작성**한 후 ❷ [개체 틀]의 **[비디오 삽입]** 단추를 클릭합니다.

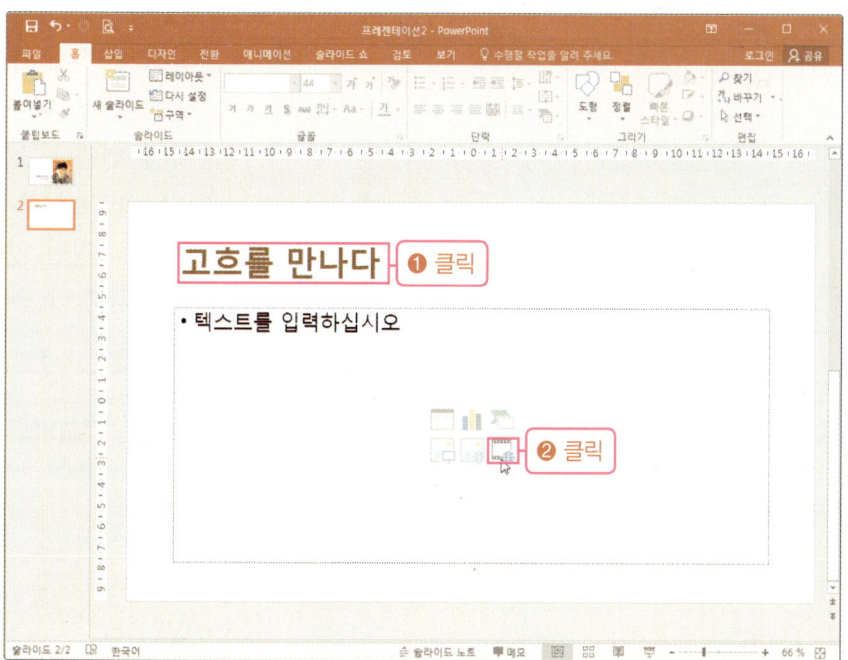

 참고하세요

[삽입] 탭의 [미디어] 그룹에서 [비디오]를 삽입할 수 있습니다.

③ [비디오 삽입] 대화상자가 열리면 ❶ [파일에서]의 **[찾아보기]**를 클릭합니다.

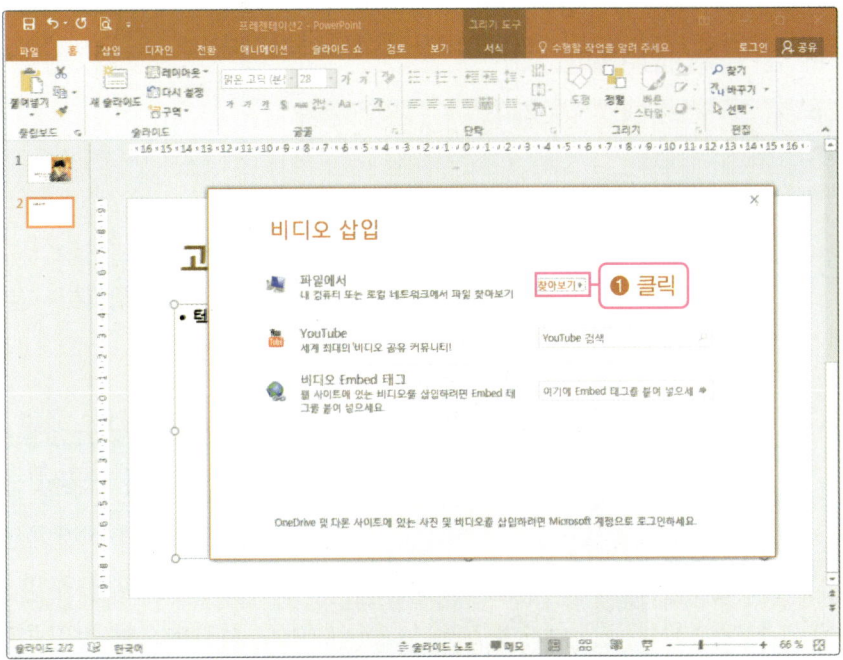

④ ❶ **[고흐.wmv] 파일을 선택**한 후 ❷ **[삽입]**을 클릭합니다.

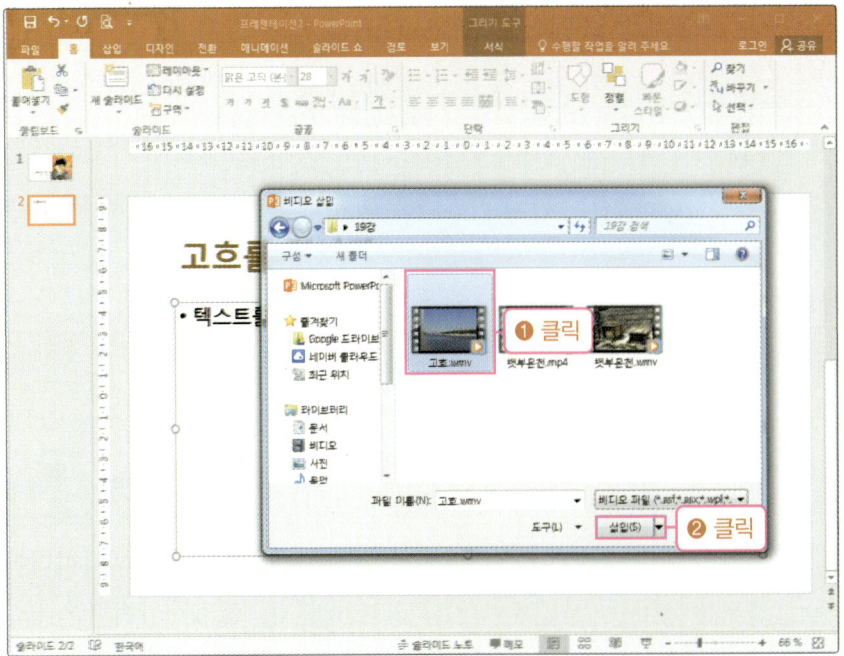

참고하세요

- 삽입 : PPT에 동영상 파일을 삽입합니다.
- 파일에 연결 : PPT에 동영상을 파일로 연결합니다. 파일일 없을 경우 실행되지 않습니다.

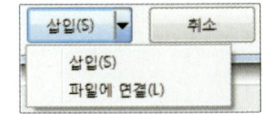

5 동영상이 삽입되었습니다. 동영상의 ❶ **[재생]** 버튼을 눌러 실행해 봅니다.

참고하세요

온라인 비디오 파일 삽입하기

- 개체 틀의 [비디오 삽입] 또는 [삽입]-[미디어]-[비디오]-[내 PC의 비디오]를 클릭합니다.
- [YouTube] 의 검색란에 검색어를 입력합니다.
- 동영상을 선택한 후 [삽입]을 누릅니다. 동영상 실행은 인터넷에 연결되어 있어야 실행이 됩니다.

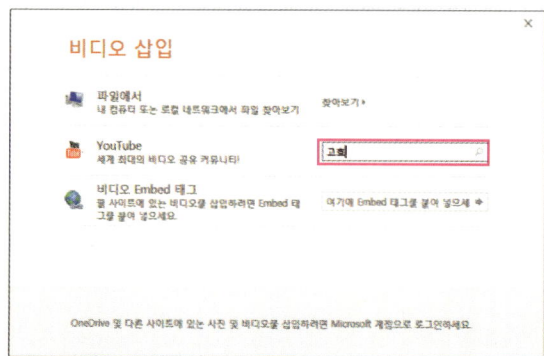

02 동영상 서식 꾸미기

1 동영상의 첫 화면을 바꾸기 위해 ❶ **동영상을 선택**한 후 ❷ **[비디오 도구]-[서식] 탭**의 **[조정] 그룹**에서 ❸ **[포스터 틀]의 목록 단추**를 클릭한 후 ❹ **[파일의 이미지]**를 선택합니다.

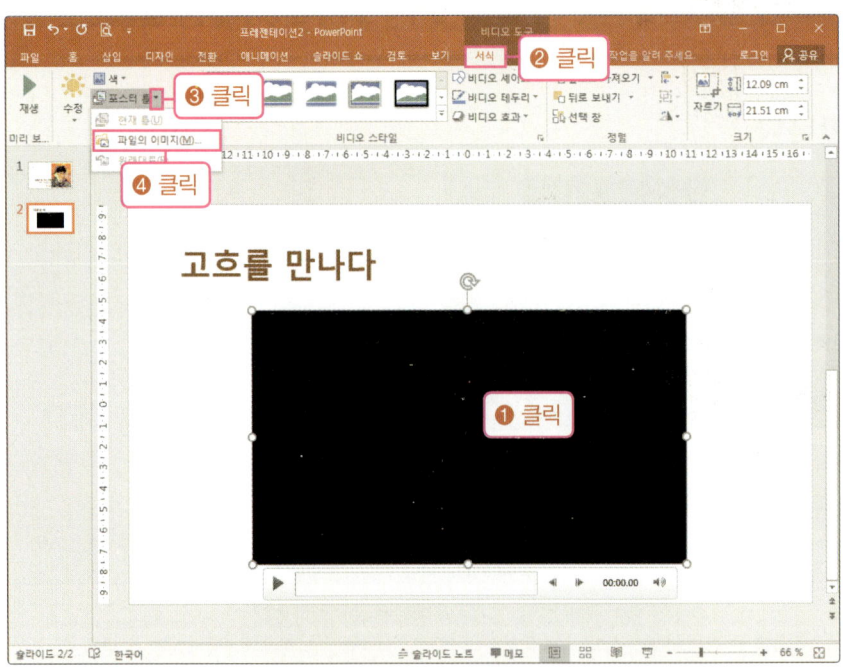

2 [그림 삽입] 대화상자가 나타나면 ❶ **[찾아보기]**를 클릭한 후 ❷ [그림 삽입] 대화상자에서 **[그림]**을 선택한 후 ❸ **[삽입]**을 클릭합니다.

참고하세요
온라인 그림을 검색하여 삽입할 수 있습니다.

③ 동영상의 포스터 틀이 완성되었습니다. 동영상의 비디오 스타일을 바꾸기 위해 ❶ **동영상을 선택한 후** ❷ **[비디오 도구]-[서식] 탭**의 **[비디오 스타일] 그룹**에서 ❸ **자세히 목록 단추**를 클릭합니다.

④ 비디오 스타일의 [일반]의 ❶ **[일반 프레임, 그라데이션]**을 선택합니다. 동영상의 스타일이 변경됩니다.

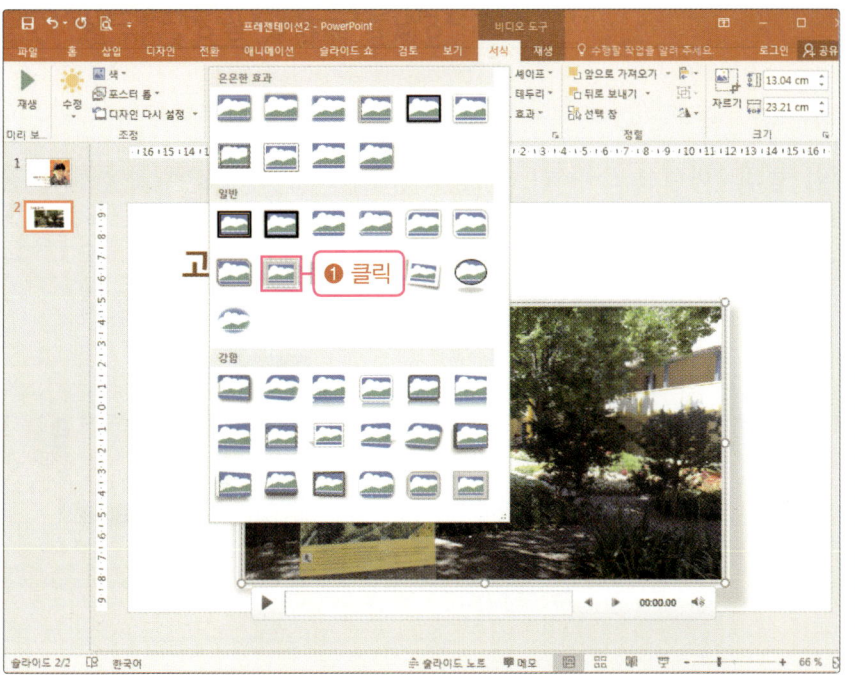

참고하세요

[비디오 도구]-[서식] 탭의 [비디오 스타일] 그룹에서 [비디오 셰이프]를 이용하면 동영상을 도형의 모양으로 볼 수 있습니다.

참고하세요

비디오 밝기 조정하기

- [비디오 도구]-[서식] 탭의 [조정] 그룹에서 [수정]을 클릭하여 비디오가 어두운 경우 비디오의 밝기를 조정할 수 있습니다.

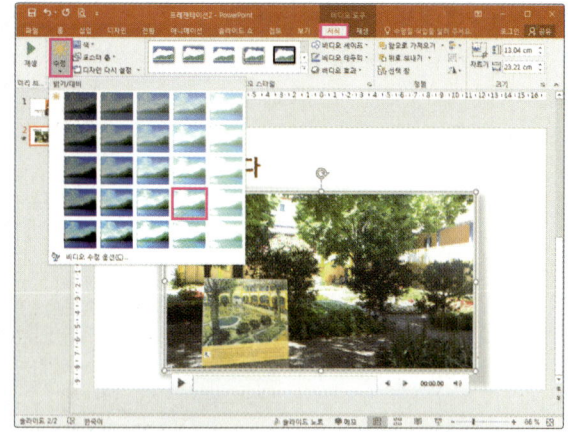

비디오 색 조정하기

- [비디오 도구]-[서식] 탭의 [조정] 그룹에서 [색]을 클릭하여 비디오의 전체 색상을 변경할 수 수 있습니다.

비디오 도형 모양 바꾸기

- [비디오 도구]-[서식] 탭의 [비디오 스타일] 그룹에서 [비디오 셰이프]를 클릭하여 비디오를 특정한 도형 모양으로 바꿀 수 있습니다.

03 동영상 제어하기

1 동영상의 시작 옵션을 바꾸기 위해 ❶ **동영상을 선택**한 후 ❷ [비디오 도구]-[재생] 탭의 [비디오 옵션] 그룹에서 [시작]을 [자동 실행]으로 바꿉니다. 슬라이드 쇼 실행 시 동영상을 전체 화면으로 실행하기 위해 [전체 화면 재생]을 체크합니다.

2 동영상이 시작할 때 자연스럽게 시작하고 끝내기 위해 ❶ **동영상을 선택**한 후 ❷ [비디오 도구]-[재생] 탭의 [편집]그룹에서 [페이드 인]과 [페이드 아웃]의 시간을 조절합니다.

③ 동영상을 일부만 실행할 수 있습니다. 동영상을 선택하고 ❶ [비디오 도구]-[재생] 탭의 [편집] 그룹에서 ❷ [비디오 트리밍]을 클릭합니다. [비디오 맞추기] 대화상자가 열리면 ❸ 초록색 슬라이드 막대를 움직여 시작점을 맞춥니다. ❹ 빨간색 슬라이드 막대를 움직여 끝점을 맞춘 후 ❺ [실행] 단추를 눌러 시작과 끝을 확인한 후 ❻ [확인]을 누릅니다.

④ 비디오 실행 단추를 눌러 전체 비디오를 실행해 봅니다. 확인이 끝나면 ❶ [슬라이드 쇼] 탭의 [슬라이드 쇼 시작] 그룹에서 ❷ [처음부터]를 클릭하여 슬라이드 쇼를 해봅니다.

"혼자 풀어 보세요"

1 다음과 같이 동영상을 삽입한 후 동영상 포스터 틀과 비디오 스타일을 적용해 보세요. '벳부온천여행.pptx'로 저장해 보세요.

2 1번 문제에 이어 동영상을 도형 모양으로 변경하고, 클릭하면 실행되도록 설정하세요. 자연스럽게 시작하고 끝낼 수 있도록 [페이드 효과]를 설정하세요.

애니메이션 적용하기

슬라이드에서 강조하거나 시선을 모으는 방법으로 애니메이션을 사용합니다. 하지만 너무 많은 애니메이션을 사용하면 오히려 혼란을 줄 수 있어 꼭 필요한 부분에만 사용합니다.

>> 애니메이션 적용 방법을 알아봅니다.
>> 애니메이션 복사와 시작 옵션 제어 방법을 알아봅니다.

배울 내용 미리보기

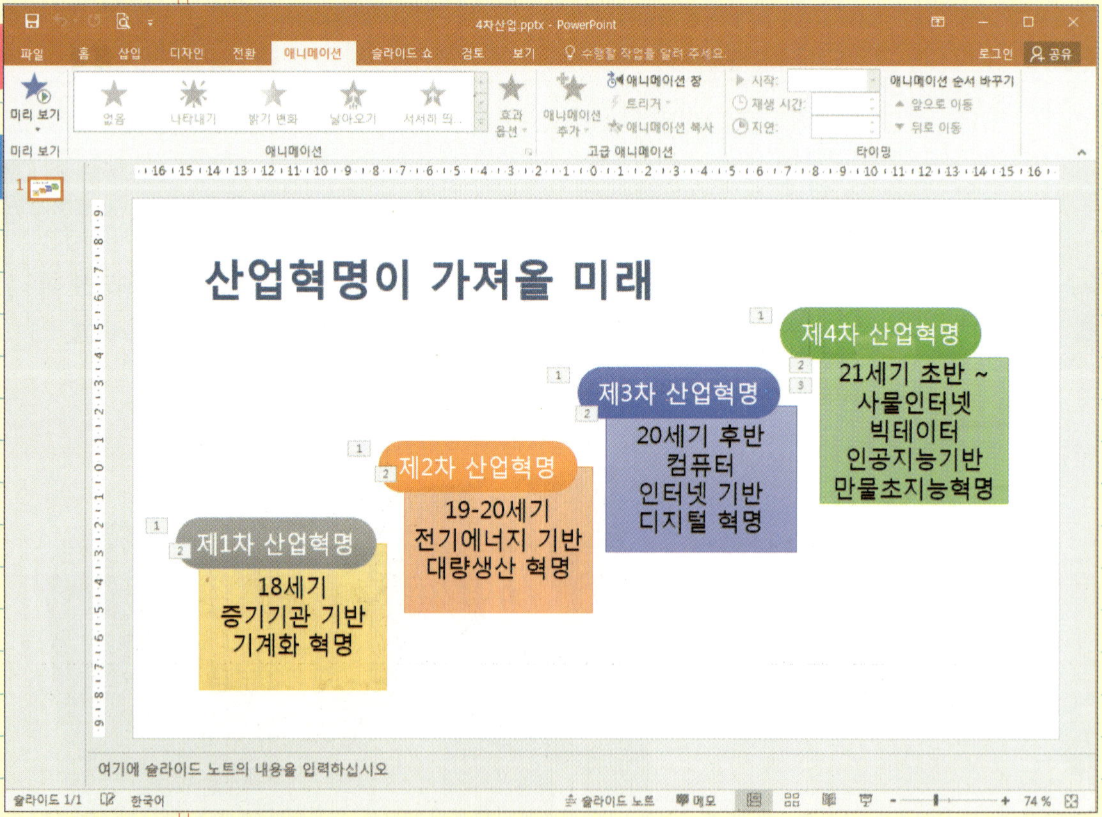

▲ 파일명 : 4차산업.pptx

애니메이션 적용하기

1 [제목만] 슬라이드에 다음과 같이 작성합니다.

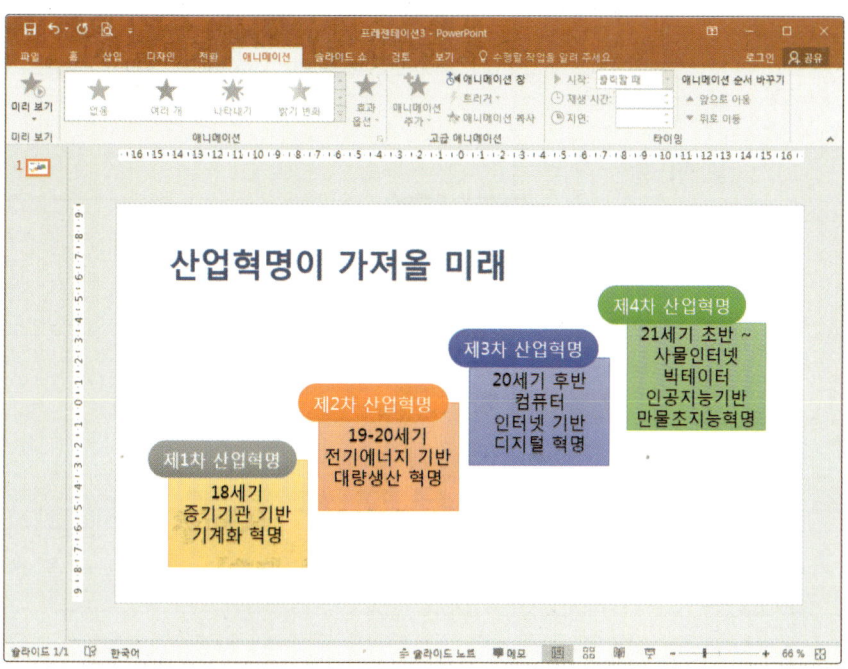

2 ❶ 첫 번째 도형을 선택한 후 ❷ [애니메이션] 탭의 [애니메이션] 그룹에서 ❸ [자세히] 단추를 클릭합니다.

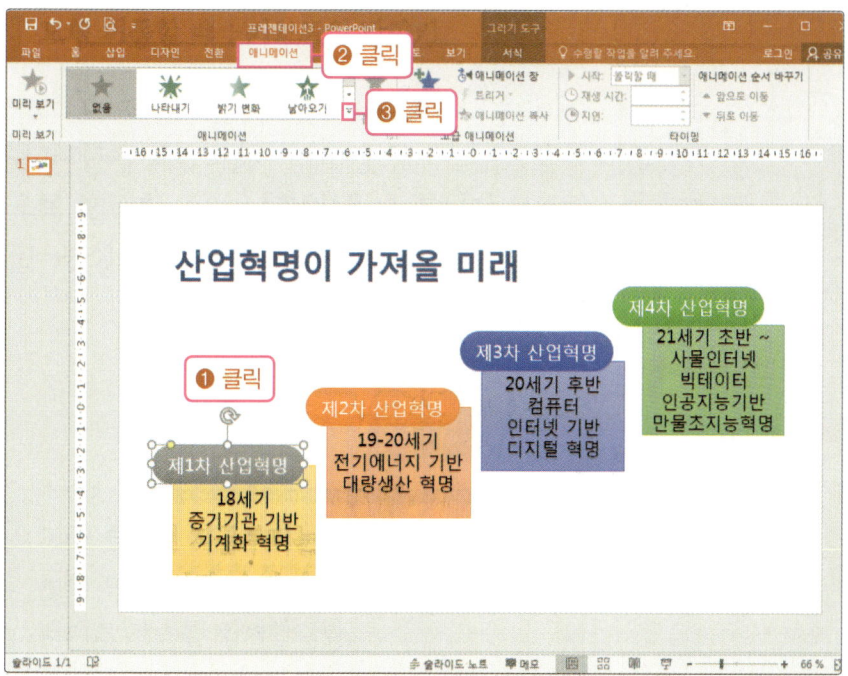

3 ❶ [나타내기]의 [닦아내기]를 선택합니다.

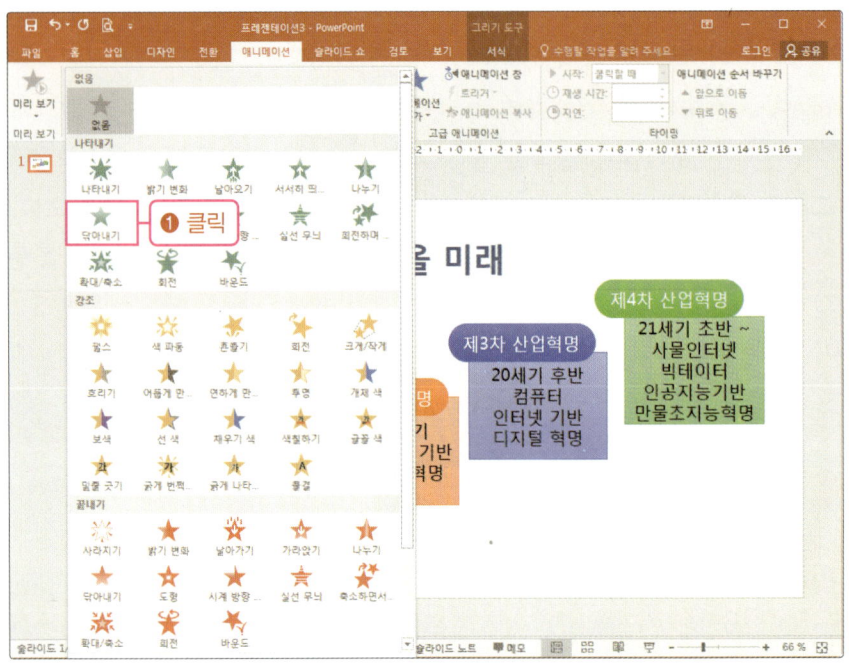

4 ❶ **첫 번째 도형이 선택**된 상태에서 [애니메이션] 탭의 [애니메이션] 그룹에서 ❷ **[효과 옵션]**의 [방향]에서 ❸ **[왼쪽에서]**를 선택합니다. 닦아내기가 왼쪽에서 오른쪽으로 실행됩니다. ❹ **[미리보기]**를 눌러 애니메이션을 확인해 봅니다.

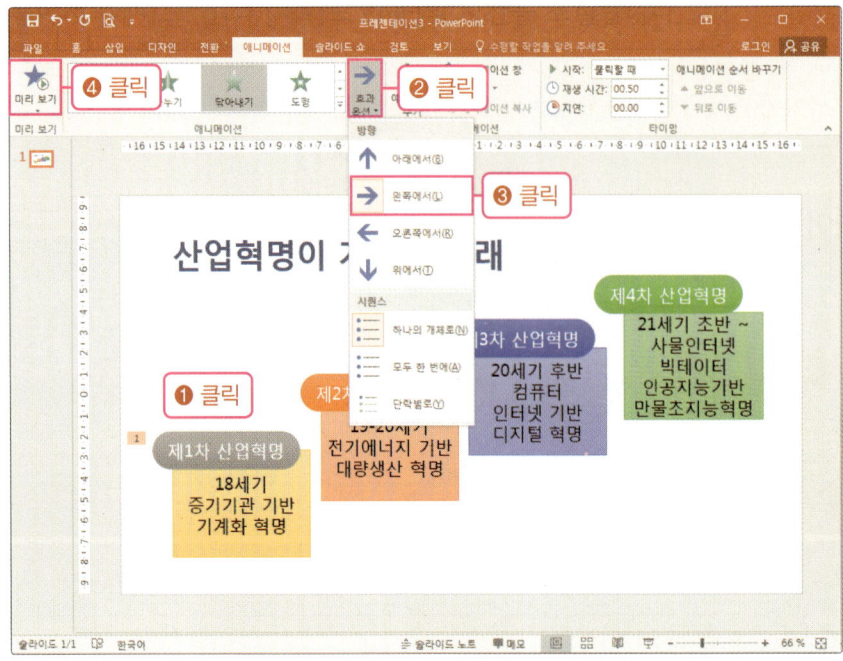

애니메이션 복사와 시작 옵션

1 애니메이션을 복사하여 다른 도형에 적용할 수 있습니다. ❶ **첫 번째 애니메이션 도형을 선택**한 후 ❷ [애니메이션] 탭의 [고급 애니메이션]그룹에서 ❸ [애니메이션 복사]를 더블클릭합니다.

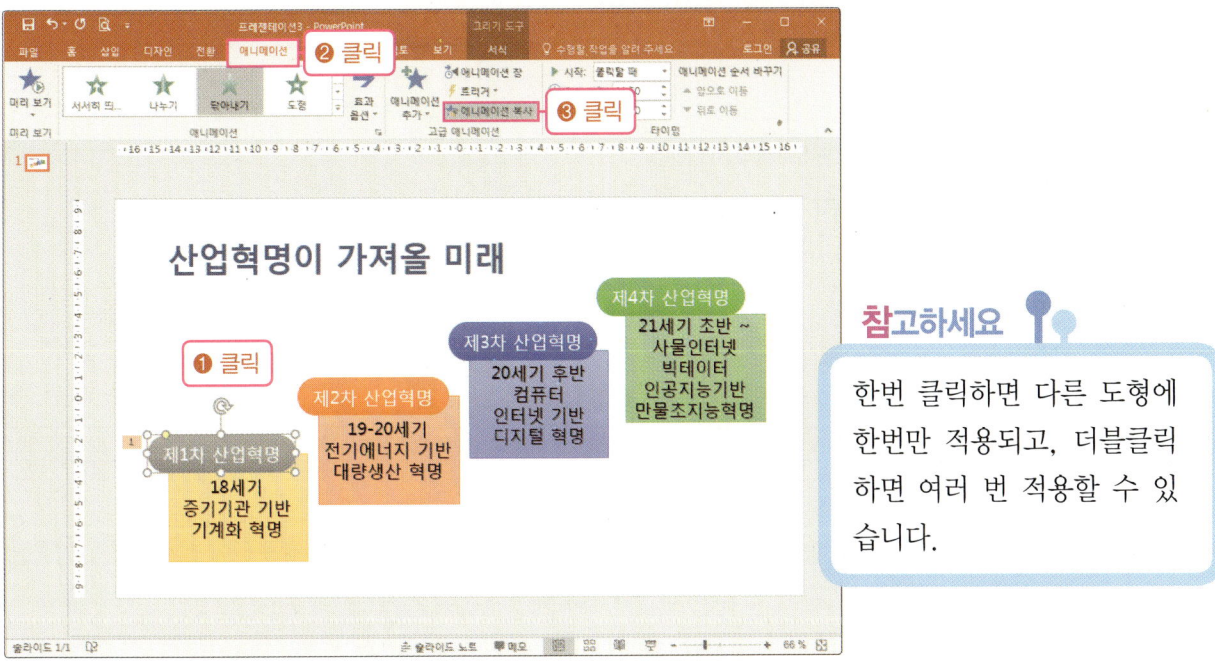

참고하세요
한번 클릭하면 다른 도형에 한번만 적용되고, 더블클릭하면 여러 번 적용할 수 있습니다.

2 마우스가 ❶ [붓] **모양으로 바뀌면** 애니메이션을 적용할 4개의 도형을 클릭하여 적용합니다. 애니메이션이 적용되고 애니메이션 순서가 번호로 표시됩니다.

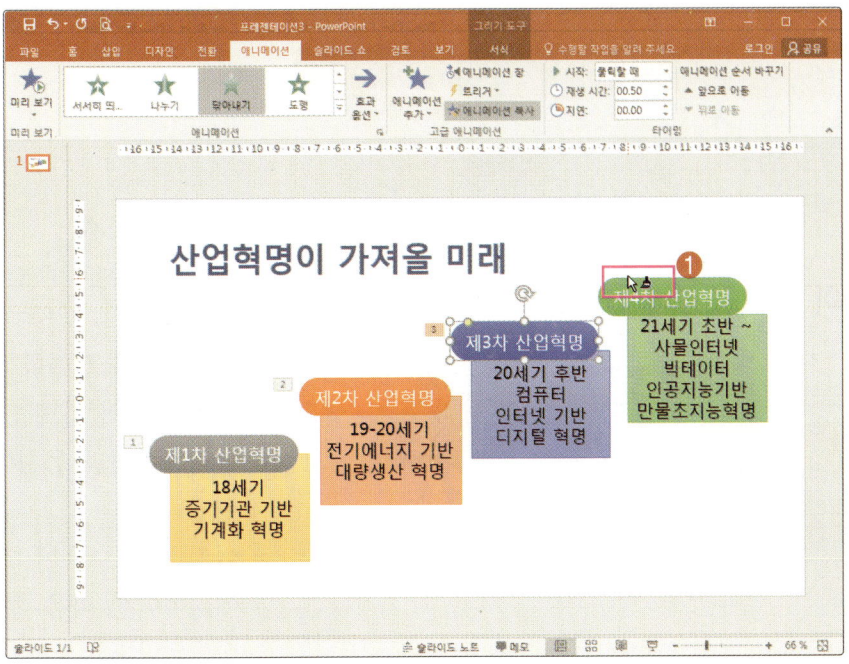

③ 애니메이션의 시작 옵션을 바꿀 수 있습니다. ❶ **두 번째 도형을 선택**한 후 [애니메이션] 탭의 [타이밍] 그룹에서 ❷ **[시작]의 목록 단추**를 누른 후 ❸ **[이전 효과 다음에]**를 선택합니다. 시작 옵션이 [1]로 변경됩니다.

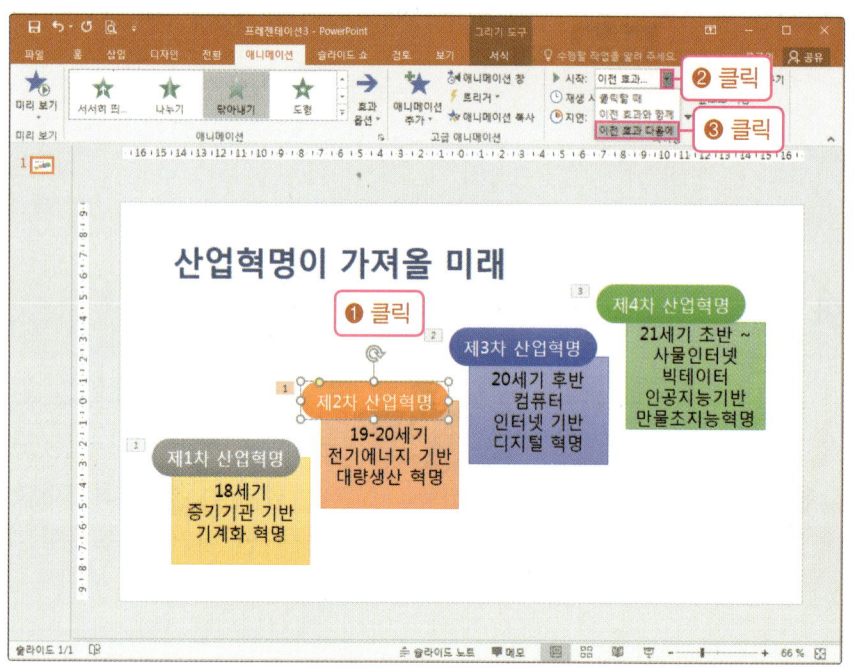

④ 한꺼번에 애니메이션의 시작 옵션을 바꿀 수 있습니다. ❶ **두 도형을 선택**한 후 [애니메이션] 탭의 [타이밍] 그룹에서 ❷ **[시작]의 목록 단추**를 누른 후 ❸ **[이전 효과 다음에]**를 선택합니다. 첫 번째 도형을 [클릭하여] 실행하면 나머지 도형은 순서대로 표시됩니다. 시작 옵션이 모두 '1'로 변경됩니다.

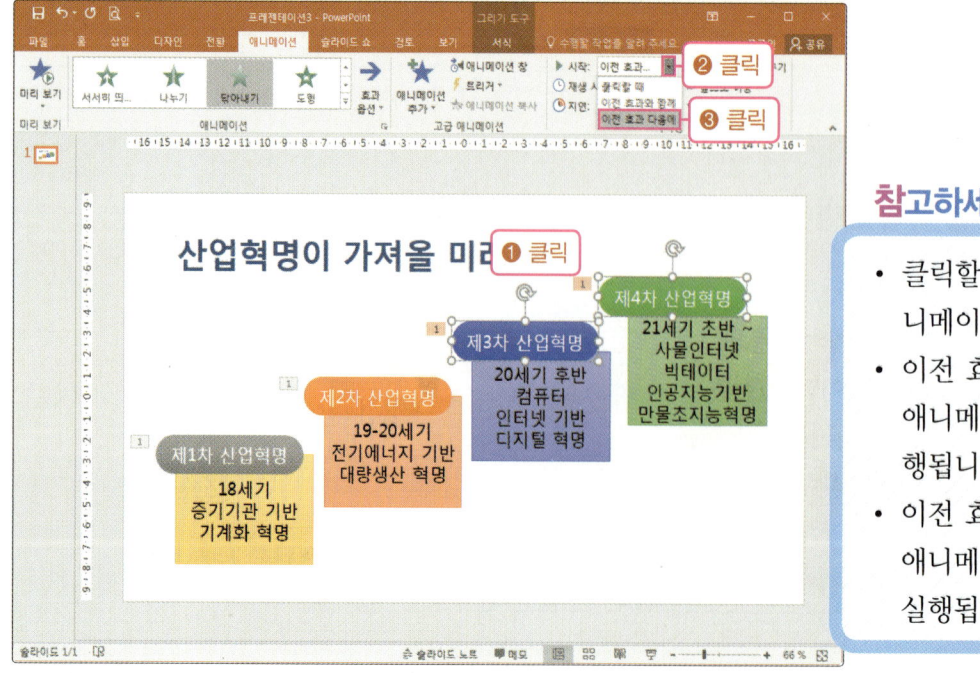

참고하세요

- 클릭할 때 : 클릭하여 애니메이션을 실행합니다.
- 이전 효과와 함께 : 이전 애니메이션과 동시에 실행됩니다.
- 이전 효과 다음에 : 이전 애니메이션 다음 차례에 실행됩니다.

5 ❶ **아래의 도형들을 모두 선택**한 후 ❷ **[애니메이션]** 탭의 **[애니메이션]** 그룹에서 ❸ **[나타내기]**의 **[밝기 변화]** 애니메이션을 적용합니다.

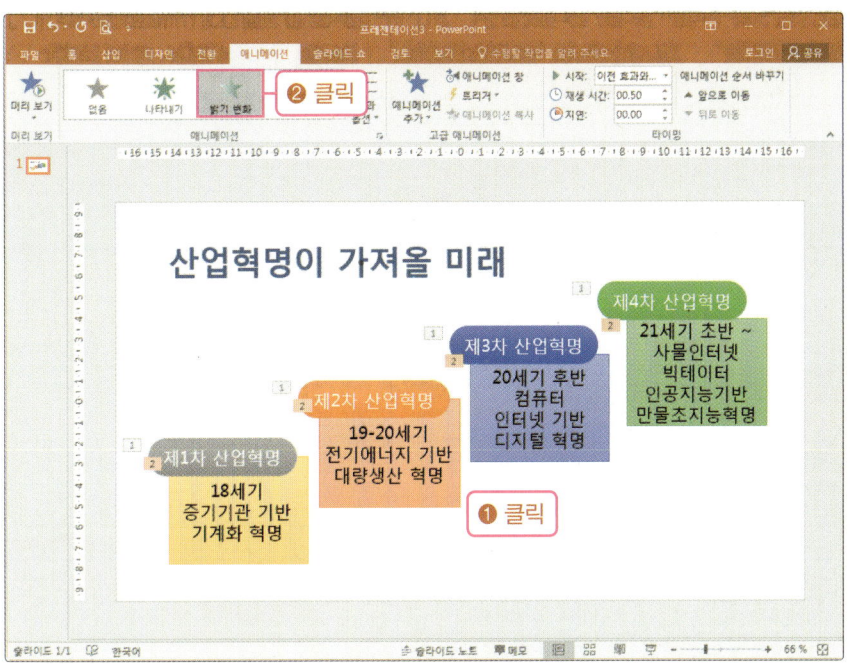

6 ❶ **두 번째 도형부터 네 번째 도형만 선택**한 후 ❷ **[시작]** 옵션을 **[이전 효과와 함께]**를 선택합니다. 첫 번째 도형은 [클릭할 때]를 실행하면 나머지 세 개의 모든 도형이 한꺼번에 표시됩니다.

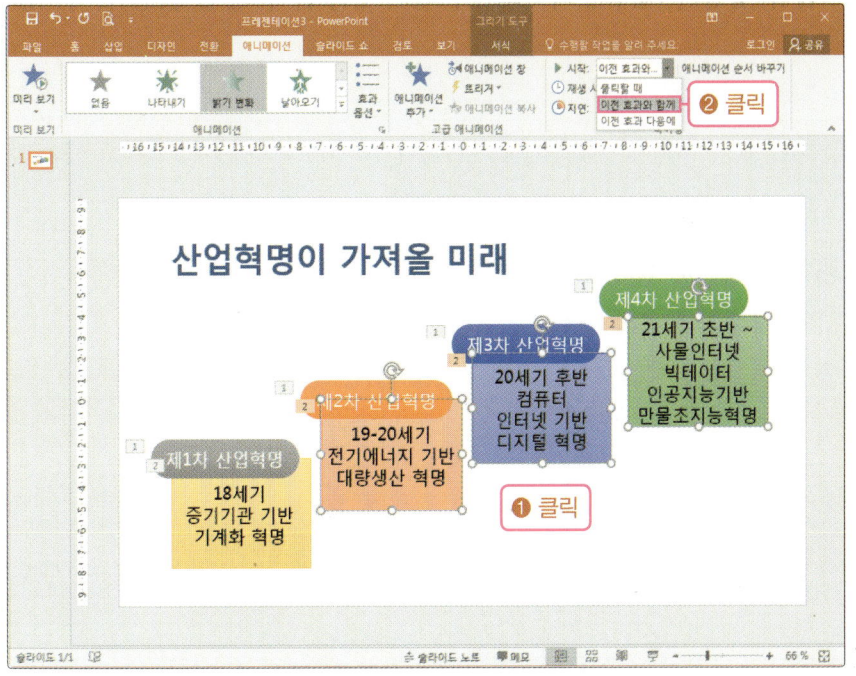

7 [애니메이션 창]을 이용해 재생해 봅니다. ❶ [애니메이션] 탭의 [고급 애니메이션] 그룹에서 [애니메이션 창]을 클릭합니다. ❷ 첫 번째 애니메이션을 선택한 후 ❸ [재생 시작]을 누릅니다.

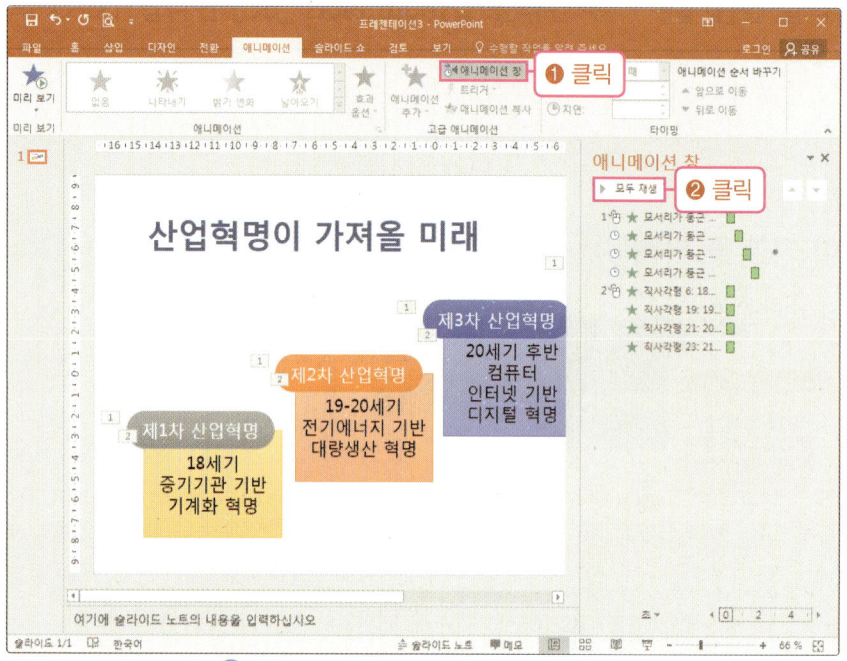

참고하세요

애니메이션 순서 바꾸기와 제거

- 애니메이션의 순서를 바꾸려면 ① 애니메이션을 드래그하여 원하는 위치에 놓거나 ② 상단의 [애니메이션 순서 바꾸기]에서 할 수 있습니다.

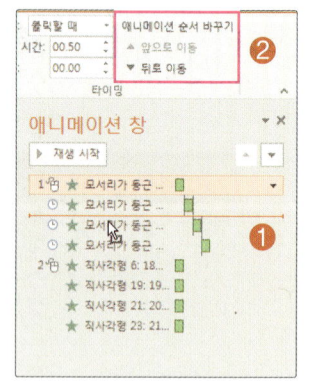

- 애니메이션을 제거하려면 제거할 애니메이션을 선택한 후 ① 목록 단추를 클릭하여 ② [제거]를 누르거나 Delete 를 누릅니다.

"혼자 풀어 보세요"

1 [제목 슬라이드]에 다음을 작성해 보세요. 그림을 삽입한 후 슬라이드 크기에 맞게 조절하세요. '전략기술.pptx'로 저장해 보세요.

[조건]
- 그림 애니메이션 : 나타내기 – 실선 무늬, 시작 옵션 – 클릭할 때
- 제목과 부제목 : 서서히 띄우기, 시작 옵션 – 이전 효과 다음에

2 1번 문제에 이어 [빈 화면] 슬라이드에 다음을 작성해 보세요.

[조건]
- [지능 분야] 도형 애니메이션 : 나타내기 – 밝기 변화, 시작 옵션 – 클릭할 때
- [디지털 분야] 도형 애니메이션 : 나타내기 – 밝기 변화, 시작 옵션 – 이전 효과 다음에
- [메시 분야] 도형 애니메이션 : 나타내기 – 밝기 변화, 시작 옵션 – 이전 효과 다음에
- 각 사각형 설명선 애니메이션 : 나타내기 – 닦아내기 – 오른쪽에서, 시작옵션 – 클릭할 때

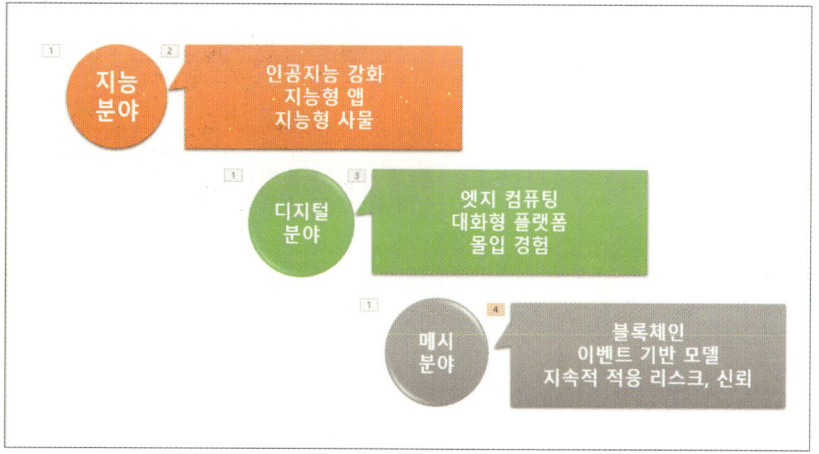

19 화면 전환효과 적용하기

슬라이드 쇼를 할 때 슬라이드와 슬라이드를 자연스럽게 연결할 수 있습니다.

➡➡ 화면전환 효과 설정 방법을 알아봅니다.
➡➡ 자동 실행 타이밍 설정 방법을 알아봅니다.

배울 내용 미리보기 ➕

▲ 파일명 : 박물관여행.pptx

화면 전환효과 적용하기

1 [제목 슬라이드]에 다음과 같이 작성합니다.

2 [구역 머리글] 슬라이드를 삽입한 후 다음과 같이 작성합니다.

3 [콘텐츠 2개] 슬라이드를 삽입한 후 다음과 같이 작성합니다.

④ [콘텐츠 2개] 슬라이드를 삽입한 후 다음과 같이 작성합니다.

광역시

- 국립광주박물관
- 국립중앙과학관
- 국립해양박물관
- 국립대구박물관
- 장생포고래박물관

⑤ [콘텐츠 2개] 슬라이드를 삽입한 후 다음과 같이 작성합니다.

전라북도

- 군산근대역사박물관
- 전주자연생태박물관
- 국립전주박물관

⑥ [콘텐츠 2개] 슬라이드를 삽입한 후 다음과 같이 작성합니다.

충청도와 경상도

- 국립청주박물관
- 국립공주박물관
- 국립부여박물관
- 국립김해박물관
- 국립진주박물관

7 ❶ **첫 번째 슬라이드를 클릭**한 후 ❷ **[전환] 탭**의 **[슬라이드 화면 전환] 그룹**에서 ❸ **자세히( )** 단추를 클릭합니다.

8 ❶ **[화려한 효과]**의 **[커튼]**을 선택합니다. 화면 전환이 적용된 슬라이드는 슬라이드 번호 앞에 [★]이 표시 됩니다.

9 ❶ [전환] 탭의 [미리 보기] 그룹에서 [미리 보기]를 클릭하여 화면 전환 효과를 확인해 봅니다.

10 ❶ 2번 슬라이드를 선택한 후 ❷ [전환] 탭의 [슬라이드 화면 전환] 그룹에서 ❸ [동적 콘텐츠]의 [궤도]를 선택합니다.

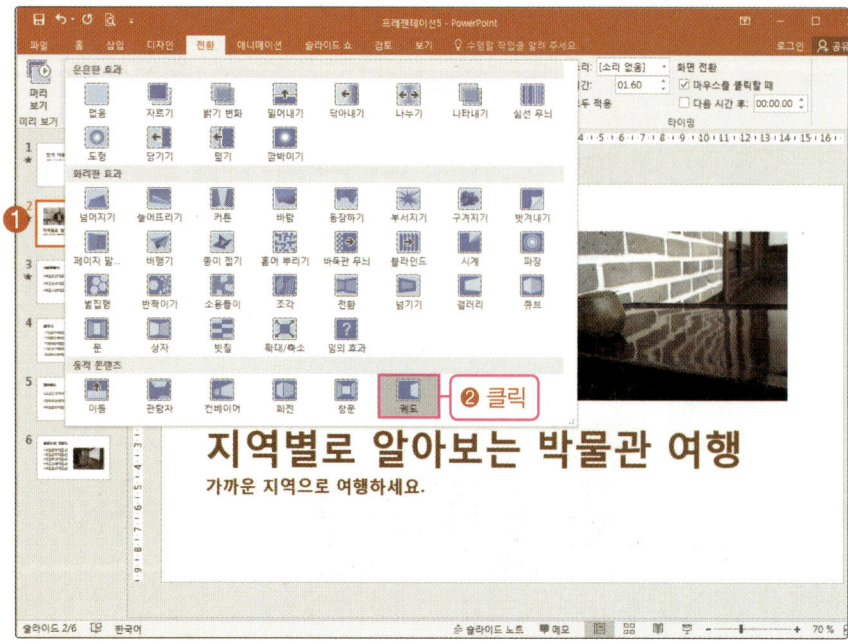

11 화면 전환의 방향을 바꿀 수 있습니다. ❶ [전환] 탭의 [슬라이드 화면 전환] 그룹에서 ❷ [효과 옵션]에서 [아래에서]를 선택합니다. ❸ [미리 보기]를 클릭하여 확인합니다.

12 화면 전환 효과를 없애려면 ❶ 1번 슬라이드를 선택한 후 ❷ [전환] 탭의 [슬라이드 화면 전환] 그룹에서 [없음]을 선택합니다.

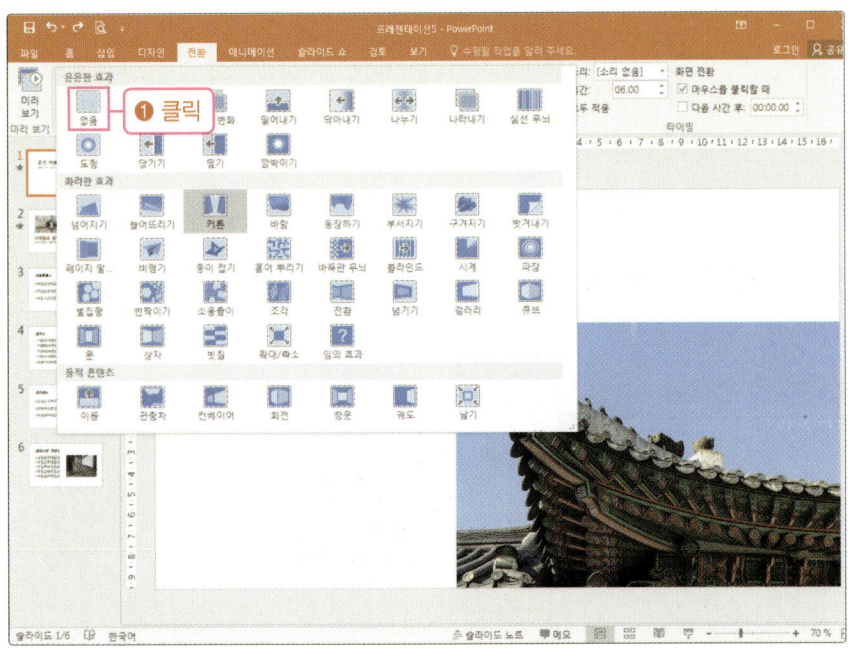

151

화면 전환효과 제어하기

1 슬라이드 전체에 같은 화면 전환을 적용할 수 있습니다. ❶ **[전환] 탭**의 **[슬라이드 화면 전환] 그룹**에서 자세히 목록 단추를 크릭하여 **[밀어내기]**를 선택합니다. ❷ [타이밍] 그룹에서 **[모두 적용]**을 클릭합니다.

참고하세요

[화면 전환] 효과나 [타이밍]을 모든 슬라이드에 적용할 때에는 임의의 슬라이드가 선택되어 있어도 되며, 특정한 슬라이드만 적용할 때에는 해당 슬라이드가 선택되어 있어야 합니다.

2 화면 전환 효과를 슬라이드 쇼로 확인합니다. ❶ **[슬라이드 쇼] 탭**의 **[슬라이드 쇼 시작] 그룹**에서 ❷ **[처음부터]**를 클릭합니다. `Enter` 또는 마우스를 클릭하여 슬라이드를 전환합니다.

③ 슬라이드의 화면 전환효과의 시간을 설정할 수 있습니다. ❶ **[전환] 탭**의 **[타이밍] 그룹**에서 [기간]을 **[2초]**로 설정한 후 **[모두 적용]**을 클릭합니다. [슬라이드 쇼] 실행을 해봅니다. 전환 속도가 느려집니다.

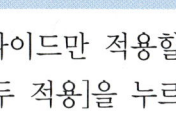

참고하세요

특정 슬라이드만 적용할 때는 [모두 적용]을 누르지 않습니다. 기간 설정 시간이 길수록 전환효과 속도가 느려집니다.

④ 슬라이드를 일정 시간이 지나면 자동으로 화면을 전환할 수 있습니다. [전환] 탭의 [타이밍] 그룹에서 ❶ [다음 시간 후]를 **[3초]**로 설정한 후 ❷ **[모두 적용]**을 클릭합니다.

5 슬라이드 쇼를 실행하여 화면 전환을 확인합니다. [3초]가 지나면 자동으로 화면이 전환됩니다.

6 화면 전환 시간을 사용하지 않으려면 [타이밍] 그룹에서 ❶ [다음 시간 후]의 체크를 해제합니다.

참고하세요

화면 전환의 시간을 해제하는 다른 방법으로는 [슬라이드 쇼] 탭의 [설정] 그룹에서 [시간 사용]의 체크를 해제합니다.

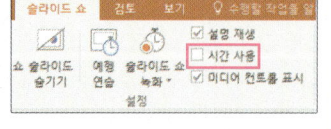

"혼자 풀어 보세요"

1 [자연주의] 디자인을 적용한 후 다음을 작성하세요. [상자] 화면 전환 효과를 설정하고, 효과 옵션을 [위에서]로 설정하세요. '교통안전수칙.pptx'로 저장해 보세요.

횡단보도 건널 때 교통 안전 수칙

- 횡단보도 앞에서는 우선 멈추고 좌우 차를 살펴요.
- 길을 건널 때는 운전자를 보며 왼쪽 손을 들고 건너요.
- 차량 멈춤을 확인한 후에 천천히 건너요.

2 1번에 이어 다음 슬라이드를 작성하고, [밀어내기] 화면 전환 효과, 효과 옵션을 [아래에서]로 모든 슬라이드에 설정하세요. [기간]은 [2초]로 설정하세요.

등, 학교길에서는 교통 안전 수칙

- 운전자의 눈에 잘 띄는 밝은 색 옷을 입어요.
- 무단횡단을 하지 말고, 도로에서 급하게 뛰지 말아요.
- 골목길에서 큰 차로에 나갈 때는 우선 멈추고 주변을 살펴요.

슬라이드 마스터 작성하기

모든 슬라이드에 공통되는 텍스트 서식, 그림, 도형 등을 미리 작성해서 템플릿을 효율적으로 관리하고 사용하는 작업입니다. 모든 슬라이드 또는 필요한 슬라이드를 편집할 수 있습니다.

▸▸ 동일한 양식 설정 방법을 알아봅니다.
▸▸ 특정 슬라이드만 마스터 설정하는 방법을 알아봅니다.
▸▸ 바닥글과 슬라이드 번호 삽입 방법을 알아봅니다.
▸▸ 슬라이드 마스터의 내용 입력과 수정 방법을 알아봅니다.

배울 내용 미리보기

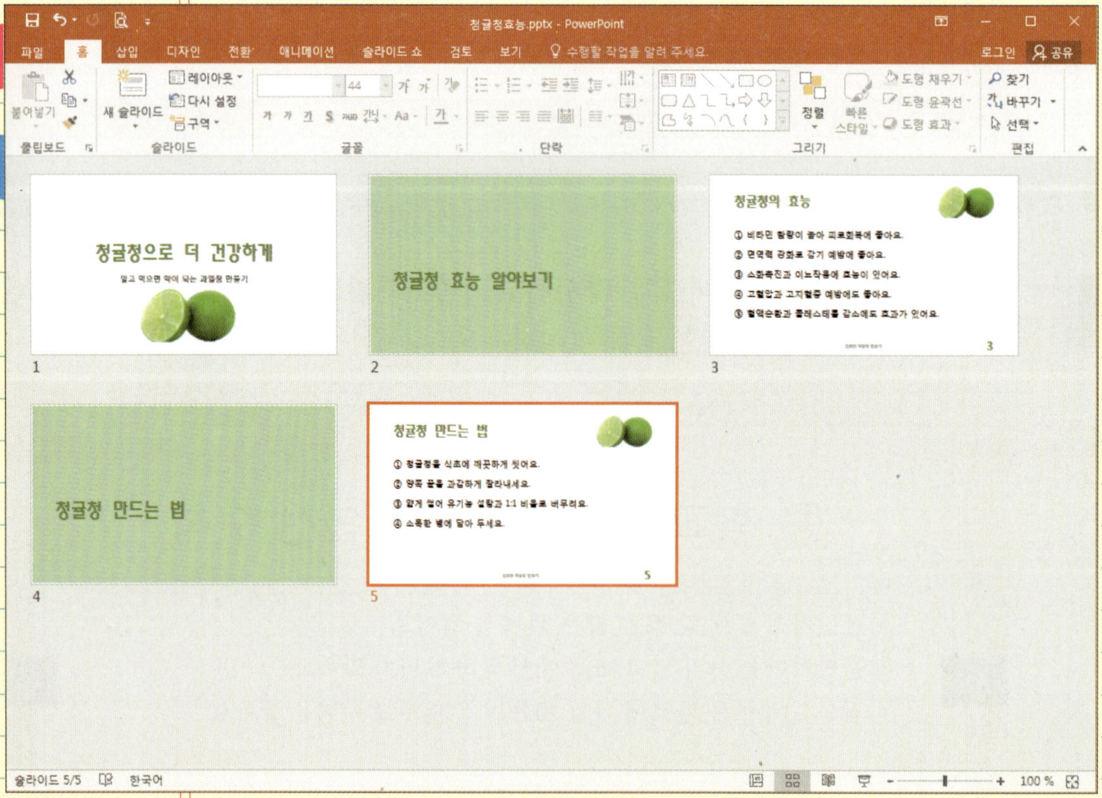

▲ 파일명 : 청귤청효능.pptx

모든 슬라이드에 동일한 양식 적용하기

1 모든 슬라이드에 동일한 서식을 넣을 수 있습니다. ❶ **[보기] 탭**의 **[마스터 보기] 그룹**에서 ❷ **[슬라이드 마스터]**를 클릭합니다.

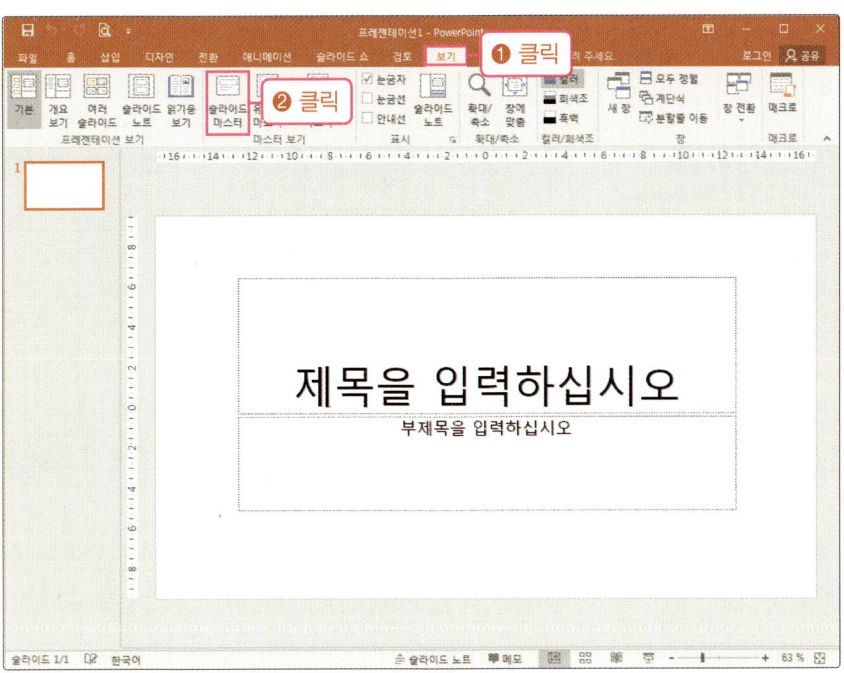

2 [슬라이드 마스터] 탭이 열립니다. 왼쪽의 마스터 미리보기 창에서 ❶ **[1. office 테마 슬라이드 마스터]**를 선택합니다.

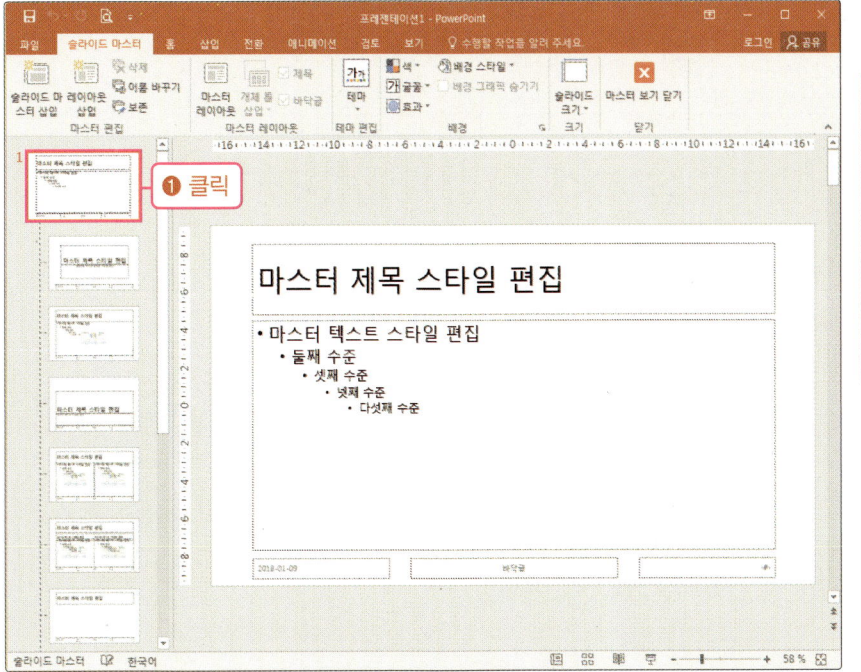

참고하세요

[1. office 테마 슬라이드 마스터] 슬라이드는 모든 슬라이드의 대표 슬라이드로 여기에 설정하는 서식은 다른 모든 슬라이드에 똑같이 적용됩니다.

3 제목 서식을 바꾸기 위해 ❶ **[제목] 텍스트 상자를 선택**한 후 ❷ **[홈] 탭**의 **[글꼴] 그룹**에서 다음과 같이 ❸ **[글꼴], [크기], [색]을 변경**합니다. 하위에 있는 모든 슬라이드의 제목 서식이 동일하게 적용됩니다.

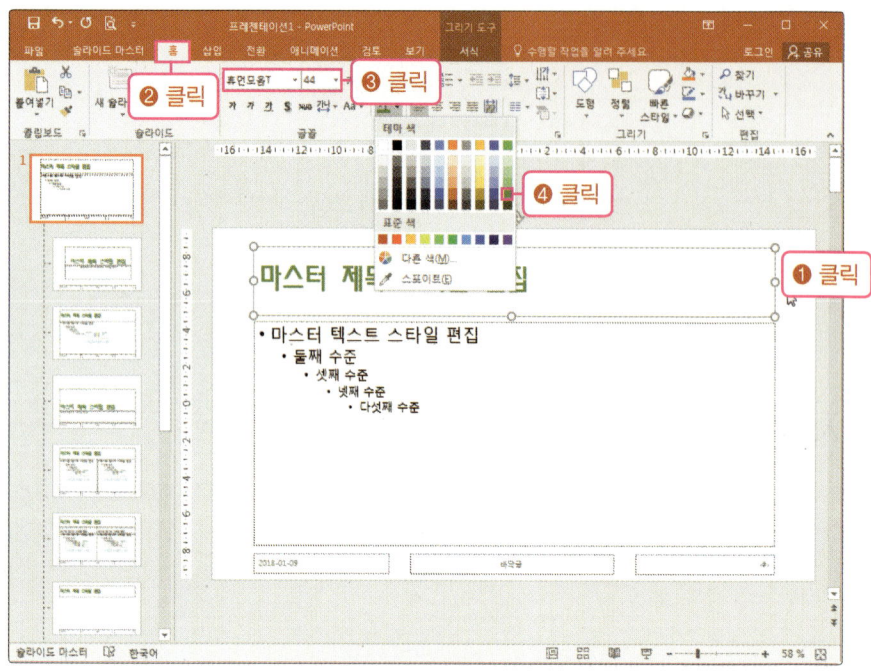

4 ❶ 개체 틀의 첫 번째 텍스트 영역의 서식을 설정하기 위해 **드래그하여 영역 설정**한 후 ❷ **[홈] 탭**의 **[단락] 그룹**에서 ❸ **[번호 매기기]**와 ❹ **[줄 간격 : 1.5]**를 설정합니다.

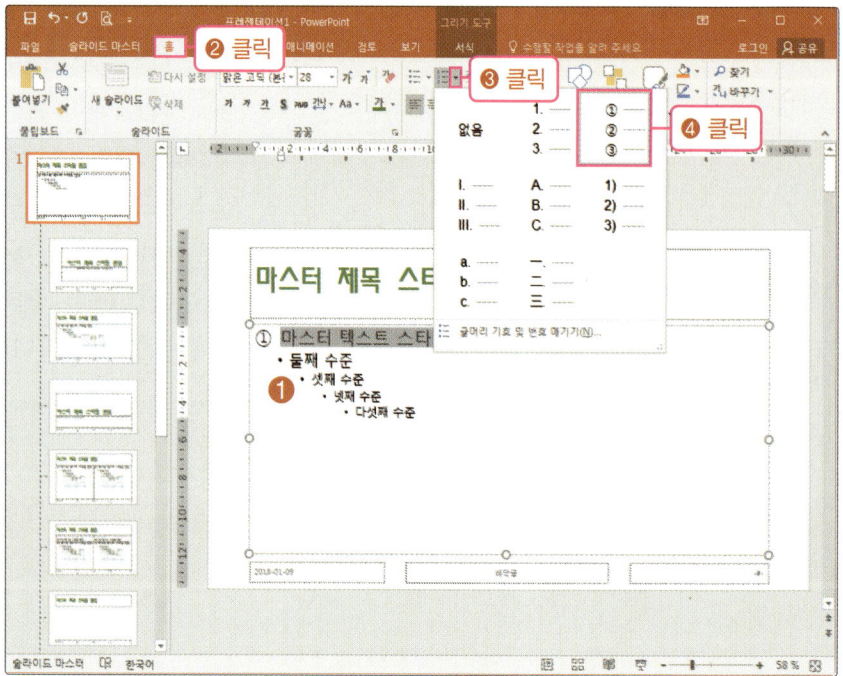

5 모든 슬라이드에 동일한 그림을 넣을 수 있습니다. [1. office 테마 슬라이드 마스터] 슬라이드가 선택된 상태에서 ❶ **[삽입] 탭**의 **[이미지] 그룹**에서 ❷ **[그림]**을 클릭한 후 그림을 삽입합니다. ❸ **크기를 조절**하여 **왼쪽 하단에 배치**합니다. 모든 슬라이드에 그림이 적용됩니다.

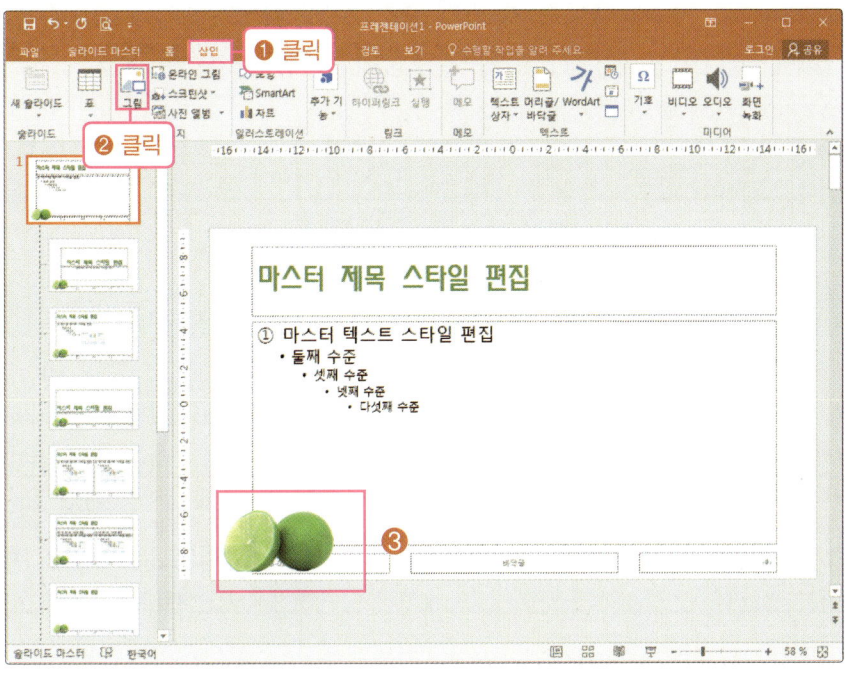

6 슬라이드 번호를 편집할 수 있습니다. 오른쪽 하단의 ❶ **[⟨#⟩]을 선택**한 후 ❷ **[홈] 탭**의 [글꼴] 그룹에서 ❸ **다음과 같이 설정**합니다.

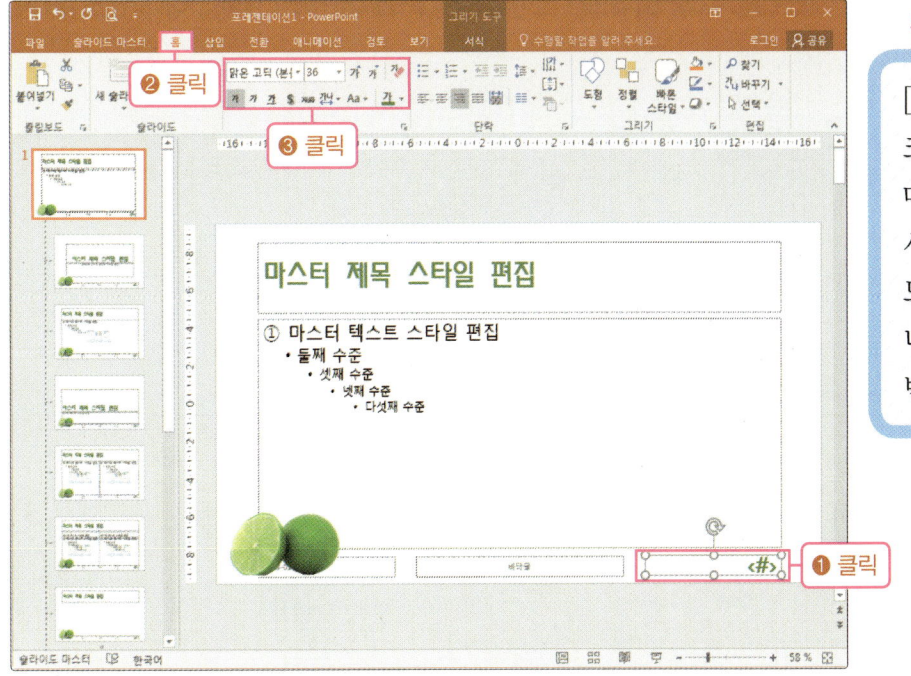

참고하세요

[⟨#⟩]은 슬라이드 번호 코드입니다. 슬라이드 마스터에서는 코드가 표시되며, 삭제하면 슬라이드 번호가 표시되지 않습니다. 이동하여 위치를 변경할 수 있습니다.

특정 슬라이드에만 마스터 적용하기

1 개별 슬라이드를 편집할 수 있습니다. ❶ [1. office 테마 슬라이드 마스터] 아래에 있는 [**제목 슬라이드 레이아웃**]을 선택한 후 ❷ [**슬라이드 마스터**] **탭**의 [**배경**] **그룹**에서 ❸ [**배경 그래픽 숨기기**]를 체크합니다. [제목 슬라이드 레이아웃]에만 그림이 삭제됩니다.

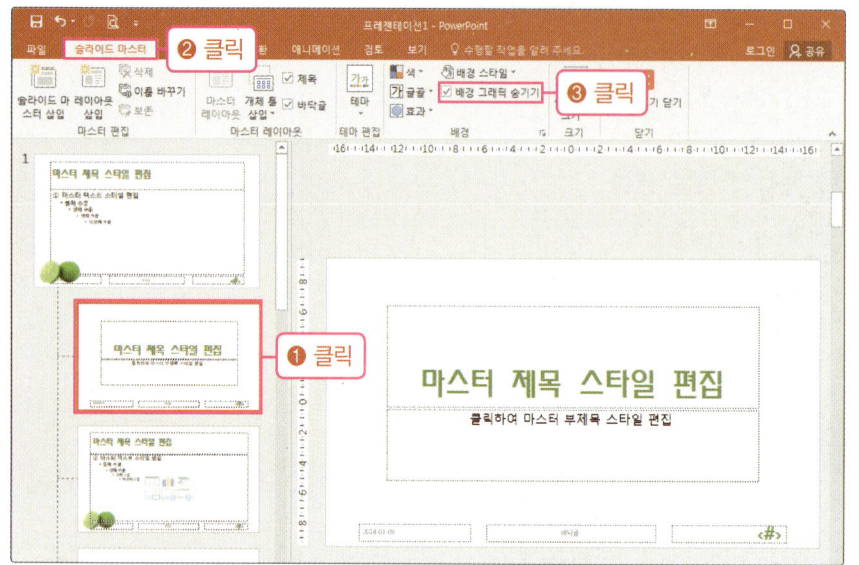

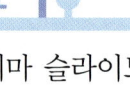

참고하세요

[1. office 테마 슬라이드 마스터] 아래에 있는 슬라이드는 각 각 편집이 가능합니다.

2 중간 표지를 만들어 봅니다. ❶ [**구역 머리글 레이아웃**] 슬라이드를 선택한 후 ❷ [**슬라이드 마스터**] 탭의 [**배경**] 그룹에서 ❸ [**배경 서식**] 단추를 클릭합니다. ❹ [배경 서식] 창에서 [**배경 그래픽 숨기기**]를 체크하여 그림을 없앱니다. ❺ [**배경색**]을 그림과 같이 선택하고 ❻ [슬라이드] 하단의 [**날짜, 바닥글, 페이지 번호**]는 Delete 를 눌러 삭제합니다.

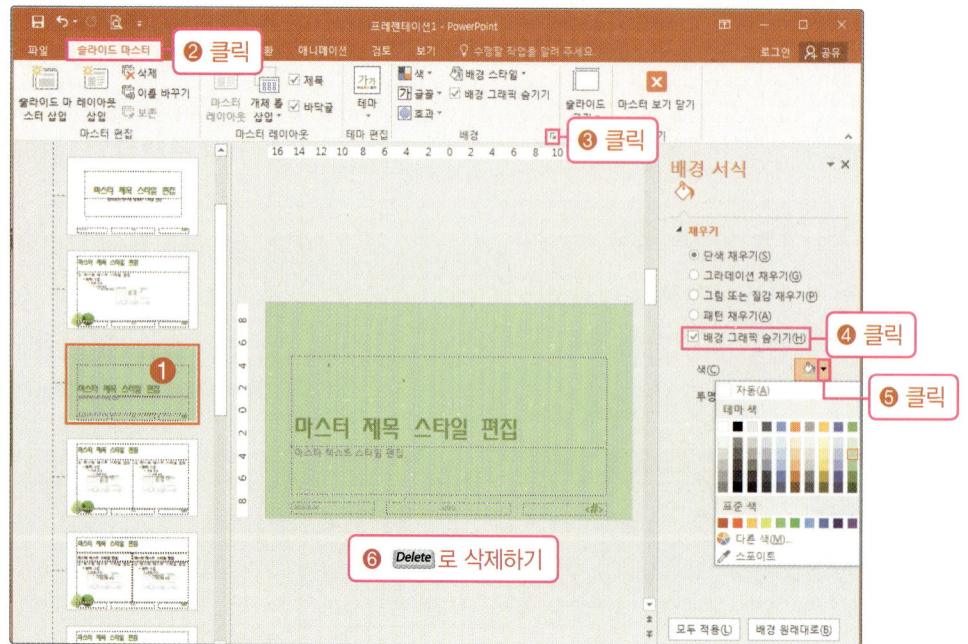

③ 전체 슬라이드 마스터 설정과 개별 슬라이드 마스터 설정이 끝나면 ❶ [슬라이드 마스터] 탭의 [닫기] 그룹에서 ❷ [마스터 보기 닫기]를 클릭합니다.

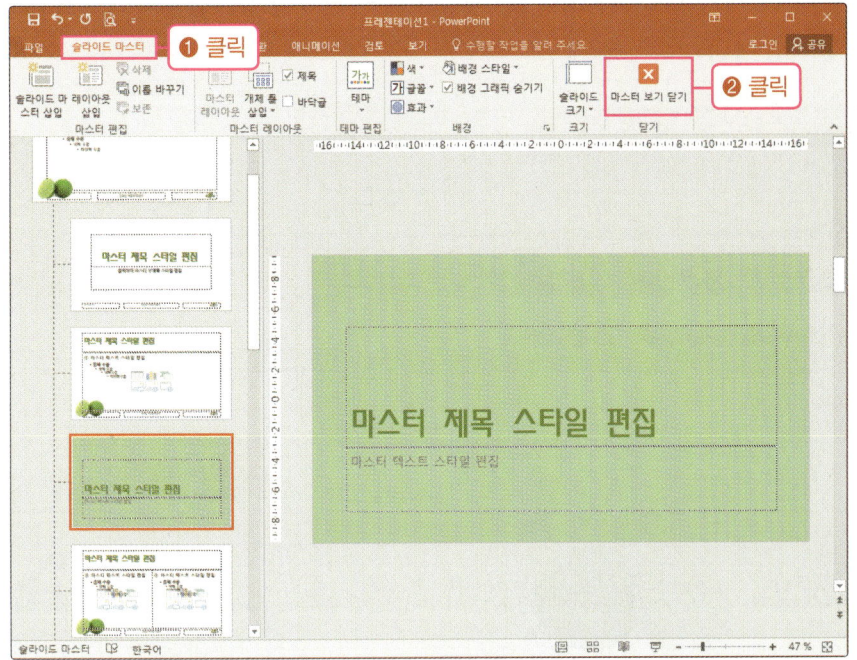

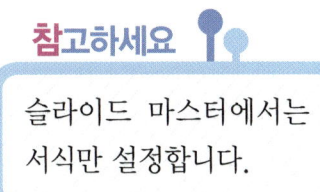

참고하세요
슬라이드 마스터에서는 서식만 설정합니다.

④ 제목 슬라이드에 다음과 같이 작성합니다.

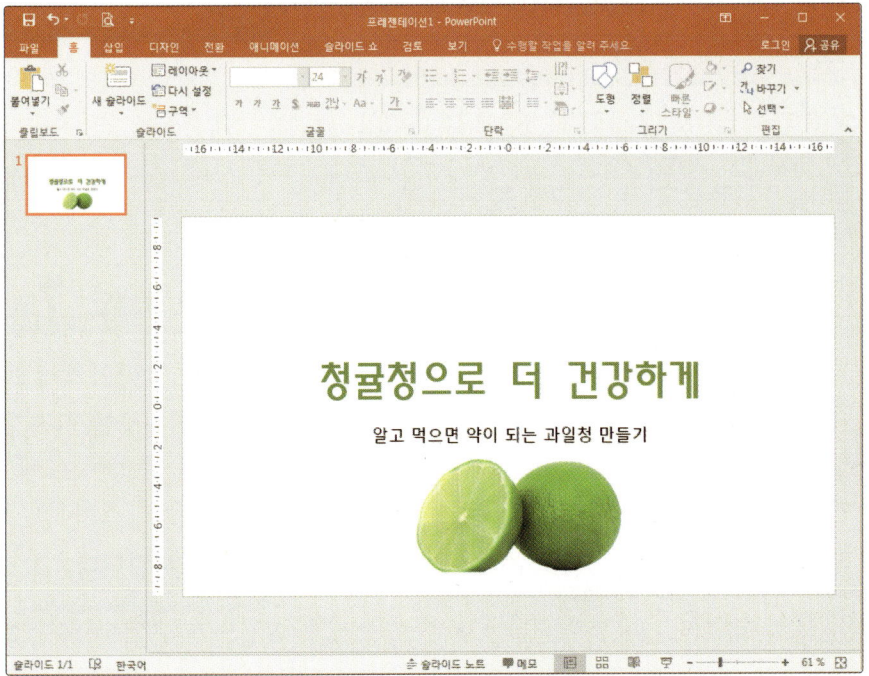

03 바닥글과 슬라이드 번호 삽입하기

1 슬라이드에 바닥글과 슬라이드 번호를 삽입할 수 있습니다. ❶ **[삽입] 탭**의 **[텍스트] 그룹**에서 ❷ **[머리글/바닥글]**을 선택합니다.

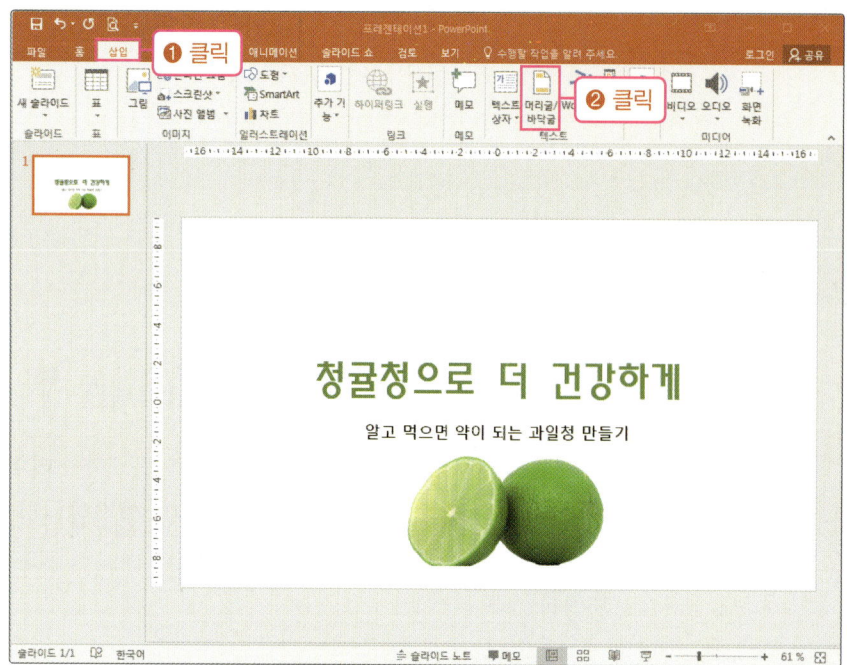

> **참고하세요**
> [슬라이드 마스터]에서 삽입도 가능합니다.

2 [머리글/바닥글] 대화상자가 열리면 ❶ [슬라이드 번호], [바닥글], [제목 슬라이드에는 표시 안 함]에 체크한 후 바닥글을 입력합니다. ❷ [모두 적용]을 누릅니다.

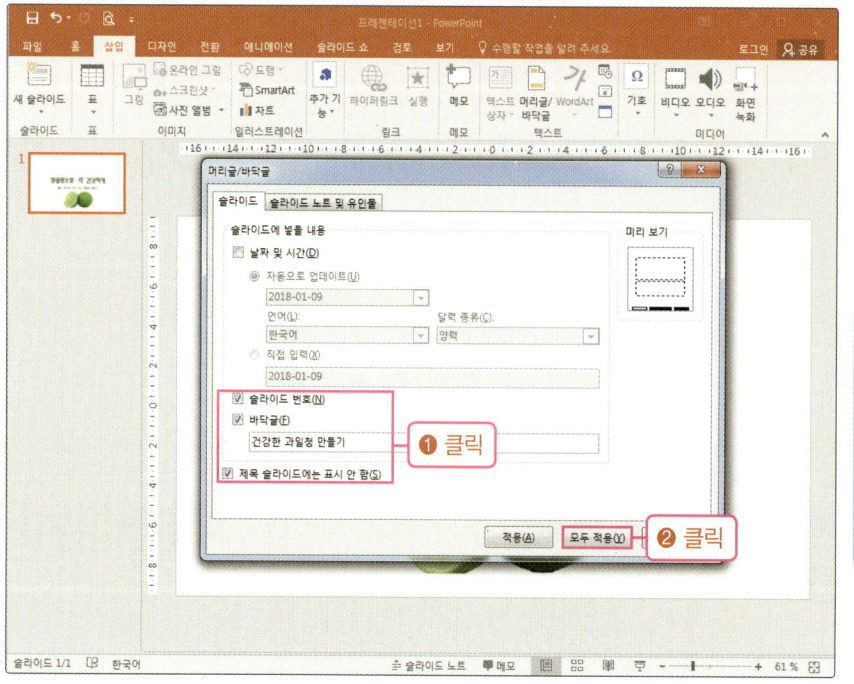

> **참고하세요**
> [제목 슬라이드에 표시 안 함]에 체크를 하지 않으면 [제목 슬라이드]에도 [바닥글]과 [슬라이드 번호]가 표시됩니다.

슬라이드 마스터 내용 입력과 수정

1 ❶ **[홈] 탭**의 **[슬라이드] 그룹**에서 **[새 슬라이드]**를 클릭합니다. 레이아웃이 미리 설정되어 있습니다. ❷ **[구역 머리글]**을 삽입합니다.

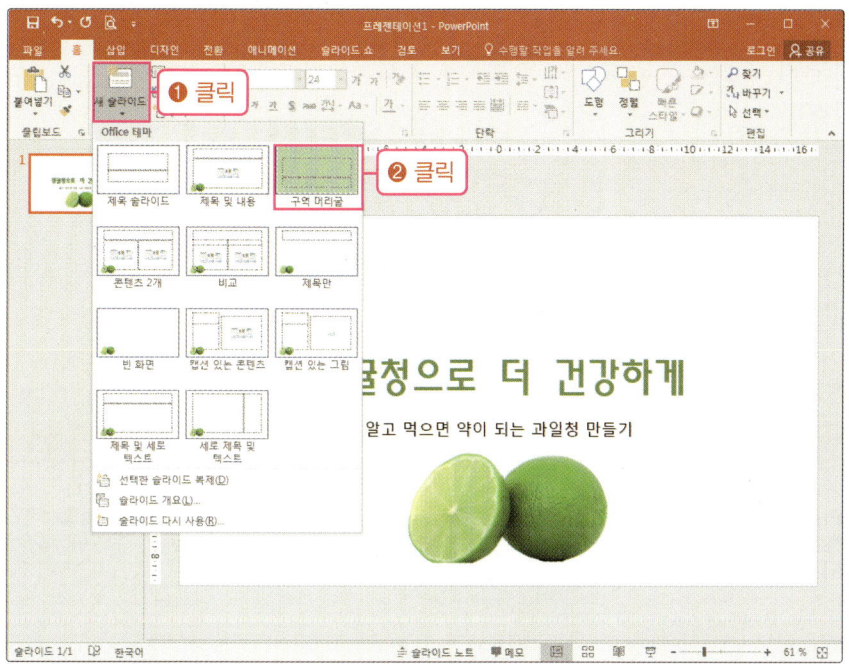

2 제목을 입력합니다. 슬라이드 마스터에서 글꼴, 크기, 색 등을 미리 설정해 두어 입력만 하면 됩니다.

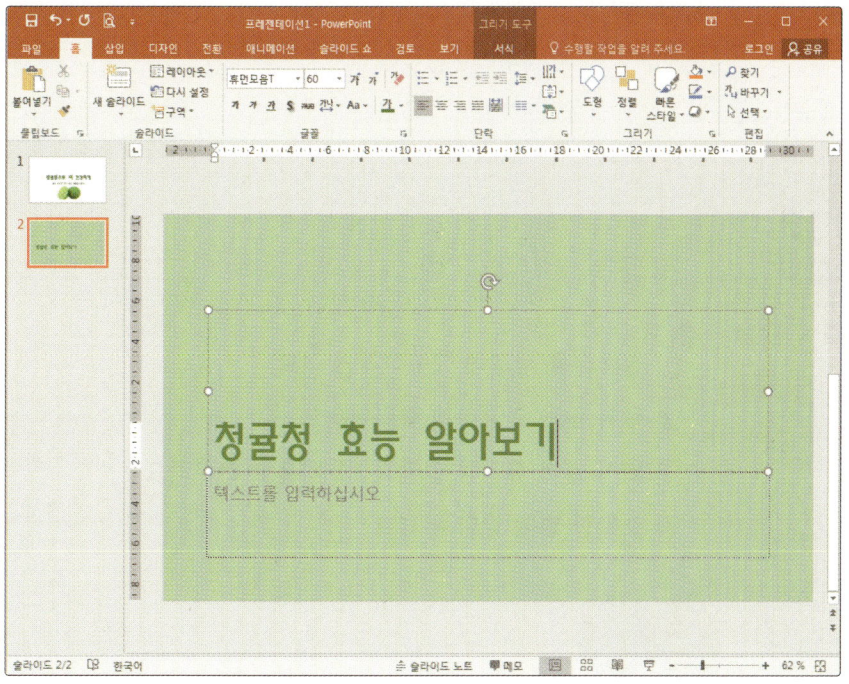

③ [홈] 탭의 [슬라이드] 그룹에서 [새 슬라이드]를 클릭합니다. [제목 및 내용] 슬라이드를 삽입하고 내용을 입력합니다. 번호매기기와 줄 간격도 미리 설정해두어 따로 편집하지 않고 입력만 합니다.

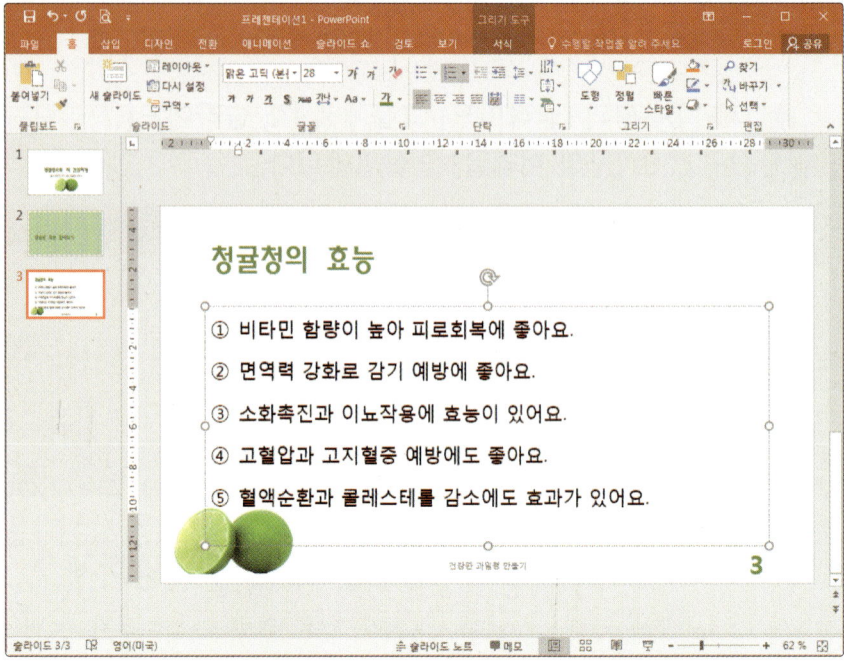

④ [구역 머리글] 슬라이드를 삽입한 후 다음과 같이 입력합니다.

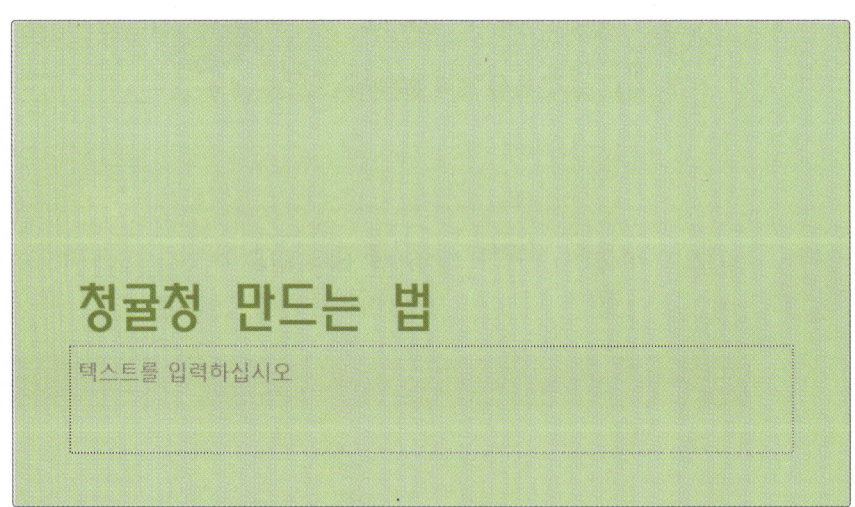

⑤ [제목 및 내용]슬라이드를 삽입하고 내용을 입력합니다.

⑥ 슬라이드 마스터를 수정할 수 있습니다.
❶ [보기] 탭의 [마스터 보기] 그룹에서
❷ [슬라이드 마스터]를 클릭합니다.

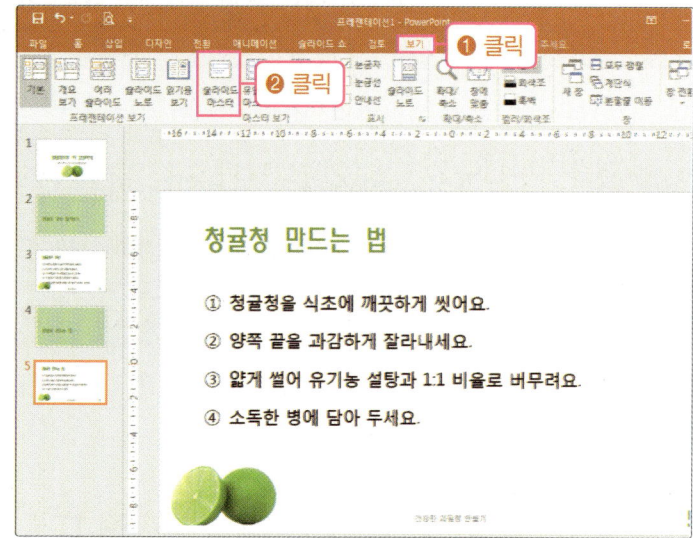

⑦ [1. office 테마 슬라이드 마스터]의 ❶ 그림을 오른쪽 상단으로 이동한 후 ❷ [슬라이드 마스터] 탭의 [닫기] 그룹에서 ❸ [마스터 보기 닫기]를 클릭합니다.

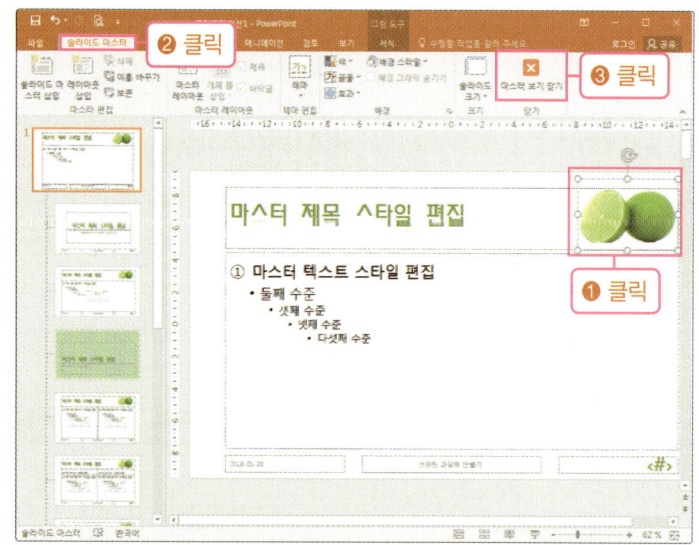

⑧ 전체 슬라이드의 그림의 위치가 변경되었습니다.

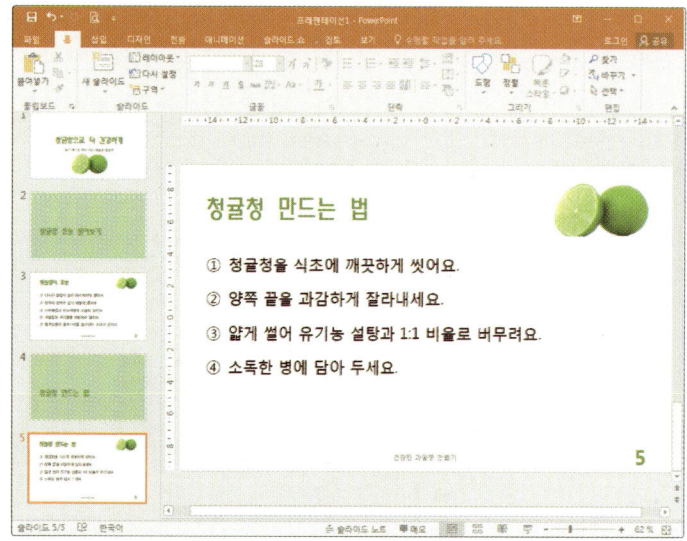

"혼자 풀어 보세요"

1 슬라이드 마스터를 이용하여 다음 슬라이드를 작성해 보세요..

[조건]
- 제목 슬라이드에는 그림과 슬라이드 번호는 표시하지 않음
- 슬라이드 번호는 우측 상단으로 배치
- 글꼴과 서식은 출력형태와 동일하게 지정

2 1번에 이어 다음 슬라이드를 작성해 보세요..

"혼자 풀어 보세요"

3 2번에 이어 다음 슬라이드를 작성해 보세요..

건강한 마을, 행복한 마을

- 건강 생활터를 조성해 매일매일 운동해요
- 금연구역을 확대하고, 계단 걷기를 해요.
- 마을복지 이야기를 나누고 함께 고민해요.

4 3번에 이어 다음 슬라이드를 작성하세요. '마을만들기.pptx'로 저장해 보세요.

쓰레기 분리수거가 잘되는 마을.

- 쓰레기는 폐기용과 재활용으로 구분해요.
- 폐기용은 종량제 봉투에 넣어요
- 재생용 쓰레기는 음식물쓰레기, 플라스틱, 종이, 유리, 캔류로 분리하여 처리해요.

21 슬라이드 노트와 슬라이드 쇼

프레젠테이션에서 가장 중요한 것은 연습입니다. 시나리오를 작성하고 충분한 예행연습를 거쳐 프레젠테이션을 하는 것이 중요합니다.

➼➼ 슬라이드 노트 작성 방법을 알아봅니다.
➼➼ 슬라이드 쇼를 시작하는 방법을 알아봅니다.
➼➼ 발표자 도구 사용방법을 알아봅니다.

배울 내용 미리보기

▲ 파일명 : 미세먼지.pptx

01 슬라이드 노트 작성과 인쇄

1 배경 서식을 [패턴]으로 채운 후 다음 슬라이드를 작성합니다.

미세먼지
- 장기간 흡입하면 천식이나 폐질환 유발
- 어린이나 노인등 호흡기 질환자등 건강에 악영양을 끼침

2 슬라이드를 삽입한 후 다음을 작성합니다.

미세먼지가

인체에 미치는 영향
- 눈에는 알레르기성 결막염 또는 각막염
- 코 알레르기성 비염
- 기관지 기관지염. 폐기종, 천식

3 슬라이드를 삽입한 후 다음을 작성합니다.

미세먼지 발생시

생활 수칙
- 장시간 야외활동 자제
- 보건용 마스크 착용
- 외출 후 손과 얼굴 씻기
- 충분한 수분섭취
- 환기등 실내 공기질 관리

4 슬라이드에 발표할 내용을 입력할 수 있습니다. ❶ 슬라이드 하단의 **[슬라이드 노트]**를 클릭한 후 ❷ **경계선을 드래그**하여 [노트 영역]을 넓힙니다.

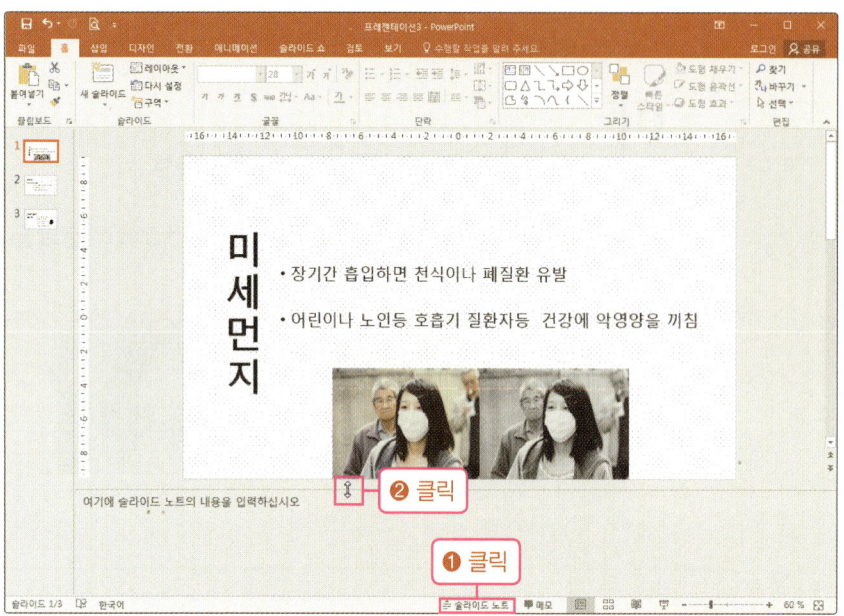

5 슬라이드 노트 영역에 다음과 같이 입력합니다.

슬라이드 쇼와 발표자 도구

1 슬라이드 쇼를 시작하려면 ❶ **[슬라이드 쇼]** 탭의 **[슬라이드 쇼 시작]** 그룹에서 ❷ **[처음부터]**를 클릭합니다.

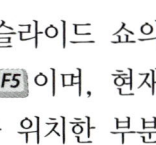 **참고하세요**

처음부터 슬라이드 쇼의 단축키는 F5 이며, 현재 슬라이드가 위치한 부분부터 슬라이드 쇼를 하려면 [현재 슬라이드 부터]를 클릭합니다. 단축키로는 Shift + F5 입니다.

2 첫 슬라이드 부터 슬라이드 쇼가 시작됩니다. 슬라이드 쇼를 진행하면서 강조할 부분은 펜으로 표시를 할 수 있습니다. ❶ 마우스 오른쪽 단추를 누른 후 **[포인터 옵션]**을 클릭한 후 ❷ **[펜]**을 선택합니다.

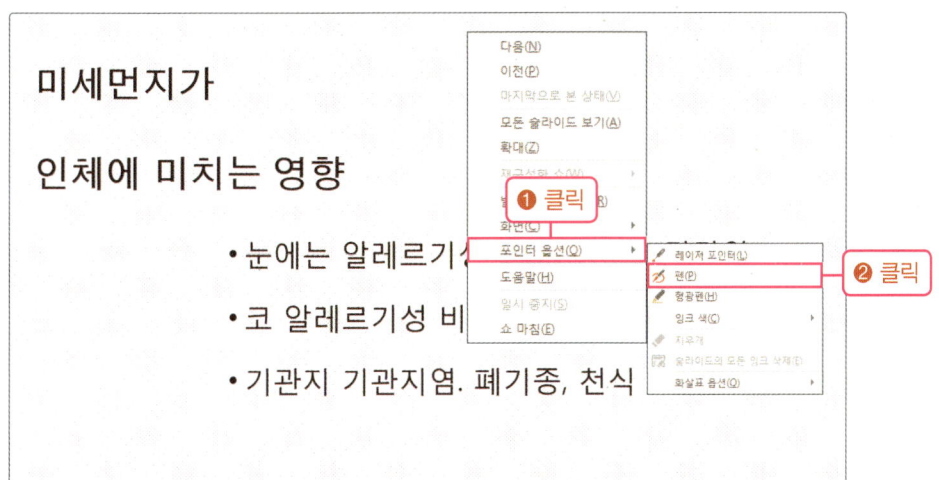

③ 중요한 부분을 표시합니다.

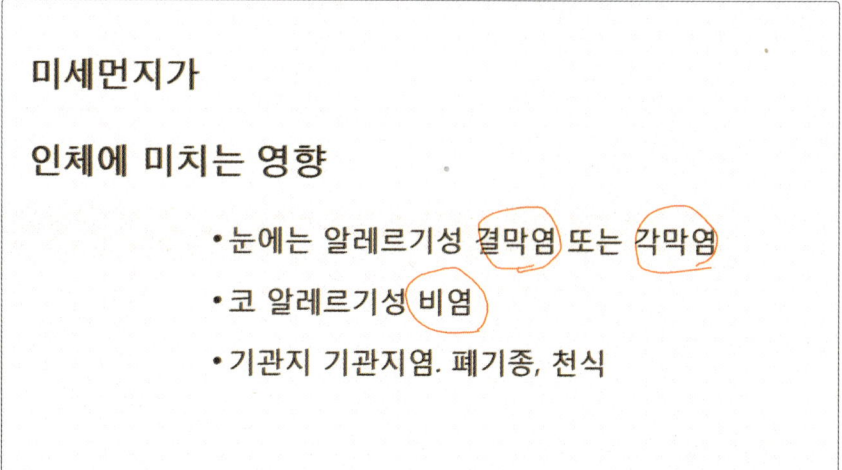

④ 슬라이드 쇼를 마치면 [잉크 주석을 유지하시겠습니까?] 라는 대화상자가 열리면 [예]를 클릭합니다. 표시한 부분이 필요하지 않으면 [아니요]를 클릭합니다.

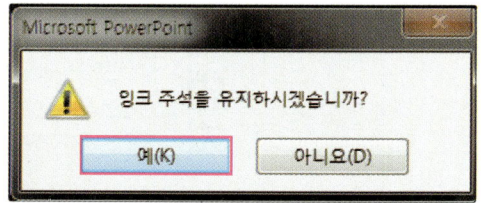

⑤ 슬라이드에 [슬라이드 쇼]에서 표시했던 잉크 주석이 남아있습니다.

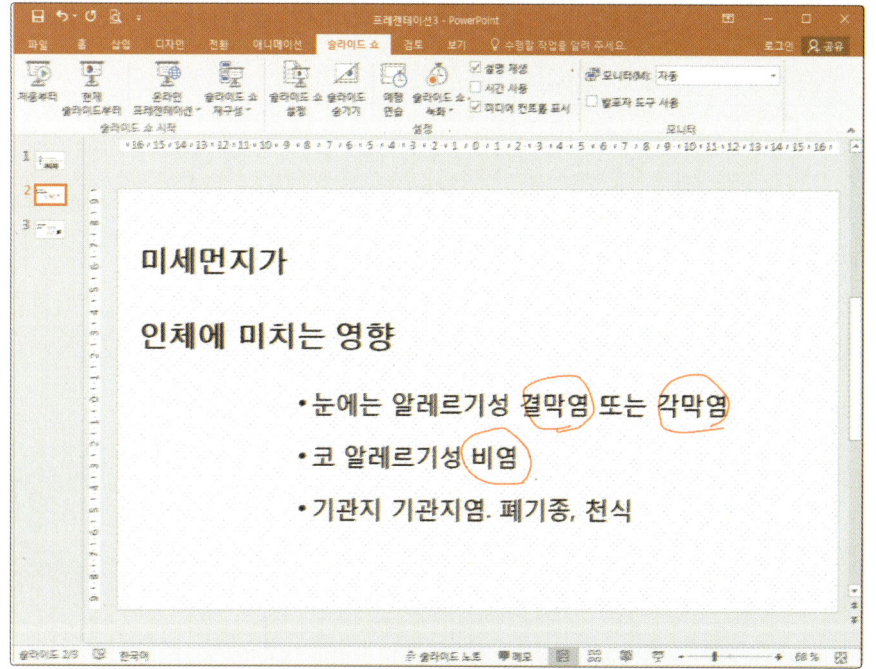

참고하세요

참고하세요. 잉크주석을 삭제하려면 잉크주석을 클릭하여 선택한 후 Delete 를 누릅니다.

03 발표자 도구

1 발표자 도구를 사용하면 청중은 슬라이드 쇼를 보고 발표자는 발표자 내용을 보는 화면으로 표시되어 슬라이드 쇼를 할 수 있습니다. ❶ **[슬라이드 쇼] 탭**의 **[모니터] 그룹**에서 ❷ **[발표자 도구 사용]에 체크**합니다.

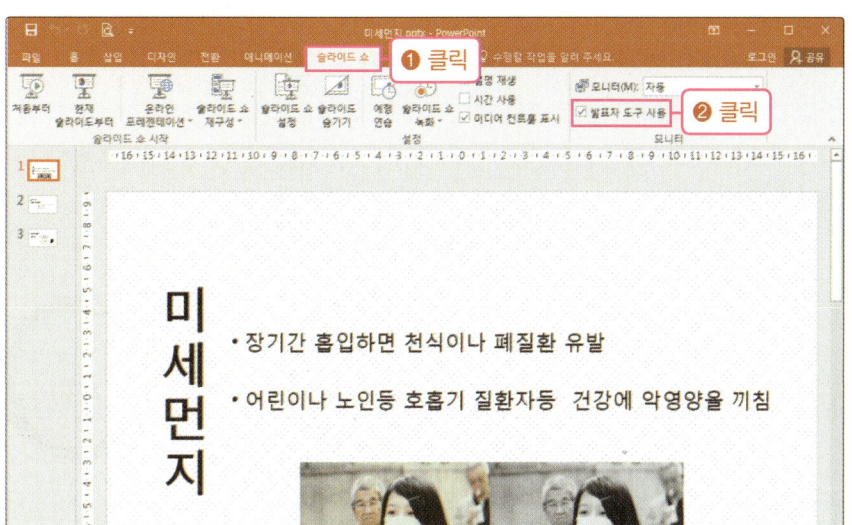

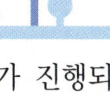

참고하세요

슬라이드 쇼가 진행되는 상태에서 발표자 도구를 보려면 [슬라이드 쇼] 상태에서 마우스 오른쪽 단추를 누른 후 [발표자 도구 표시]를 누릅니다.

2 [슬라이드 쇼] 탭의 [슬라이드 쇼 시작] 그룹에서 [처음부터]를 클릭합니다. 발표자가 보는 화면과 청중이 보는 화면 두 화면이 표시됩니다.

"혼자 풀어 보세요"

1. 디자인 테마 [틀]을 적용하여, 다음 슬라이드를 작성하세요.

2. 1번에 이어 다음 슬라이드를 작성하고, 슬라이드 쇼를 실행하고, 펜으로 중요부분을 표시하세요.

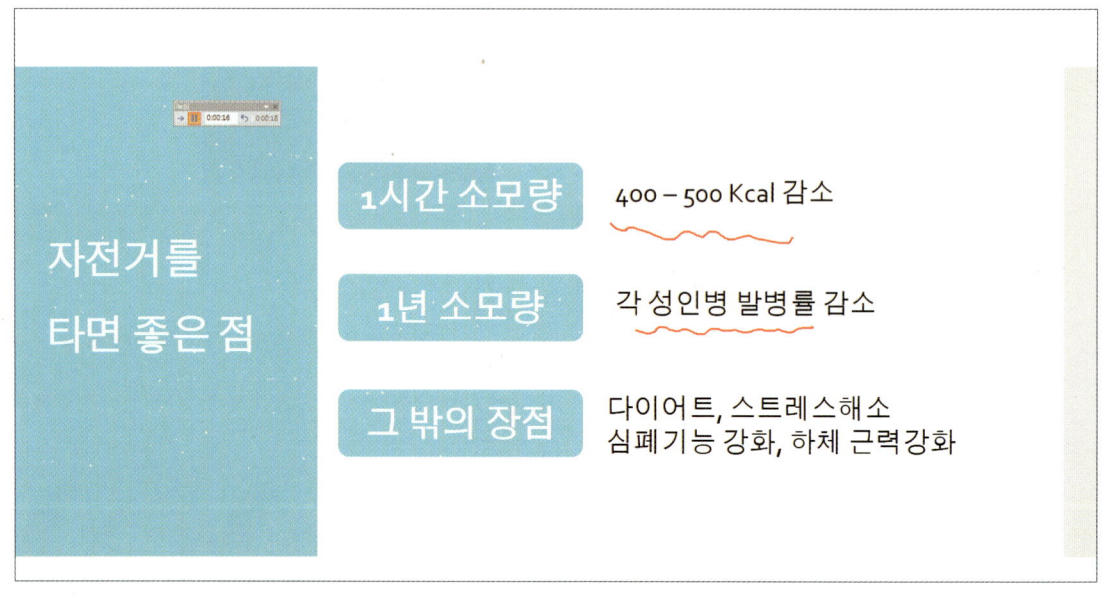

"혼자 풀어 보세요"

3 2번에 이어 다음 슬라이드를 작성하세요. 슬라이드 노트를 입력해 보세요. 슬라이드 쇼를 한 후 발표자 도구를 실행해 보세요.

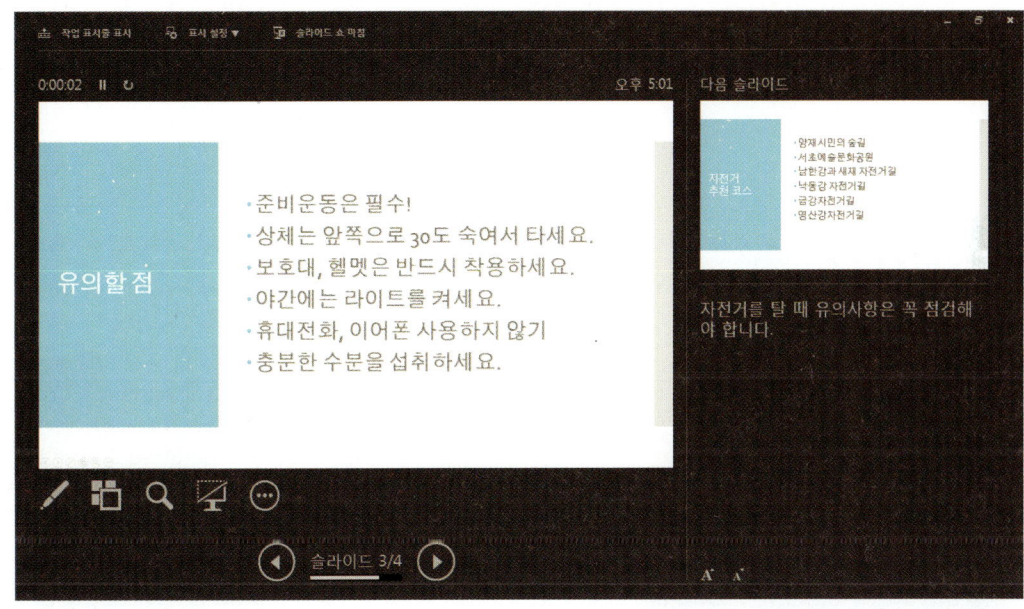

4 3번에 이어 다음 슬라이드를 작성하세요. '자전거.pptx'로 저장해 보세요.

자전거 추천 코스
- 양재시민의 숲길
- 서초예술문화공원
- 남한강과 새재 자전거길
- 낙동강 자전거길
- 금강자전거길
- 영산강자전거길

22 슬라이드 인쇄와 배포

프레젠테이션을 유인물로 만들어 배포할 수 있으며, 다양한 저장방법으로 파워포인트 파일을 만들 수 있습니다.

- 다양한 인쇄 방법을 알아봅니다.
- 다양한 저장 방법을 알아봅니다.

배울 내용 미리보기

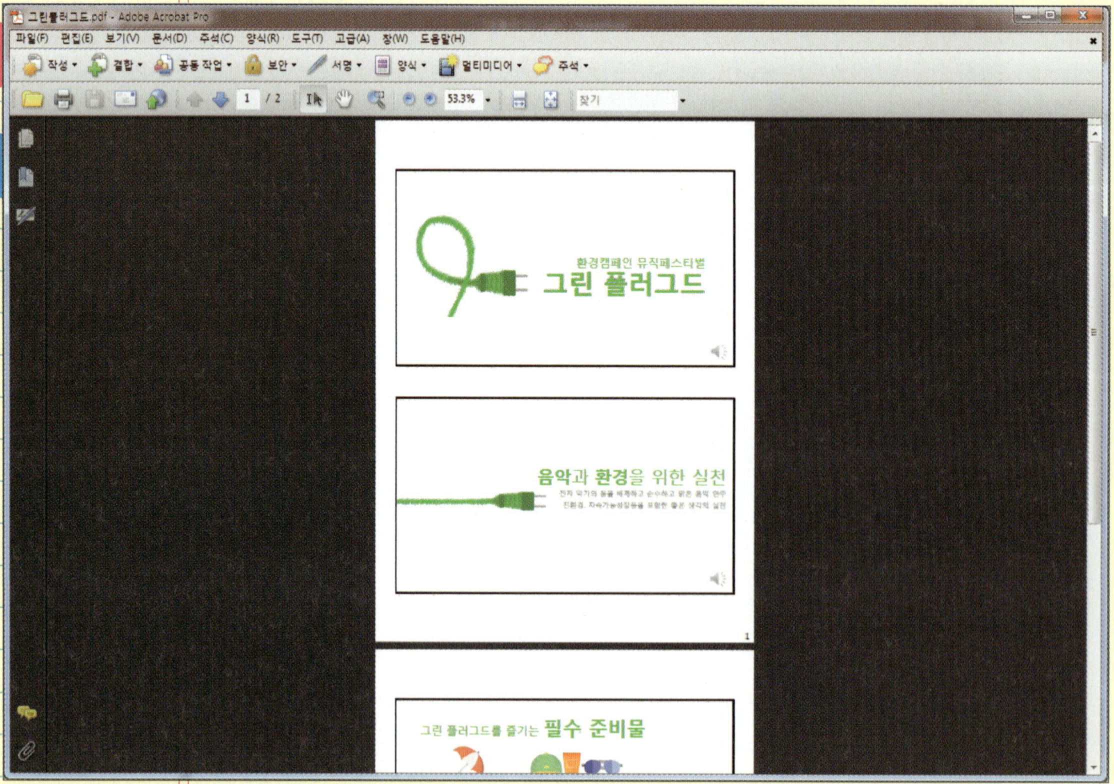

▲ 파일명 : 그린플러그드.pptx

프레젠테이션 내보내기

1 '그린플러그드.pptx' 파일을 불러옵니다. 슬라이드를 PDF파일로 저장할 수 있습니다. [파일] 탭을 클릭한 후 ❶ [**내보내기**]의 ❷ [**PDF/XPS 문서 만들기**]를 선택한 후 ❸ [**PDF/XPS 만들기**]를 클릭합니다.

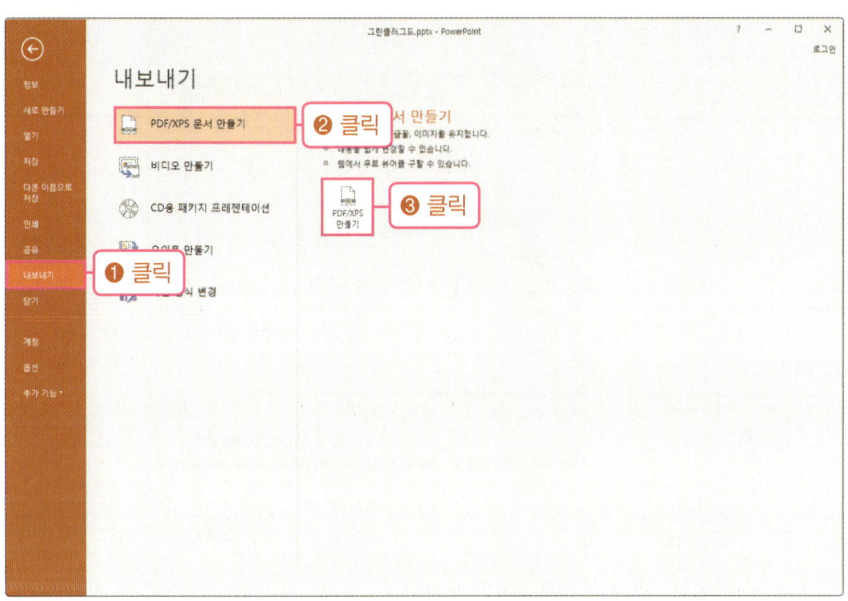

2 [PDF/XPS로 게시] 대화상자가 열리면 ❶ [**옵션**]을 누릅니다.

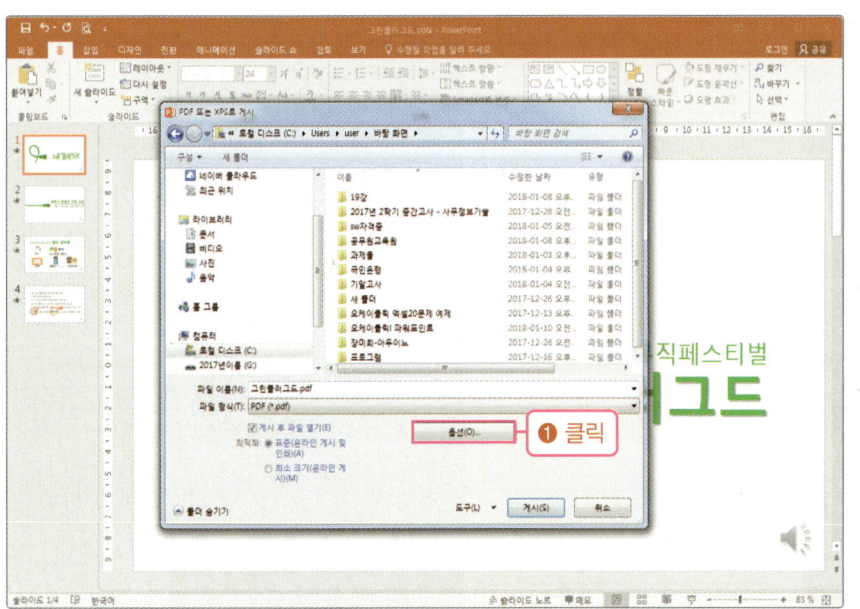

참고하세요

[옵션]을 설정하지 않으면 1페이지에 1슬라이드가 한 장씩 변환됩니다.

177

3. [옵션]창에서 [게시 대상]을 ❶ **[유인물]**로 선택하고, **슬라이드 테두리**를 체크합니다. ❷ [한 페이지에 넣을 슬라이드 수]를 [2]로 설정한 후 ❸ **[확인]**을 누릅니다. ❹ 다시 [PDF/XPS로 게시] 대화상자로 돌아오면 **[게시]**를 누릅니다.

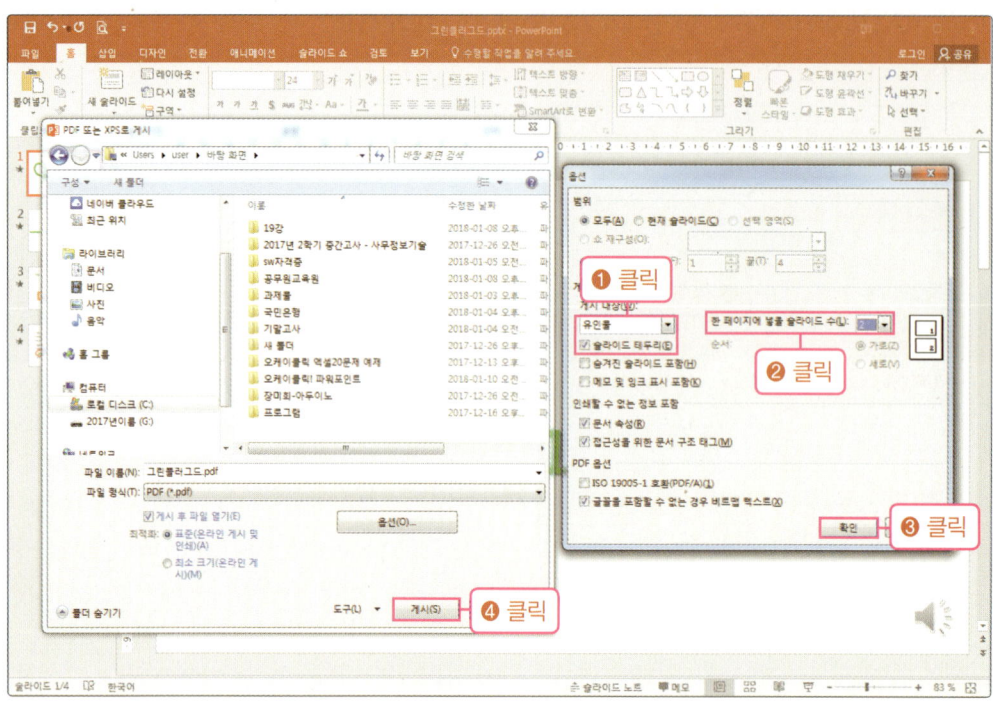

4. 저장된 PDF파일을 열어봅니다. 한 페이지에 두 장의 슬라이드가 인쇄되었습니다.

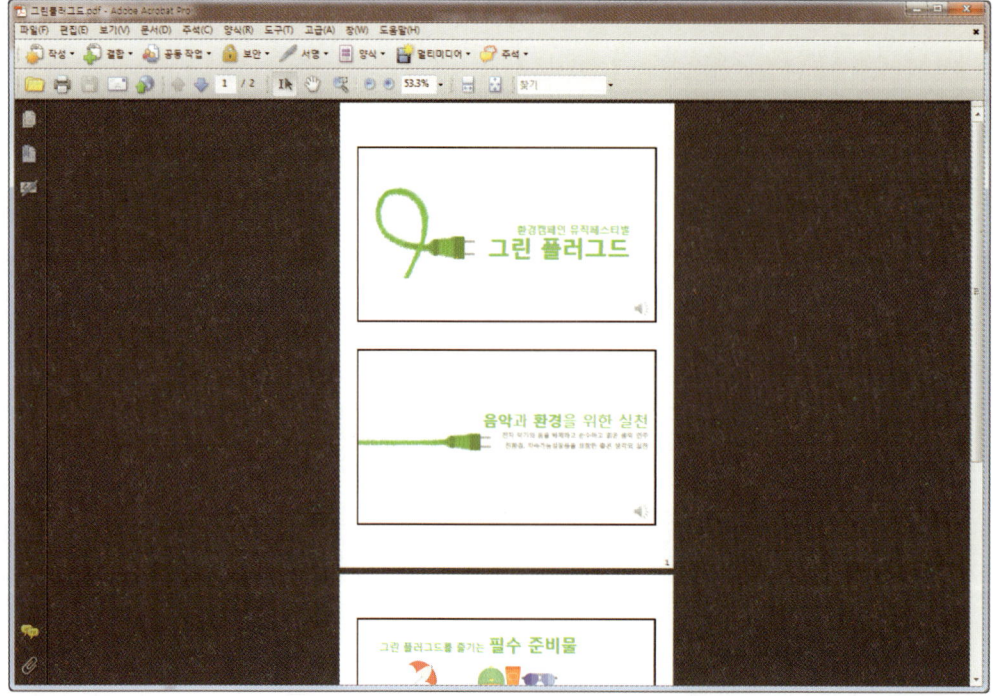

02 프레젠테이션 인쇄

1 [파일] 탭을 클릭한 후 ❶ [**인쇄**]를 클릭합니다. ❷ [설정]의 [**모든 슬라이드 인쇄**]의 목록 단추를 누른 후 [**모든 슬라이드 인쇄**]를 선택합니다.

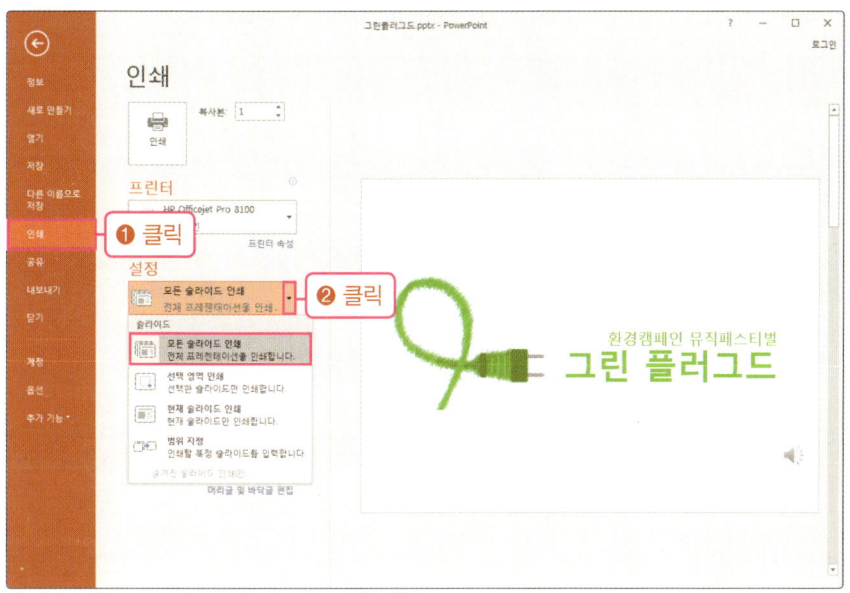

2 ❶ [**인쇄 모양**]의 목록 단추를 클릭하여 ❷ [유인물]의 [**2슬라이드**]를 선택합니다. ❸ [**인쇄**]를 누릅니다.

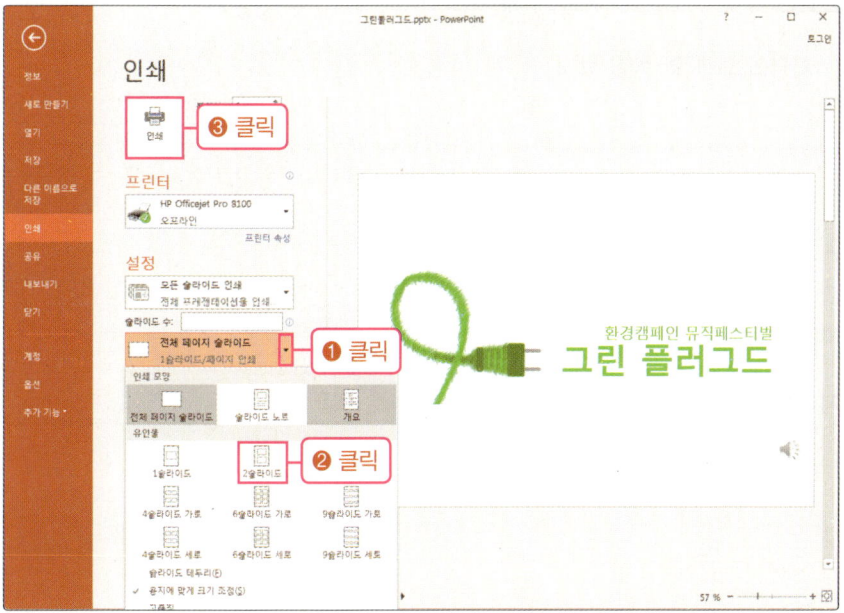

"혼자 풀어 보세요"

1 슬라이드를 다음과 같이 작성한 후 유인물 2장으로 인쇄해 보세요.

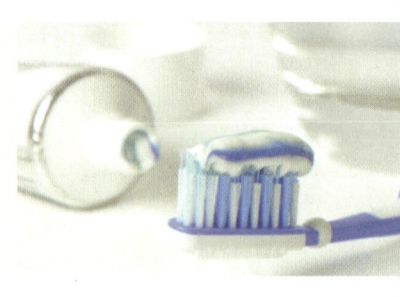

양치, 제대로 하고 계신가요?

치약의 성분

- 정제수 : 치약의 점도
- 약효성분 : 불소화합물성분
- 발포제 : 거품
- 연마제 : 치아 표면의 오염제거
- 습윤제 : 습도
- 결합제 : 치약의 균일한 형태
- 향미제 : 향미
- 착색제 및 보존제 : 치약의 외관 및 변질 방지

양치할 때 주의할 점

- 치약에 물을 묻히지 마세요
- 구강청결제는 양치 30분 후에 사용하세요.
- 탄산음료 마신 뒤 바로 양치질 하지 마세요